Leila Guerriero

Cuba en la encrucijada

Leila Guerriero (1967, Argentina) es periodista. Publica en medios como *La Nación* y *Rolling Stone*, de Argentina; *Gatopardo*, de México; *El Mercurio*, de Chile, y *L'Internazionale*, de Italia. Comenzó a escribir en el diario español *El País* en 2006 y desde enero de 2014 es columnista de la última página de ese periódico. Ha publicado libros de no ficción como *Los suicidas del fin del mundo* (2005) y *Una historia sencilla* (2011). Su obra ha sido traducida al inglés, el italiano, el portugués, el alemán, el francés y el polaco. En 2010 recibió el premio Cemex-Fundación Nuevo Periodismo Iberoamericano y en 2013 ganó el premio de periodismo González Ruano, que otorga la Fundación Mapfre. Es editora de Gatopardo para América Latina; directora de la colección Mirada crónica, de Tusquets Argentina; realiza trabajos de edición para Ediciones Universidad Diego Portales, de Chile, y desde 2016 dirige la especialización en periodismo de la Fundación Tomás Eloy Martínez, en Buenos Aires.

Cuba en la encrucijada

Cuba en la encrucijada

Doce perspectivas sobre la continuidad y el cambio en La Habana y en todo el país

AA. VV.

Edición a cargo de
Leila Guerriero

Vintage Español
Una división de Penguin Random House LLC
Nueva York

Índice

Prólogo

Doce intentos

Leila Guerriero

De todas las preguntas que debe hacerse el periodismo (qué, quién, dónde, cuándo, por qué y cómo), solo hay una que, si hablamos de Cuba, puede responderse fácilmente: dónde; todo el mundo sabe —más o menos— dónde queda Cuba. Para las demás (qué es Cuba, quiénes son los cubanos, cómo es Cuba, cuándo comenzó Cuba a ser lo que es, por qué Cuba es como es, y diversas variaciones y combinaciones de lo mismo), no solo no hay respuestas fáciles sino que además cada quien parece tener las suyas.

Para unos, Fidel Castro es un héroe sabio y admirable y, para otros, un tirano que estuvo al frente de una dictadura durante décadas. Para unos, Cuba es la utopía hecha palmera, sol, mar, educación y sanidad para todos y, para otros, un pueblo que vive en la escasez, repleto de biólogos y arquitectos inteligentísimos que trabajan como choferes de taxi. Para unos, Cuba es un modelo de equidad y justicia y, para otros, una forma solapada de replicar las peores lacras de Occidente (la corrupción, el sistema de clases, la desigualdad social). Para unos es la isla de la fantasía. Para otros, una cárcel.

Los doce textos que componen este libro intentan alejarse de esos reduccionismos y contar el país desde el territorio mucho más peligroso, y por lo mismo más interesante, de la duda y la contradicción. Los periodistas y escritores que participan en este volumen —no cubanos residentes en Cuba, cubanos residentes en Cuba, cubanos exiliados de Cuba, no cubanos visitantes de Cuba— hablan de un país cuya población ha sido educada en el ateísmo más rancio, pero bebe ávida de los odres de las religiones afro. Un país para el cual Estados Unidos es una némesis acromegálica, pero lleva al beisbol —deporte estadounidense por antonomasia— enquistado en el corazón de su ADN. Un país donde las mujeres son reinas y señoras de sus cuerpos («Hacerse un legrado en Cuba es muchísimo más común que acudir a una cita con el dentista», dice en su texto Wendy Guerra), pero no aparecen en ninguna instancia de poder, ni siquiera como esposas de sus líderes: «Entre Fidel y una mujer desnuda hay un abismo —escribe Guerra— […] El actual presidente de Cuba, Raúl Castro Ruz, es viudo de la también luchadora revolucionaria Vilma Espín. Sobre él se cuenta que es un hombre de familia, pero nadie sabe nada en absoluto de su vida actual. La figura femenina frente a los próceres, líderes o gobernantes cubanos no está en segundo plano. Simplemente no existe».

Leonardo Padura escribe una oda al beisbol, lamentándose por el avance del fútbol sobre el deporte al que él alguna vez quiso jugar de forma profesional, y se pregunta qué pasará con la identidad cubana ante ese y otros cambios. El actor Vladimir Cruz cuenta como en 1993, en el momento más duro del Periodo Especial, llegó a La Habana con veintisiete años y doscientos pesos cubanos en el bolsillo: «Había querido llegar a la capital con los pies en el suelo, y allí estaba, en efecto, pero no con los pies, sino con la espalda en el suelo de la capital. Más exactamente en el suelo de la terminal de ómnibus de la capital. Dormí algo y abrí los ojos cuando amanecía. Me levanté, me lavé la cara en un ínfimo chorrito de agua que goteaba en el destartalado y oloroso baño de la terminal recién abierta». Esa mañana consiguió un papel decisivo en la película *Fresa y chocolate*, y aunque pudo abrazar su vocación en gran parte gracias al enorme apoyo estatal, fue el mismo Estado el que, con arbitrariedad caprichosa, le impidió cosas tales como asistir a la ceremonia de los Óscar en el año 1994, cuando el filme estuvo nominado a la mejor película extranjera. Abraham Jiménez Enoa hace el retrato de Ernesto, un jinetero, un hombre cuya principal herramienta de trabajo es el sexo aplicado a las extranjeras, y Carlos Manuel Álvarez deja en claro que emigrar, más que irse, es arrancarse un país del cuerpo, contando la visita que hizo en 2015 a su padre emigrado poco antes a Miami, un hombre que en Cuba era médico y que ahora trabaja tumbando cocos a destajo, en jardines de casas lujosas y siempre ajenas. Iván de la Nuez se pregunta hacia dónde va el país (después de Obama y del Papa y de los Rolling Stones y de los cafés de moda y de las calles de La Habana transformadas en el set de *Rápido y furioso*) y cómo fue el camino que lo trajo hasta aquí. El estadounidense Francisco Goldman vuelve a un escenario que visitó décadas atrás, el Tropicana, el club nocturno más emblemático de la capital, y va tras los pasos de un pasado esplendoroso que ya no existe, o que existe a medias, o que existe inevitablemente de otro modo. El español Mauricio Vicent hace pie en la historia de la bolita, una rifa ilegal llevada a Cuba por los chinos «en la que los números se asocian con figuras de animales, personas o cosas», para develar un sofisticadísimo sistema de apuestas que aúna la magia, la poesía, la interpretación de los sueños y, claro, la ambición. El mexicano Rubén Gallo conoció, en uno de sus primeros viajes a La Habana, a Eliezer, el librero cuya historia narra y en la que convergen diversas formas de la sensualidad, los trucos para engañar a la censura y las expectativas por el futuro inmediato. En «Mi amigo Manuel», la colombiana residente en Estados Unidos Patricia Engel retrata al conductor de un almendrón —como se llama a los viejos autos estadounidenses de los años cincuenta que hacen las veces de taxis—, un hombre que parece estar más allá del umbral de todas las resignaciones: trabaja quince horas por día, descansa solo los domingos y dice que jamás se iría de Cuba, no por amor al país sino para no dejar a su madre. El norteamericano Jon Lee Anderson repasa su propia experiencia durante el tiempo que pasó en Cuba con toda su familia, en pleno Periodo Especial, mientras investigaba para su biografía sobre el Che Guevara, y da cuenta de la contradicción entre las penurias de los locales, que tenían que convivir con la escasez, y su condición de extranjero privilegiado. El chileno Patricio Fernández, con el telón de fondo de una pelea de gallos tétrica y luminosa, habla de las tensiones que se mueven en el océano convulsionado de la revolución: «La gran conquista de la Revolución fue el tiempo. Los cubanos no andan apurados. La hora fijada para una cita es apenas una referencia. Como el transporte público es escaso e impredecible, el atraso es fácil de entender. De otra parte, poco se pierde con esperar. Escasean los que trabajan arduamente. Como el salario que fija el Estado bordea los treinta dólares mensuales, conversar en una esquina es casi tan rentable como ufanarse en el desarrollo de una profesión. Más se consigue "por la izquierda" (comisiones, coimas y toda clase de arreglines que funcionan por los bordes de la institucionalidad) que desempeñando un oficio de manera obediente. El bienestar de la comunidad resultó ser un móvil mucho menos convincente que el beneficio personal a la hora de producir. La eficacia desapareció al tiempo que la rentabilidad fue proscrita. Y, con ella, el apuro. Si el éxito del capitalismo ha dado pie a una creciente autosuficiencia, el fracaso del socialismo consolidó la necesidad del otro para sobrevivir».

Contar Cuba —como contar el desembarco en Normandía o la caída del Muro de Berlín— es contar la Historia con mayúsculas: una tarea ambiciosa. Pero, en el tartamudeo ametrallado de los tiempos presentes, estos son algunos intentos.

Miami

La ruta de los cocoteros

Carlos Manuel Álvarez

A fines de mayo de 2015, aterricé en Miami proveniente de La Habana, y debo de haber sido uno de los pocos cubanos que pusieron los pies en esa ciudad, no para migrar definitivamente sino para ir de visita. Mi plan era permanecer dos meses junto a mi padre, Manolo, quien había llegado un año y medio antes, para rehacer su vida desde cero.

En el aeropuerto, caminé por pasillos fríos, atravesé salas acristaladas, inspecciones de aduana. Tuve miedo. Me di cuenta después de que era un miedo que no me pertenecía, porque yo no tenía por qué temer, pero que ahí estaba. Era el miedo de todos nosotros. Me hicieron preguntas, nada extraordinarias. Me miraron, creo, la barba; mi cómica barba de un año. Cuando salí, mi padre esperaba. Él lloró. Yo lloré. Nuestros respectivos llantos melodramáticos. Después, ya avanzando por un *express way* rumbo a la ciudad, me pregunté si ese llanto no habría sido una exageración. A fin de cuentas, apenas hacía más de un año que no lo veía, y hubo gente que no volvió a verse nunca más, o que se reencontró tres décadas después, cuando ya eran otra cosa, puras sombras, quebrantos sin bálsamos posibles.

Por el camino, vi tantos carteles que no vi ninguno. Vi el rostro de Magic Johnson en la puerta de un ómnibus. Vi rostros de abogados en pancartas publicitarias. Pensé en qué pensaría alguien que sale en una pancarta cuando ve su propia pancarta. En una tienda, mi padre me compró chucherías. Dijo que él sabía que me gustaban. No nos asombró, pasadas las primeras horas, la facilidad con que habíamos empatado el último día, en Cuba, con el primero aquí, en Miami. Nos asombró el reencuentro; cuán terso era, cuán ligero, cuán poco pesaba. A veces uno no sale para llegar afuera, sino para llegar adentro.

—¿Qué haces ahora? —pregunté a René Arocha.

—Manejo para una clínica médica de personas mayores. Los llevo a la consulta y luego los regreso a sus casas.

—¿Cuándo te desvinculaste por completo del beisbol?

—Hace cinco años. Y desde entonces he trabajado en esto.

—¿Te sigue apasionando?

—No.

—¿No?

—No.

—Explícame.

—Todo el mundo me pregunta si vi el juego de los Marlins, si vi esto, si vi aquello. Yo no veo la pelota. Es como una mujer cuando te deja de gustar. Ya no siento nada. Antes la necesitaba. Soñaba pelota. Vivía pelota. Ya no.

—¿Y no será que la mujer todavía te gusta y como no quiere seguir contigo la echas por despecho?

—No, no. Ya desde pequeño, con diez u once años, mi abuelo me decía que me sentara a ver algún juego para que aprendiera. Y nunca lo hice. Tal vez esto sea una regresión. Dejé de jugar y sigo sin interesarme. A veces veo un juego, no sé, el último de la Serie Mundial, algo así, pero no más.

—¿Ves otros deportes?

—No. Nada.

—¿Qué es el beisbol para ti?

—Estar en el terreno. Especialmente en las mañanas, cuando sales a practicar. Oler la yerba. Esa yerba fresca se siente.

Mi padre vivía en la 418 E 60 St de Hialeah, en un *efficiency* tan pequeño que, una vez dentro, no había ningún punto donde yo dejara de verlo a él, o él a mí. Cama, *closet*, baño y cocina en una promiscuidad que no admitía distinciones. Los espacios eran menos fruto de la arquitectura que de nuestra imaginación. Yo dormía en un colchón de aire a los pies de su cama, justo bajo la rejilla que soplaba frío desde el techo. Mi asma antigua resurgió. Mi tos y mis expectoraciones no nos dejaban dormir. Mi padre tenía que despertarse cada día a las seis de la mañana para repartir y arreglar aires acondicionados hasta bien entrada la tarde. Trabajaba en el negocio de refrigeración de un viejo amigo que no pagaba mucho, unos cuatrocientos dólares a la semana, y luego, en la noche, se iba a la escuela de inglés. A veces, ya de regreso, con los codos apoyados en una mesa pequeña, escuchaba varios *tracks* para ejercitar la pronunciación o afinar el oído, o buscaba algún dato en Google tecleando solo con dos dedos, como si fuera un mecanógrafo disciplinado que en medio del caos transmite mensajes de vida o muerte desde el África profunda. Cada vez que mi padre marcaba una letra, miraba la pantalla para comprobar si la letra había salido. Demoraba insanas cantidades de tiempo en completar una palabra. La humanidad había depositado en él viejas maneras que de otro modo ya se hubieran perdido. Era como un cofre que mantenía ciertos gestos —la lentitud medieval de los copistas— a salvo de las nuevas costumbres. Con el alma empolvada, intentando aprender a los cincuenta años un idioma nuevo, era, mi padre, toda la nostalgia. Es probable que para ese entonces sus mejores horas fueran por la madrugada, cuando podía soñar en español. Pero mi asma había venido a entorpecerlas. Entonces, aunque yo quería pasar mi estancia juntos, le dije que sería mejor que me fuera a vivir a casa de una amiga, y que él me recogiera los domingos, o en su tiempo libre. Una semana después —durante la cual, por alguna razón, no supe de él— se apareció en la casa de la amiga donde yo pernoctaba y me dijo que tenía trabajo nuevo: tumbar cocos de los jardines de las casas y los espacios públicos de la ciudad, y luego venderlos al por mayor en Hialeah, el barrio cubano de Miami. Cuando me pidió que lo ayudara, dije que sí.

Él era un guerrero y estaba feliz con sus nuevos planes. Yo era un cobarde y estaba triste por él. Aunque quizá, después de todo, la vida solo había sido milimétricamente justa. De un pueblucho rural extraviado, y con padres que fueron a la escuela junto con él, Manolo había logrado estudiar y hacerse médico. La Revolución fue la catapulta que lo encauzó. Luego, la misma Revolución, Saturno devorando a sus hijos, hizo que decidiera emigrar, después de haber dirigido policlínicos y hospitales del país durante casi treinta años. Si la Revolución no hubiese ocurrido, dos cosas serían distintas: Manolo cargaría con menos contradicciones que las que carga, y Manolo siempre habría tenido que ganarse el pan como mismo íbamos a ganárnoslo de ahora en adelante. Enfundados en overol, tumbando cocos por la ciudad.

René Arocha dejó de jugar beisbol profesional en el año 1999, a los treinta y cinco años. Desde entonces, y hasta 2010, mantuvo una academia infantil de beisbol en Miami donde descubrió que la enseñanza le producía el mismo placer que alguna vez le había producido ser deportista. Entrenaba a los muchachos, los pulía, los veía crecer, hasta que tuvo que cerrar por problemas financieros.

La edad del retiro de Arocha, sin embargo, no es tan significativa como la de su debut, y esto quizá ayudaría a entender por qué, como tantos otros precoces, ha terminado indiferente y apático hacia el oficio que practicó.

A los trece años jugaba pelota a la mano con los chiquillos de su barrio en el municipio de Regla, uno de los quince que conforman La Habana, y se escapaba para el Estadio Latinoamericano aunque sus padres no le permitían atravesar la ciudad sin compañía. A los catorce, como miembro del equipo municipal de su categoría, relevó un partido sin importancia, y lo hizo tan bien que ya no lo movieron del puesto. Después de varias gestiones lo ascendieron al equipo Regla primera división. Lanzó en las finales de la provincial, propinó diez ceros consecutivos y solo en el onceno *inning* perdió el partido. Luego debutó en el Latinoamericano, no permitió carreras y quedó demostrado que su ecuanimidad y destreza no eran las de un adolescente. Ya en la Escuela de Iniciación Deportiva Escolar (EIDE), se enteró por el periódico *Juventud Rebelde* de que integraba la nómina de los Metropolitanos, lo cual significaba que jugaría en un nivel superior y que iba a participar en la Serie Nacional. Y entonces, como es de suponer, le cambió la vida. Y le cambió, la vida, muy temprano; tenía quince años. Al principio, solo iba al estadio los días que le tocaba pitchear. Luego lo regresaban a la escuela.

—Pero a mitad de temporada yo entendí que lo mío no era estudiar, sino la pelota —dice.

Así, empezó a escaparse de la escuela y a viajar a provincia con el resto del equipo. En su primera temporada, obtuvo siete de sus ciento cuatro victorias en Series Nacionales. Su sino ya era lanzar partidos tensos, apretados; hacer que su equipo le fabricara pocas carreras.

—Si yo hubiera tenido suerte, creo que habría ganado doscientos. No hay una estadística que lo diga, pero yo perdí, fácil, treinta juegos por una carrera. Dos por una. Tres por dos.

—¿Qué siente un pítcher cuando le pasa eso?

—Yo sabía que estaba haciendo buen trabajo aunque perdiera. Y a lo mejor esos juegos reñidos me obligaron a estar más concentrado, no sé, a tener que meter más el cuerpo y no relajarme.

En 1982, varios peloteros de Metropolitanos se vieron implicados en lo que sigue siendo el capítulo más negro de las Series Nacionales. Metropolitanos fue, hasta su desaparición hace unos cuatro años, el segundo equipo de la capital, el perro faldero de los Industriales, condenado perpetuamente a un papel secundario. Aquel año de 1982, después de obtener un tercer lugar histórico, se destapó un escándalo según el cual Metropolitanos había incurrido en sobornos para ganar los juegos, lo que terminó con la separación definitiva de varios de sus jugadores. Dentro del beisbol revolucionario y amateur, bandera de los más altos valores de hermandad socialista, los presuntos partidos amañados de aquella temporada provocaron un cisma similar al que se produjo en las Grandes Ligas en 1919, cuando los

Chicago White Sox vendieron la Serie Mundial a los pujantes corredores de apuestas de la época. En ambos casos, una inocencia se rompió para siempre.

—Ese conflicto, ¿cómo lo viviste?

—Casi me cuesta la carrera a mí también. De la nada.

—¿Por qué?

—Porque también fui para el DTI [Departamento Técnico de Investigaciones], a mí también me entrevistaron, a mí también me querían culpar. Recuerdo que cuando ya pasó todo, el presidente del Gobierno provincial y el comisionado provincial de Beisbol me llamaron para decirme que la Revolución era benévola, que me iban a dejar pasar esa. Y a mí no tenían nada que dejarme pasar. Yo era un muchacho de dieciocho años. No sabía lo que estaba sucediendo a mi alrededor, si es que sucedió, porque a estas alturas yo no sé si pasó o no pasó.

—¿Los Metros vendieron juegos o no vendieron juegos?

—Nadie sabe, nadie dice. Yo he hablado con peloteros que estaban en el problema y nadie ha dicho: «Sí, yo estaba vendido». Entonces para mí es una nebulosa. Porque yo no creo que un equipo vendido llegue el último día del campeonato en el primer lugar. Porque a ningún equipo hay que pagarle para que gane, tú quieres ganar siempre.

La primera expedición con mi padre fue a Kendall. Un vecino nos había explicado el método. Recuerdo las calles estrechas y pulcras, las casas bajas, uniformes, los jardincillos podados, los parqueos interiores. Eran poco más de las nueve de la mañana y avanzábamos en un Ford *pick-up* a vuelta de rueda, espiando aquellas fachadas de una perfección casi malsana, las rotondas donde las esquinas se torcían, o los racimos que destacaban por encima de los tejados.

Kendall, como todo Miami, estaba infestado de cocoteros, pero en ninguna de las tres primeras casas nos abrieron. Manolo parqueaba, iba hasta la entrada, tocaba el timbre y esperaba durante uno o dos minutos, con la mano en la cintura o dando paseítos en círculos pequeños. Luego volvía a la camioneta, confundido. Me pareció que estábamos haciendo el ridículo. En la cuarta casa, descorrieron una ventana y le dijeron que no. Tomamos como un avance que alguien contestara. No llevábamos una hora, y todo se me estaba haciendo demasiado lento. Éramos eso. Dos emigrantes latinos zambulléndonos de cuerpo entero en la piscina sin cloro de la supervivencia. Yo sabía que quizá no fuera tan grave, pero sabía también que ser de Cuba es llegar tarde al mundo. Esperar, con suerte, que lo que somos sirva para algo.

En la primera casa que nos autorizaron, no había más que una decena de cocos y Manolo reaccionó con una alegría líquida, que chorreaba.

—¡Arriba! —dijo.

Bajamos las herramientas: una carretilla, un cojín y una vara de aluminio con un sistema que nos permitía acortarla o alargarla, y una cuchilla curva —dientes de serrucho— atornillada en su extremo. La cuchilla servía para cortar los ramos, y nunca había que hacerlo cerca de la base del coco, porque si desprendíamos la corona, bastante frágil, el agua se derramaba y los cocos rotos, desangrados, no servían para vender. Había otros muchos requisitos, pero éramos unos neófitos desesperados dispuestos a tumbar cualquier cosa que nos autorizaran a tumbar. Manolo apoyaba la vara en el césped, palanqueaba, izaba y, cuando la vara dejaba de moverse como un enorme guijarro de metal, intentaba colocar la cuchilla en una posición estratégica entre el amasijo de ramas, hojas secas, gajos vigorosos o a punto de desprenderse que conforman la cabellera siempre enmarañada de los cocoteros del trópico. Si la cuchilla se trababa, no había que forcejear, sino liberarla con paciencia. Era el único entuerto que exigía cierta carga reflexiva en un oficio netamente muscular. Cuando coloqué los diez primeros cocos de mi vida en la parte trasera de la camioneta y, apoyado en la baranda del Ford, comparé el espacio que ocupaban con el que no; el trabajo que habíamos hecho con el que faltaba por hacer; mi optimismo con mi pereza, me recorrió la misma sensación que posiblemente recorra a los escritores después de escribir la primera línea de una novela total.

La estrategia consistía en administrar esfuerzos y tumbar cocos de uno en uno para no desperdiciarlos; decapitar con golpes secos, directos y veloces. Luego yo, aprendiz de *center field*, peloteaba cojín en mano. Resultaba bastante divertido, gracias a los trucos mentales que solemos inventarnos para sobrellevar la aspereza del trabajo físico. Literalmente, yo estaba fildeando, y lo más fácil era imaginarse una audiencia. Aunque por cada fildeo errado perdíamos casi un dólar; demasiada imaginación hubiese sido un sacrilegio.

A veces los cocos caían de a dos. O de a tres. O, ya puestos, en racimos enteros, y yo me despatarraba —sin suerte— para no perder ninguno. Teníamos también un casco de albañil, pero me creía lo suficientemente ágil como para prescindir de él.

Atracados los cocoteros, me convertía en recogepelotas. Amontonaba el botín de la faena en la carretilla y luego descargaba en la camioneta. En teoría, yo cumplía más de una función, pero mi suma no comparaba —y lo sé por las pocas veces en que intercambiamos roles— con la labor central, desgastante, y bastante melancólica si la emprende tu padre, de tumbar cocos como un poseso. A veces setenta consecutivos y durante siete u ocho horas, nunca menos. El dolor en los hombros, el cuello erguido, la rigidez de las manos, la actitud de encendedor de farolas, los ininteligibles chasquidos que el cuerpo ejecuta mientras se tensa.

Aquella mañana tuvimos suerte en un par de casas más. Incluso una señora educada y elegante, que al final no supimos si era cubana o no, permitió que nos despacháramos a placer en sus tres cocoteros repletos de ejemplares amarillos. Después nos brindó agua y preguntó lo que muchos otros habrían de preguntar: ¿cómo Manolo, siendo médico, tumbaba cocos? Eso me provocaba cierta vergüenza. Una vergüenza injustificada, porque en Miami, laboratorio de migrantes, todo el mundo veía con buenos ojos que la gente prosperara como pudiese. La señora nos preguntó si podíamos tumbarles también los cocos secos, casi un centenar. Aunque no nos servían para nada, Manolo accedió. Yo susurraba que nos fuéramos. Él me decía que había que hacerlo porque luego esa señora guardaría los cocos solo para nosotros, y aunque parecía un argumento razonable —invertir a largo plazo—, en verdad todo se trataba de su incapacidad para decir que no.

Almorzamos dos sándwiches de jamón y queso, bebimos Gatorade y proseguimos durante la tarde, bastante felices, hasta que, por atracar sin permiso un cocotero ubicado en esa parcela de césped entre la calle y la acera que nunca se sabe si pertenece a la ciudad o es privada, una vecina nos amenazó con llamar a la policía. Mientras me hacía señas, agitado, para que subiera la carretilla, la vara y los cocos ya tumbados a la camioneta, Manolo le decía a la vecina que la dueña de la casa siempre nos autorizaba. La vecina lo acusó de mentiroso, porque la dueña de la casa usaba el agua de coco para su enfermedad renal. Luego marcó un número en su celular y ya no vimos nada más porque trepamos al Ford y doblamos raudos la esquina, como en una persecución de película.

En 1986, Arocha se resintió del brazo a tal punto que pensó seriamente retirarse del deporte activo. Aquejado de molestias que habían tenido su origen en el Mundial Juvenil de 1982 —donde lanzó cinco de siete partidos—, ya ni en campeonatos provinciales podía mantenerse en pie. Había perdido la temporada completa del 83 y las Selectivas del 84 y 85, y la velocidad de sus lanzamientos había disminuido considerablemente. «Para hacer esos papelazos, mejor retírate», le decían amigos cercanos. Pero en el mismo 1986, después de un entrenamiento rigurosísimo y una apuesta *in extremis* a todo o nada, Arocha volvió por sus fueros, recuperó la velocidad en sus envíos y se garantizó la entrada al equipo nacional.

—¿Qué significó llegar al Cuba?

—Especialmente como llegué yo, después de la lesión que tuve. Traté de mantenerlo y lo mantuve, con altas y bajas como todo atleta, hasta el año 91, que, bueno…

—¿Era un orgullo?

—Claro, cómo no. Tener las cuatro letras en el pecho y salir y ganar, como por ejemplo en el Mundial de Italia 88.

—¿Ese es tu mejor recuerdo?

—Y una de las decepciones más grandes.

—¿Por qué?

—Porque yo fui el que abrió los dos juegos contra los americanos. Y en la final me levantaron del box muy rápido.

—¿Te marcó mucho?

—Claro, porque yo estaba entero, yo estaba peleando mi juego, y era temprano. Nunca entendí por qué me quitaron. No hay explicación. Nunca explican nada.

—Yo creo que nos fue bien.

—Algo es algo.

—Pero ¿está bien o no?

—Para empezar sí, pero hay que hacer más. Hay que tratar de hacer más de cuatrocientos diarios.

—¿Cuatrocientos?

—Los coqueros viejos hacen quinientos y seiscientos, aunque ellos también tienen sus puntos. Ya los conocen y en algunas casas les guardan los cocos.

—No estás satisfecho.

—No, yo tranquilo. No te preocupes.

—¿Todo bien?

—Sí, todo bien.

—Iremos mejorando.

—Falta experiencia, y la vara hay que cambiarla, pesa mucho. Son detalles.

—No podemos enredarnos con las matas altas.

—Creo que agotan demasiado.

—Y nos atrasamos. Por cinco cocos de una mata alta perdemos quién sabe cuántos en otro lugar.

—Sí.

—Pero ¿estás contento?

—Contento, sí.

Teníamos esas conversaciones. Manolo al volante. Yo descalzo, con los pies sobre la guantera. A veces, Manolo me miraba; a veces me pasaba la mano por la cabeza. A veces no me miraba en absoluto y mantenía la vista al frente, pendiente del tráfico o de los aviones que atravesaban la ciudad, o del cambio de luces de los semáforos. La carretera, deslizándose debajo, era como un largo puñal, como si en vez de avanzar nosotros, ella se adentrara. Hasta que al filo de las cuatro de la tarde llegábamos al *warehouse* de Ovidio, en la 32 Ave NW y la 79 St de Miami Norte: una larga nave con centenares de cajas superpuestas, carritos de supermercado, un montacargas, tanques de desechos, baño portátil y tres o cuatro trabajadores fumando o merodeando por los alrededores o conversando entre ellos. También parecían objetos, cosas que nunca abandonaban el *warehouse* y que en vez de morir se iban a echar a perder.

Era un buen negocio; desgastante, pero estable. Ovidio rondaba los cincuenta. Alto, con anchas entradas, bigotillo chaplinesco y de hablar relampagueante, como si las palabras le hicieran perder el tiempo y necesitara soltarlas rápido, apiñarlas. Ovidio siempre estaba alejándose de uno. Siempre te hablaba yéndose a otro lugar, haciéndote saber que no eras lo más importante. Era emigrante desde los noventa y, desde entonces, Ovidio compraba cocos a los coqueros de la ciudad y luego los empacaba para una empresa de turismo en Nueva York. Imaginé alguna playa como Coney Island o Rockaway Beach, repleta de gringos adinerados con ganas de solearse, untados en cremas caras, acostados sobre tumbonas a la orilla del mar y bebiendo con absorbentes el agua fresca de los cocos que nosotros tumbábamos en una serie de escenas que se repetían, monótonas, iguales a sí mismas, día tras día. Manolo yendo a casa de mi amiga a despertarme sobre las ocho de la mañana; yo, desvelado desde antes, rezando para que se pinchara una goma del Ford o se desatara un vendaval, cualquier cosa que me librara del deber. Yo, luego, vistiéndome con el rostro desencajado, preguntándome por qué debía ayudar a Manolo, por qué no podía hacerlo él solo. Nosotros remontando la I-95 o el Palmetto, a veces durante más de una hora, lo mismo hacia el sur que hacia el norte: Kendall, Naples, Broward, West Palm Beach, o permaneciendo en el propio Hialeah. Nosotros, fauna matutina, amigos de los podadores de árboles, de los recogedores de basura, de los carteros. Nosotros haciendo estancia en cualquier gasolinera de paso o bajo la sombra de algún árbol esquinado para zamparnos la merienda. Manolo tocando puertas: sí, o no, o después, o no soy el propietario, o lléveselos, o sabemos lo que es ganarse el pan, o túmbelos pero no me estropee el jardín, o déjeme unos cuantos. Y yo hosco, o tímido, o harto, o jovial. Manolo sin chistar, parapetado detrás de los espejuelos, un gorro con orejeras para cubrirse del sol, un gorro como de soviet en terreno enemigo. Yo al borde del desmayo, los labios blancos, la garganta como papel de lija, las manos ligeramente temblorosas y aquellos chorros de calor —junio derretido— reverberando sobre el asfalto. Manolo atracando las matas de casas clausuradas, yo secundándolo con temor. Manolo lamentándose después de una jornada pobre: días de ningún coco, días de cuatrocientos, días mediocres y días provechosos. Días en los que nos encontrábamos con otros coqueros y los mediamos con recelo, o les tendíamos un saludo afectuoso. Yo, paulatinamente, esforzándome para que Manolo trabajara menos, apurándome para cargar algo antes de que Manolo lo cargara, intentando que mi mano o mi hombro llegasen primero que su mano o su hombro. Yo tumbando los cocos con la vara y Manolo atrapándolos con el cojín. Manolo con los músculos cansados y yo soñando con cocos, cocos que me hablaban, cocos que padecían si yo los dejaba caer, cocos que pedían que no nos los lleváramos, madres cocos llorando por sus hijos cocos, cocos que se inmolaban, cocos kamikazes y cocos que, abiertos, me miraban con rostro lánguido y envueltos en dignidad pedían respetuosa sepultura.

En el *warehouse* de Ovidio tenía tiempo suficiente para el recuento del día. La entrega nunca tomaba menos de una hora. La primera vez nos atendió un muchacho de diecinueve años que venía de Las Tunas, al Oriente de Cuba. Había dejado atrás a su mujer y a su hija y nos contaba que después de un mes seguía sin saber por qué había venido, que en Cuba él no trabajaba, vivía de la venta de joyas, y aquí, bueno, estaba contando cocos y embalando. El muchacho, deprimido y meditabundo en medio de un negocio comandado por un tipo práctico, evidentemente poco dado a los asuntos de la nostalgia, no duró demasiado, de modo que la mayoría de las veces nos atendió Vladimir, el segundo del negocio y la única persona en la que Ovidio confiaba.

Vladimir era gordo y usaba una faja ancha que le apaciguaba los dolores de columna. Nos caía bien, y nosotros a él. Le decía «médico» a Manolo, y a veces le preguntaba por pastillas o por algún tratamiento. En realidad, Ovidio y Vladimir eran muy generosos. Nos pagaban setenta centavos por coco, diez más que al resto. Y Vladimir nos sugería las zonas a las cuales ir, qué cocos debíamos tumbar y cuáles no. Pero incluso si tumbábamos cocos no muy óptimos, podía quedárselos a dos por uno.

Los cocos secos no servían. Los cocos a los que el agua les sonaba no servían. Los cocos grandes, machos, no servían (y —según supimos más tarde— hay un coco macho por cada racimo; alguien que se sacrifica para que el resto prospere). Los cocos demasiado picudos, escalenos, no servían. Los cocos pequeños no servían. Los cocos sin coronas no servían y los cocos algo golpeados se devaluaban. Los cocos amarillos técnicamente servían, pero la empresa de Nueva York no los valoraba. Los mejores cocos estaban sobre lo mediano, consistentes y nervudos, de un color entre carmelita y verde. Cada caja guardaba diez cocos, y los cocos desechados se tiraban a grandes cajones de plástico. El *warehouse*, a su vez, era un cajón de plástico gigante donde la ciudad había depositado parte de sus cocos defectuosos.

Todo olía a Cuba en aquel sitio. Los recuerdos, las personas, la jerga, el agotamiento espiritual salpicado con bromas ingeniosas, y una solidaridad de contrabando. A veces nos quedábamos más tiempo de lo que necesitábamos. A Manolo le gustaba conversar.

Por eso fue que René Arocha decidió emigrar: por no explicarse muchas cosas, sobre todo extradeportivas. Como —ejemplifiquemos— los dos años que un tío suyo pasó en prisión solo por portar cinco dólares en una época en que era ilegal la tenencia de divisas.

—Cinco dólares luchados, que eran para comprarle un perfume a su mujer.

O como las tardes en las que, agotado después de una práctica, con juego programado para la noche, tenía que asistir a las gradas del estadio durante dos horas para escuchar un mitin sobre alguna nueva directiva de la juventud comunista.

—Yo era un atleta y ese era mi tiempo libre. No entendía por qué tenía que reunirme cuando necesitaba descansar.

El 4 de julio de 1991, durante una escala que la selección cubana hizo en Miami, Arocha llamó a su padre y a su tía, que ya vivían en esa ciudad desde que él era un adolescente, y les dijo que fueran a buscarlo al aeropuerto, que tenía tiempo para verlos. Su padre y su tía le preguntaron si contaba con autorización y Arocha les dijo que sí, lo cual era cierto. Lo fueron a buscar y, ya en casa de sus familiares, con quienes no mantenía comunicación alguna desde 1980, Arocha habló, por primera vez, del pensamiento que había amasado durante años: exiliarse, huir. Su familia terminó acogiéndolo.

Esto lo convirtió en el primer pelotero cubano en abandonar un equipo oficial. Si hay un pionero del éxodo deportivo que hoy golpea a Cuba, ese es Arocha.

—¿Qué te hizo emigrar en un momento en el que aún no era nada frecuente?

—Es que no iba a ser ni en el 91. Iba a ser en el 86. Y debió haber sido en el 79, cuando fui a México. Pero en el 86 no se dio, por ciertas razones.

—¿Y por qué esa demora hasta el 91?

—Porque tenía que buscar el momento y el lugar perfecto, pero yo sabía que iba a pasar. Aunque, cuando yo me quedé, no me quedé porque nadie me dijo que me quedara, ni porque me fueran a dar millones. Me quedé y yo pensé que mi carrera terminaba ahí. Yo vine a ser un ciudadano más.

—¿Por qué tanta insatisfacción en Cuba?

—Porque sabía que me estaban diciendo mentiras. Porque todo era traba y más traba. Ni siquiera podíamos gastar en Cuba el dinero que nos daban en el extranjero. Teníamos que gastarlo donde estuviéramos. Y así, un problema todo, cuando nosotros valíamos millones de dólares.

—En el momento de quedarte en Miami, ¿no hubo miedo?

—No, no hubo miedo. Antes de salir, yo miré el recorrido, y supe que el lugar era Miami.

—¿Es cierto que no se le dice a nadie?

—A nadie. Imagínate que mi exesposa fue a esperarme al aeropuerto en La Habana, al regreso de todos los demás.

—¿Y qué se piensa a esa hora?

—Cuando desperté al otro día, lo único que pensaba era que la bomba ya había explotado, que ya.

—El *Granma* publicó inmediatamente una nota de desafecto.

—La tengo guardada. «Traicionó a la Patria el pelotero René Arocha, seducido por la mafia de Miami», etcétera, etcétera.

—¿Qué siente uno cuando lee algo así?

—Es que yo no traicioné a mi patria. Yo soy cubano, sigo siendo cubano. Mi patria fue la que me traicionó a mí.

Un día se zafaron las correas de la dirección y quedamos varados en medio de la carretera; el timón fijo, sin dinero para el remolque, hasta que un amigo de Manolo vino a recogernos. Otro día se rompió el aire acondicionado. Otro día olvidamos amarrar la carretilla y esta salió despedida en plena Interestatal. Otro día pinchamos una goma por West Palm Beach y no teníamos herramientas para el repuesto. Dos adolescentes adiposos jugaban básquet en uno de esos aros portátiles que hay en cada patio del sur de Florida. Me quedé observándolos; no me invitaron. Estuvimos media hora, hasta que un camagüeyano casi albino, que llevaba más de cuarenta años sin regresar a Cuba y que había largado cualquier pigmento de insularidad, nos prestó las herramientas. En ocasiones el cansancio, los treinta y tantos grados de calor, mi propia naturaleza que rehúye al sacrificio, y cuestiones de índole metafísica como la absoluta porquería que con más frecuencia de lo recomendado suele parecerme el mundo, hacían que viera en Manolo un enemigo. Pero las más de las veces, aún agotados, aún empapados en sudor, aún confundidos, encendíamos la radio y escuchábamos canciones que nos despertaban cierta pulsión cifrada, un candor adánico. Digamos: la certeza y la gratitud por estar vivos, las ganas de no morirnos.

Yo sintonizaba la 95.1 FM, estación de rock. Pasaban «Layla», y «Sweet Home Alabama», y «House of the Rising Sun» por The Animals, y mucho Dylan. Manolo, la 87.9, estación de clásica; pasaban el *adagio* de Albinoni, y el «Requiem lacrimosa» de Mozart, y el «Poco allegretto» de Brahms. Y toda esa lava volcánica se amalgamaba con la faena de los cocos, y la faena de los cocos, nuestra anónima película de serie B, se gastaba el privilegio de semejante banda sonora.

Bien mirado, la música es un invento que no se puede creer.

Ya en Miami, dispuesto a dejar el beisbol, Arocha solo se convenció de que tenía calidad para llegar a las Grandes Ligas cuando lo invitaron como espectador a un partido entre Oakland y los Yankees. Como todos los peloteros cubanos de su época, pensaba que los beisbolistas de las Grandes Ligas eran extraterrestres. Que si ellos, los cubanos, pasaban trabajo para vencer a «muchachitos universitarios», qué ocurriría ante atletas del máximo nivel. Pero aquel día, después de ver un par de *innings* y de comprobar que los ligamayoristas no eran marcianos, Arocha le comentó a un amigo que creía que podía llegar. Y llegó. Manuel Hurtado, antigua estrella del pitcheo cubano, comenzó a entrenarlo. Contactaron con un representante y en 1992, después de mil obstáculos (hubo incluso que esperar el *okay* del Departamento de Estado), René Arocha alcanzó un contrato con los Cardenales de San Luis por ciento nueve mil dólares.

Tras un primer año muy exitoso en Triple A, el 9 de abril de 1993 debutó en Grandes Ligas ante los Rojos de Cincinnati. Permitió dos limpias en ocho *innings*, ponchó a tres y obtuvo el primero de sus once triunfos de la temporada. La legendaria afición de los Cardenales empezó a quererlo. Lo dirigía Joe Torres. Ozzie Smith era su compañero de equipo. Arocha experimentó, por ese entonces, algo parecido a la felicidad.

—Era lo que quería vivir en Cuba. Y no ganaba millones, que conste.

En San Luis se mantuvo hasta 1996, año en que pasó a San Francisco, donde solo militó por una temporada. En 1999 se fue a México. En 2000 regresó a Estados Unidos y negoció con los Mets, pero los Mets no ofrecieron demasiadas garantías y Arocha, que nunca se ha andado con medias tintas, decidió retirarse.

—¿Qué diferencias hay entre la pelota cubana y las Grandes Ligas?

—Muchas. Abismales. Yo creía que sabía, pero aprendí a pitchear aquí. A pitchear pegado, a tirar *sinker*. No es tirar pegado y dar un pelotazo, es saber tirar la bola a dos centímetros del codo y luego ponerla afuera, pero en *strike*.

—Tu repertorio era famoso en Cuba.

—Yo en Cuba aprendí a tirar muchas cosas, pero en realidad era lo mismo de diferentes maneras. Una *slider* así —abre los brazos—, una *slider* así —los cierra un poco— o una *slider* cortica o contra el piso. Pero *slider*. Y mi curva era buena, sobre todo mi curva grandota del principio, antes de la lesión.

—Entonces ¿qué es lo que aprendes aquí?

—El *slider* mismo, por ejemplo. Yo pasaba los dedos por el lado de la bola y aquí aprendí a pasarlos por encima, lo que los americanos llaman «*stay on top of the ball*».

—¿Es más efectivo así?

—Claro, así el *slider* va para abajo, no va flotando. Antes mi *slider* iba flotando. Cuando el *slider* va flotando, el bateador ve la bola aquí, la ve allí y la ve allí. Cuando no va flotando, ve un solo punto. Cuando sale y luego cuando cae, se acabó.

Fueron centenares de casas y, salvo dos incidentes, solo recuerdo momentos gratos. El gringo adolescente cuyo abuelo paterno era cubano y que en medio de un aguacero nos ayudó a cargar los casi cien cocos que nos había regalado. La señora decrépita que vivía con otra anciana, parcas jubilosas, y que nos impidió marcharnos sin probar antes el dulce que nos había servido. Los homosexuales cuarentones que veían un ejemplo de destreza suprema en mi manera de fildear. Y Mañi Gorizelaya, un altanero de ochenta años que resultó ser de mi pueblo natal y que, para colmo, había flirteado con mi abuela materna en la juventud de ambos. Mi abuela, aunque Mañi le gustaba, no pudo aceptarlo por mulato. Sin embargo, la mañana del 25 de junio de 2015 fue particularmente intensa y contradictoria. Recorríamos el sur y aún chapaleábamos dentro de esa zona indecisa en la que un golpe de azar podía encarrilarnos la jornada. Sabíamos, por experiencias previas, que si demorábamos demasiado en acertar, el mal signo se tornaría irreversible; si pasada cierta hora no has sido capaz de labrar tu suerte, la providencia suele desentenderse. Manolo había encontrado un cocotero en los exteriores de una casa y nuevamente no sabíamos si pertenecía a la ciudad o era privado. Decidimos arriesgarnos, pero un grito histérico nos frenó en seco.

Al otro lado de la calle, detrás de la cerca de su casa, un sujeto de rasgos hindúes vociferaba y alzaba los brazos. Ni siquiera hablaba en inglés. Nos amenazaba con el puño cerrado. No podíamos enfrentarlo porque, aunque nadie nos molestaba, tumbar cocos era una actividad ilegal, y si alguien hacía la denuncia, la policía podía arrestarnos o multarnos. Manolo le dijo «maricón» al hindú, y volvimos al Ford y nos largamos. El hindú, supusimos, quería los cocos para él, pero no tenía con qué tumbarlos. Al rato volvimos y seguía vigilando. A pesar de que aquel cocotero podía cambiarnos el día, pensé que ya no insistiríamos, pero Manolo regresó una tercera vez. El sitio estaba despejado. Bajamos las herramientas, tumbamos un par de cocos, procurando hacer el menor ruido posible, y de pronto el alarido de pajarraco me erizó el espinazo. El hindú cruzó la calle y comenzó a manotearnos. Sabía que no podíamos hacerle nada. Manolo intentó hablarle, pero el hindú gritaba. Extrajo un celular y fotografió la placa del Ford. Manolo le decía «por qué, oye, por qué haces eso, hijo de puta». Los músculos se me anudaron. Con la cuchilla de la vara le hubiera cortado el cuello a aquel hindú, sin miramientos, como si su cabeza fuera un coco.

«¿Qué te molesta?», le decía Manolo. ¿A quién le hablaba? ¿Le hablaba al hindú o se hablaba a sí mismo? ¿Qué era lo que mi padre no entendía?

Un hombre tiene solo una cuota de golpes justificados para repartir en la vida, y no los debe malgastar, pero tampoco retener, porque se vuelve en su contra. Nos fuimos y el hindú permaneció bajo el cocotero como el macho cabrío que ahuyenta a los perdedores. Aún hoy lo oigo, chirriante.

Quince minutos después, aún consternados, mientras trabajábamos en la esquina de la 119 Ave del SW y la 188 St, un camioncillo de atención médica parqueó justo detrás del Ford y el chofer vino hasta nosotros. Lo miramos con escepticismo. Nos saludó, le devolvimos el saludo y luego nos dijo que vivía a dos cuadras, justo en la esquina, que afuera tenía cocos y que podíamos tomar cuantos quisiéramos. Manolo me miró con asombro, pero yo, de un modo difuso, comencé a reconocer al chofer. Cuando al fin creí entender quién era, sentí en el pecho el golpe abierto de la epifanía.

—¿Cómo usted se llama?

—¿Yo? René —dijo.

—¿René?

—Sí, René.

Pensé, en franco desvarío, que aquel hombre me complacía diciendo lo que yo quería oír.

—Tú sabes —le dije entonces a Manolo—, este hombre es Arocha, René Arocha.

Manolo, sobresaltado, dijo:

—¿Cómo Arocha? No lo conocí. No lo conocí.

—¿Y cómo me conociste tú, si eres tan joven? —dijo.

—Me gusta la pelota —dije—, he visto videos tuyos.

Manolo, que sí lo había visto pitchear, se robó la conversación. Yo me puse a organizar el reguero de cocos alrededor, no escuché nada más, y luego escuché esto:

—Yo soy médico y estoy aquí tumbando cocos.

—Y yo soy pítcher. Y ya me ves, de chofer.

—Es así.

—Así.

Después se abrazaron y se despidieron. La semana siguiente, en la tarde noche del jueves 2 de julio, llegué a la casa de Arocha. Me recibió en el portal y señaló su mata de cocos.

—Al final no se llevaron ninguno.

—Es que no nos sirven. Son amarillos y ya están secos. Así no los compran.

—¿Qué buscan ustedes en los cocos? ¿Agua?

—Sí, agua.

—Entonces ustedes no saben nada de cocos. Yo tumbé dos el otro día y tenían agua, sonaban.

—No. Cuando suenan ya tienen poca agua, por eso el agua se mueve. Cuando el coco no suena y pesa, está tan cargado de agua que el agua no tiene espacio para moverse.

—Ah, entonces sí saben de cocos.

—Sí, el que no sabe eres tú.

Arocha sonrió. Luego me invitó a escoger entre la sala o el patio. Llevaba unas chancletas plásticas, un *short* oscuro y un desmangado azul claro. En sus anchos hombros, sendos tribales tatuados, como enredaderas. El pelo, ralo, no se le había caído por completo. Su voz era poderosa y sus criterios, contundentes. Recio en sus ideas. Amable en sus gestos.

En un hotel de West Palm Beach, le pedimos permiso al jardinero para atracar dos matas. Nos dijo que no. Nunca nos habían dicho que no en ningún hotel. El jardinero era latino, centroamericano. Escurridizo y pequeño, con manchas en los brazos y cara redonda. Le preguntamos si podíamos tomar los cocos de las matas que quedaban al otro lado de la calle y nos dijo que también pertenecían al hotel. Podaba el césped con una chapeadora eléctrica y nos observaba de reojo, como si fuésemos sus enemigos o como si solo hubiese espacio para un pobre y hubiera que escoger entre él y nosotros.

Quise decir que la miseria emponzoña y que las ratas maltratadas son las peores, pero entendí que me estaba emponzoñando yo, y que además Manolo me hubiera replicado con alguna teoría suprahistórica, exonerando al hermano centroamericano de responsabilidad y culpando al capitalismo usurero.

Avanzamos medio kilómetro y, entre el mangle, a la orilla de una playa muy pequeña y casi virgen, encontramos otro cocotero. Cuando terminábamos de trabajar llegó un sujeto del hotel en un carro de golf, dijo cuatro o cinco cosas que no entendimos, cargó los cocos en el carro y los que no cupieron los lanzó al agua. Manolo no dijo nada. Yo tampoco. Nos quedamos mirando los cocos, la forma en que la marea los arrastraba, la forma en que el mar los engullía. Partimos en silencio. Detrás del muro del hotel, espiándonos, descubrimos al jardinero delator. Aún me quedaba un mes en Miami, pero ese fue el último día que Manolo y yo salimos juntos. Nunca lo volví a acompañar.

—Mantienes una distancia ante el beisbol muy singular.

—Porque mis entretenimientos son otros ya: cocinar, pasar el tiempo con mi familia, cuidar de los animales.

—Casi veinticinco años sin volver a Cuba. ¿Qué queda del país de uno cuando se está tanto tiempo fuera?

—Yo desconecté el cable desde el primer día. Empecé a extrañar, claro. Mi abuelo, mi madre, mi hija y mi única hermana estaban en Cuba, pero aquí tenía muchas amistades y me parecía estar siguiendo el mismo ciclo.

—Eso en un inicio. Pero hoy, ¿qué queda hoy?

—Si llego a Cuba no me voy a perder, pero ya no ubico bien algunas calles. Eso sucede sin que yo lo quiera. Casi llevo viviendo aquí la misma cantidad de años que viví allá.

—¿No hay nostalgia de ciertas cosas?

—Por supuesto. Amigos, mi pueblo, la puerta de la casa donde nací y me crie.

—¿Has soñado con Cuba?

—He soñado, sí, pero hace ya. Soñé que llegaba a Cuba y que no me podía ir y que me decía: «Pero ahora cómo me voy, si yo vivo en Miami. René, ¿tú estás loco, ahora cómo viras para atrás?».

—¿Eso es un sueño o una pesadilla?

—Una tragedia, sí, una tragedia. Par de veces la soñé.

—¿No piensas volver en algún momento?

—No puedo decir ni que sí ni que no. Hasta hoy no he hecho el más mínimo trámite.

—Pero en el documental *Fuera de Liga* eres elocuente. Dices, y enfatizas, que eres cu-ba-no, y que loco estás por sentarte con todos los niches a hablar basura en el parque Central.

—Porque esas son las cosas que extraño. Pero detrás de todo esto hay una situación política que a lo mejor ya no existe o que me la he creado yo, en mis adentros, por la cual no he querido regresar. A lo mejor es miedo, no lo sé. Todo el mundo me dice que vaya, que aquello ha cambiado, que no pasa nada, pero tengo miedo.

—En el caso de los peloteros, ya algunos han ido.

—Peloteros que jamás han hecho una declaración en contra del gobierno. Siempre dije desde el primer día que yo vine a este país buscando libertad. También he dicho todo lo que pasábamos los atletas, los albergues en que nos metían, los mosquitos que nos comían en las gradas, porque en Guantánamo teníamos que dormir en las gradas, y cosas y cosas. Ojalá que cuando decida ir sea así y nada suceda. Pero, por ejemplo, a mí un pelotero de los que fueron me dijo que a los dos minutos tenía a alguien dándole indicaciones de los lugares que no podía visitar. Si yo voy a La Habana, ¿cómo no voy a poder ir al Latinoamericano?, ¿por qué si yo no voy con ninguna pancarta política? Yo, si voy, voy a disfrutar mi partido de pelota y punto.

—Hay, me temo, una distancia en ti que no es solo ante el beisbol.

—La hay, sí. René está teniendo ese problema, está alejado, está metido en su casa. Alguna gente me ve en la calle y me dice que me parezco a Arocha y les digo que sí, que eso me han dicho muchas veces. Tú no te imaginas la cantidad de entrevistas que he rechazado en los últimos años.

—¿Por qué?

—Me cansé de que me utilizaran.

—¿Hacen eso?

—Claro. Me cansé. Al principio me utilizaron muchísimo, porque yo era más joven y tenía el deseo de soltar todo lo que traía de Cuba. Me llamaban de todos los programas de televisión. Cada vez que pasaba algo en Cuba, René para aquí y René para allá. René el único pelotero en Grandes Ligas en aquel momento, René la figura.

—¿Y cuándo te diste cuenta de que te utilizaban?

—Cuando dejé de jugar, cuando ya yo me recogí en mi casa, que no hubo ni una llamada ni nada. Ahí me di cuenta.

—Entonces ¿ya no vas a la televisión?

—Yo he ido, pero, tú sabes, la última vez que fui me puse a pensar. Llegar del trabajo, bañarme, arrancar para Hialeah, para hablar ahí dos minutos, porque son dos minutos. Qué va, ya ese no es mi carnaval.

—Sí.

—O sea, mi tiempo tal vez hoy lo valoro mucho más. Date con un canto pero con un canto en el pecho, que esto ya no lo hago.

—Entonces tuve suerte. Quizá la manera en que nos encontramos, digo.

—La manera en que nos encontramos, sí. Yo estoy hablando contigo ahora porque te vi tumbando cocos. Luchando la vida, igual que la estoy luchando yo.

Luego apareció, por la línea materna, un primo millonario y me invitó un fin de semana a Fort Myers, a dos horas de distancia de Miami. Me mostró su mansión de tres pisos, el cine en casa, su Maserati, su Mercedes-Benz, el Audi 5 de su esposa. Salimos a pescar en yate. Cenamos en un Texas Roadhouse.

Vivía dentro de un condominio exclusivo, en un islote rodeado por un canal de agua salobre donde campeaban los cocoteros. Calculé que, si Manolo y yo tumbábamos todos los cocos de la residencia, podíamos hacer fácilmente más de seiscientos dólares de un golpe.

El primo fue muy generoso. Preparó una habitación para mí con nevera y baño independiente. Me compró ropa, zapatos. Me habló de mis abuelos y bisabuelos.

El último día, horas antes de devolverme a Miami, coloqué sobre la repisa del baño la MacBook Pro que me habían prestado y busqué «Forever Young» en YouTube, interpretado por Joan Báez. Abrí la ducha caliente y me metí debajo. Así estuve, tieso, huérfano. Y en algún punto, sin saber cómo, empecé a llorar. Lloré durante tres o cuatro minutos, sin detenerme, sin avergonzarme. No estaba llorando para nadie. A nadie se lo iba a contar. El agua caliente disolvía las lágrimas y quemaba un poco. ¿Pensaba en mi padre? No lo sé. Me sentí salvado, como si la casa de aquel millonario fuese la cápsula blindada que podía proteger mejor la pulpa indefensa. Luego no estuve triste ni cabizbajo. Tampoco eufórico. Había sido un llanto de graduación.

Mi amigo Manuel

Patricia Engel

Domingo a las cuatro de la madrugada de septiembre de 2015. Manuel y yo caminamos por la calle 12, a través de los pasadizos oscuros delimitados por árboles del barrio de El Vedado. Procuramos ir por el centro de la calle, donde la luz de la luna ilumina el pavimento con su resplandor. Somos un par de sombras entre las siluetas de los gatos callejeros y los perros dormidos. Hasta que llegamos a Zapata y nos topamos con más cuerpos como los nuestros, que serpentean entre farolas rotas, todos en dirección a la plaza de la Revolución.

Igual que el resto de las personas, lugareños y peregrinos de todo el mundo, nosotros también nos dirigimos a ver al papa Francisco. De hecho, Manuel y yo ya lo hemos visto. Ayer íbamos en el taxi de Manuel por Miramar y llegamos a una calle cortada en la que vimos a docenas de personas apostadas en el cruce. Bajamos del taxi para echar un vistazo y, al cabo de un minuto escaso, el papamóvil estaba a nuestros pies; el pontífice, de pie en su vehículo blanco descapotable, iba saludando a todos los asistentes. Estaba tan cerca de nosotros que, si estirábamos la mano, podíamos tocarle el dobladillo de la capa blanca.

Manuel no cree en Dios. Cree en muy pocas cosas aparte del trabajo, actividad que realiza durante quince horas diarias, salvo los domingos, el único día en que descansa. Me ha llevado a ver infinidad de iglesias por toda La Habana y los alrededores, pero siempre me espera fuera. Le digo lo que mi abuela solía decirle a mi padre, algo que él, a su vez, me decía a mí cuando era pequeña: «Siempre que entres en una iglesia por primera vez, reza y pide un deseo; verás cómo se cumple». Sin embargo, Manuel tampoco cree en los deseos imposibles. Tiene cuarenta y seis años. No cree en la costumbre de desear algo que no está a nuestro alcance. Nunca ha montado en avión ni en tren, ni siquiera ha viajado más allá de la parte occidental de Cuba. Una vez, cuando hacía poco que éramos amigos, le pregunté si se había planteado en alguna ocasión marcharse de la isla, como habían hecho tantos otros. Negó con la cabeza sin dudarlo. «No —me respondió—. Nunca.» Aunque no era por amor a la patria. Insistió en que no sentía ni pizca de patriotismo o nostalgia. En su caso, era porque no se veía capaz de abandonar a su madre. Y sabía que su madre no podría vivir en otro sitio que no fuese Cuba.

Manuel y yo nos conocimos a través del amigo de un amigo. Igual que tantas otras cosas que he descubierto que valen la pena en la isla; solo es posible acceder a ellas mediante una recomendación personal, un secreto, una referencia por parte de alguien de confianza. Lo único que le conté fue que era la segunda vez que viajaba a Cuba y que necesitaba a alguien que tuviera coche y estuviera dispuesto a llevarme a los lugares a los que quería ir, sin hacerme demasiadas preguntas. Tal vez me mostrara a la defensiva, pero tenía motivos, ya que en mi primer viaje a la isla, en enero de 2013, me habían detenido en el aeropuerto para someterme a un largo interrogatorio.

El policía que me interrogó era amable. Me atreví a preguntarle por qué el personal de seguridad me había identificado únicamente a mí, de entre todos los pasajeros del vuelo chárter desde Miami, como sospechosa. Me contestó que se debía a que no era cubana ni estadounidense de origen cubano, pero aun así mi Gobierno me había dado permiso para estar allí y viajar en un vuelo directo. Además, hablaba español con tanta soltura que, si mi documentación no hubiese indicado que era extranjera, habría pasado el control sin que se fijaran en mí. Le conté que era escritora y que quería documentarme para una novela. Le mostré mis apuntes e incluso un itinerario que me había trazado. Sonrió.

—¿Dará una buena imagen de Cuba en su libro?

—Escribiré la verdad sobre lo que vea.

Asintió.

—Puede marcharse —me indicó—. Pero tenga cuidado. A lo mejor cree que no llama la atención, pero todos, es decir, todos los que importan, saben que está usted aquí. ¿Me entiende?

Cuando regresé a Cuba ese mismo julio, a través de varios amigos mutuos, Manuel y yo acordamos vernos en el vestíbulo de mi hotel. Lo encontré esperándome en la entrada, vestido con vaqueros y camisa de cuello cerrado. Tenía los ojos claros y olía a tabaco. Nos saludamos con un apretón de manos y lo seguí hasta su coche, que había aparcado en la esquina. Se trataba de un diminuto Daewoo Tico coreano blanco, que, según me contó, pertenecía a su novia, quien lo había heredado de unos rusos que lo habían dejado allí abandonado cuando los soviéticos se marcharon de Cuba en los años noventa. El aire acondicionado no funcionaba y las ventanillas estaban siempre bajadas. Empezamos nuestro periplo por las calles del centro de La Habana mientras el viento cargado de polvo me soplaba en la cara. Manuel nunca llevaba gafas de sol a pesar de que este pegaba con fuerza. Le advertí de que acabaría teniendo cataratas. Pero le preocupaba más protegerse la piel de los rayos solares, de modo que se cubría el brazo izquierdo, que le asomaba por la ventanilla, con una manga de nailon. De esta manera no se ponía demasiado moreno, me dijo. Me volví hacia él: «¿Quieres decir como yo?».

Soy colombiana. Lo que suele llamarse trigueña, incluida sin duda dentro del espectro del mestizaje. No obstante, no tardé en descubrir que en Cuba sencillamente me consideraban oscura, no prieta, pero sí lo bastante oscura de piel como para que la gente se creyese con derecho a hacer comentarios explícitos sobre mi color y dijese cosas como que no pasaba nada por que no tuviese la piel perlada, ya que tenía el pelo liso o una nariz bonita, como si con eso pretendiesen consolarme. No obstante, si permanecía demasiado tiempo al aire libre sin ponerme a la sombra, no tardaba en llegar algún completo desconocido que me advertía, como si estuviera en peligro: «¡Niña, sal de ese sol tan rabioso o te pondrás aún más morena!».

Una pareja mayor que conocí me comentó llena de orgullo que su hija era rubia, como si ese rasgo fuese un pasaporte seguro para el éxito en la vida. Cuando entré en la farmacia de un hotel con la intención de comprar tiritas para una ampolla que me había salido en el talón, la vendedora también me ofreció una crema para aclarar la piel.

Manuel iba a buscarme todas las mañanas. Ya me había cansado de patearme La Habana y estaba agotada. Había visto todos los lugares turísticos recomendados. Había ido a todos los museos y me había perdido en los distintos barrios de la ciudad. Quería poder abarcar más terreno, y para eso necesitaba a Manuel y su coche. Además, descubrí que me lo pasaba bien en su compañía. Me recordaba a mi hermano mayor. Una presencia callada, tranquila, responsable. La conversación surgía con naturalidad y respeto, algo que empecé a valorar todavía más cuando me di cuenta de que, siempre que estaba sola, si me sentaba en una terraza a picar algo o a tomar un café, o si entraba en un restaurante o incluso en el bar de un hotel para tomar notas en el cuaderno, los hombres extranjeros, en su mayor parte europeos o canadienses, a menudo se acercaban a mí y me confundían con una jinetera.

Las calles que quedan dentro de la ruta del papamóvil están recién asfaltadas, las aceras están arregladas y las fachadas de los edificios ante los que circula, recién pintadas con tonos vivos, como si los decenios de dejadez que han precedido su visita nunca hubieran tenido lugar. Sin embargo, más allá del itinerario trazado para el Papa, las calles continúan olvidadas, se desmoronan desatendidas. El Gobierno sabe hacia dónde dirigir la mirada, dice Manuel. La delegación del Vaticano solo verá la belleza, La Habana vestida con sus mejores galas, bien maquillada, mientras la verdadera Habana se mantiene en las sombras, fuera de la vista.

Bordeamos el cementerio de Colón y tenemos que dar una vuelta enorme por Hidalgo hasta Tulipán porque las calles están bloqueadas. Gran parte de la muchedumbre que nos habíamos encontrado en Zapata ha ido desapareciendo, ya que no esperaba tener que caminar tanto. Durante la anterior visita del Papa, la avenida Paseo estaba abierta y todo el mundo pudo ir directamente, sin dar rodeos, hasta llegar a la plaza para asistir a la misa. Pero esta madrugada, todavía sumidas en la oscuridad previa al amanecer, las calles están cortadas y Manuel dice que este retorcido pasaje laberíntico no es más que otra manipulación gubernamental, un ardid para debilitar a la masa de creyentes, para demostrar que este Papa, con su retórica rebelde de paz y amor, no es capaz de congregar a tanto público como Fidel en cualquiera de sus mítines.

Cuando cruzamos la avenida por Carlos Manuel de Céspedes, me planto en medio de la intersección para observar los primeros rayos de sol por encima del perfil de la colina. Es la misma calle que tomamos para dirigirnos a la ciudad siempre que Manuel me recoge tras aguardar, a veces durante horas, a que yo emerja del aeropuerto, después del interrogatorio de seguridad, de que me registren el equipaje, entre la horda de cubanos que esperan a sus seres queridos que regresan del extranjero. Manuel no tiene ningún familiar en el extranjero. Su padre, que abandonó a su madre cuando él era un muchacho, murió en Las Vegas, aunque ya hacía décadas que no tenían relación. Su padre formó una segunda familia, pero Manuel tampoco se habla con ellos. Tiene un primo en Argentina; sin embargo, se marchó hace años y nunca han mantenido el contacto. Manuel jamás ha entrado siquiera en el aeropuerto. Solo se acerca por allí para venir a buscarme, me dice.

Manuel y yo nos quedamos en el centro de la calle. Está desolada salvo por la policía que guía a los peatones y les indica que se dirijan a las callejas posteriores, desde la calle Ermita hasta Ayestarán, en dirección a la plaza.

A pesar de la conmoción, noto una extraña quietud. Desde nuestra atalaya conseguimos ver hasta el inmenso memorial en honor de José Martí. Miro a Manuel para ver si él siente lo mismo que yo.

Desde el momento en que lo conocí, Manuel me había contado infinidad de veces que sus días de conducir el Tico estaban contados. Su primo y él estaban en proceso de restaurar un Chevrolet de 1952 con el fin de que Manuel lo empleara de taxi compartido para los habitantes de la ciudad. Su primo había trabajado durante años en distintos cargueros para ahorrar y comprar las piezas del coche una por una. El trato era que Manuel lo condujera todos los días de la semana y le pagase a su primo una tarifa diaria de treinta pesos cubanos convertibles (CUC) por el privilegio de llevarlo. Tardaron años en fabricarse el almendrón y, cuando regresé a Cuba para continuar con la investigación en abril del año siguiente, Manuel vino por fin a buscarme al aeropuerto en su coche nuevo, que me presentó, con una mezcla de orgullo y apuro, como «el Frankenstein».

La carrocería era sin duda de un Chevrolet, pintado de un espeso color negro mate porque Manuel me contó que todavía no podían permitirse un color brillante. El interior era el de cuero rojo original, mientras que el salpicadero lo habían ensamblado con partes importadas a través de un distribuidor de California. El motor era de un Kia y me sorprendió lo fino que iba. Mientras regresábamos a la ciudad, Manuel me explicó que ahora se dedicaba a hacer la ruta, es decir, recorridos frecuentes de los empleados de oficinas del centro, y que se pasaba el día recogiendo y dejando pasajeros. Empezaba la jornada a las siete de la mañana y no paraba hasta las diez de la noche, más o menos. Necesitaba trabajar unas ocho horas solo para pagarle a su primo la cantidad pactada como tarifa diaria. Todo lo que ganaba a partir de ese momento, alrededor de diez o quince CUC, era lo que Manuel podía quedarse.

«¿Qué pasó con el Tico?», le pregunté. Me dijo que tanto el coche como la novia se habían esfumado. Habíamos coincidido con ella un par de veces. Se llamaba Cassandra. No era especialmente simpática, pero Manuel hablaba tan bien de ella que yo también acabé por considerarla magnífica. Era economista, pero había dejado el empleo en un banco al calcular que podía ganar lo mismo o más si se dedicaba a llevar a la gente en coche desde su barrio. Sin embargo, Manuel me dijo que últimamente apenas salía de casa. Ni para trabajar ni para ver a sus amigos. Sufría una depresión fuerte, algo que, según Manuel, le ocurría un par de veces al año. Siempre que le sucedía, se pasaba cuatro o cinco meses deprimida, hasta que estallaba en algún arrebato de ira. Una de esas veces lo echó de casa, así que Manuel regresó a la de su madre. Luego le suplicó que volviera con ella, de modo que él lo hizo. Después lo volvió a expulsar de casa. Y ahora, me contó Manuel, él ya se había hartado.

Durante los diez o doce viajes que hice a Cuba a lo largo de esos años, de vez en cuando Manuel me preguntaba por mi vida, pero siempre de un modo cuidadoso y discreto que me dejaba una escapatoria si no tenía ganas de contestar. Primero me preguntó si estaba casada y luego —¿por qué no?— si tenía novio. Algunas veces sí y otras no, le contesté. Manuel tenía pensado no casarse jamás. Cuando salía con su novia se lo había planteado, pero ahora estaba totalmente en contra de la idea del matrimonio. Sin embargo, ni siquiera entonces, en la etapa más feliz que pasaron juntos, habían querido tener hijos.

«Nunca traería otra vida a esta isla —me comentó—. Yo no tuve opción. Pero si la hubiera tenido, nunca habría pedido nacer aquí. Esta isla es una cárcel. Esta vida es un purgatorio. Todos y cada uno de los niños que nacen aquí, en especial los de las nuevas generaciones, no piensan más que en escapar.»

Manuel y yo encontramos un hueco en un pequeño espacio despejado del centro de la plaza de la Revolución. Su madre y él me han hablado de las innumerables ocasiones en que era obligatorio ir a escuchar uno de los discursos de Fidel, que parecían interminables, y los asistentes tenían que estar de pie horas y horas bajo el sol, o de noche, mientras su voz retumbaba por los edificios de los ministerios en los que se alzan los retratos del Che Guevara y Camilo Cienfuegos. A la madre de Manuel, una católica devota, le hubiese gustado ir con nosotros a ver al Papa. Tiene setenta y tres años, pero está acostumbrada a caminar a menudo, ya que continúa trabajando de peluquera a domicilio y va de una casa a otra desde La Habana Vieja hasta El Nuevo Vedado, pasando por La Lisa, siempre a pie, o, como mucho, con la ayuda de un almendrón. No obstante, esta mañana se sentía cansada, así que Manuel la ha dejado en casa. Ha sido una decisión acertada, me comenta, porque, con todos los rodeos que nos han obligado a dar, sin duda su madre habría tenido que rendirse y volver a casa.

Ya ha amanecido y el cielo ha adoptado un tono azul pastel, cubierto de nubes pero luminoso. Todavía faltan dos horas para que dé comienzo la misa. Nos sentamos en el suelo caliente y pegajoso. Los huecos que quedan en la plaza se llenan con grupos grandes de fieles procedentes de México, Venezuela, Panamá y Polonia. Algunos rezan y cantan; otros se entretienen riendo, contando anécdotas o chistes. Manuel no quería que viniésemos hoy. No había ido a ver al papa Juan Pablo II ni al papa Benedicto XVI cuando visitaron la ciudad. En su opinión, no era más que un gran espectáculo y le daba rabia que cada uno de los pontífices se entrevistara luego a solas con Fidel. Le conté que, con los cambios anunciados en diciembre del año pasado, esta visita era algo histórico. Cuando nos conocimos hace unos cuántos años, ninguno de los dos habría imaginado los cambios que aguardaban en el horizonte; quién iba a decir que Raúl Castro y el presidente Obama prometerían el inicio de una nueva era de relaciones entre Cuba y Estados Unidos…

Manuel se muestra escéptico, igual que muchos otros. Nunca he intentado convertirlo a través del optimismo. De hecho, tenía previsto ir a misa sola porque ninguno de mis amigos cubanos había mostrado interés por ir. Se quejaban del tráfico y de que la plaza en sí les daba pavor. No obstante, para mí era otra página necesaria para mi investigación. En el último momento, Manuel dijo que él también iría.

—Pero te lo advierto, no me sé ninguna de las oraciones —me explicó.

—No pasa nada. Muchos no se las saben.

—Solo tengo ganas de averiguar qué tiene que contarnos el tipo, ¿sabes? Este Papa parece buen tipo.

El hermano de Manuel murió cuando tenía once años y Manuel, trece. En esa época vivían en Alamar. A su padre, que era militar, le habían dado un apartamento, lo que la gente llamaba un cajón, en un edificio con vistas al mar. Una vez me llevó a verlo. Aparcamos en la esquina, donde unos hombres habían atado un gallo furioso a un árbol bajo. Me acerqué un poco más para observarlo mejor y el gallo me chilló con todas sus fuerzas mientras hundía los enormes y afilados espolones en la porquería. «Será mejor que te apartes —me advirtió uno de los tipos—. Te arrancará un dedo si puede.»

Manuel me llevó a un callejón. Según me dijo, solía jugar allí. Un día, el hermano de Manuel salió a jugar con otros niños mayores que él, que le retaron a saltar a la parte trasera de un autobús en marcha. El chico hizo lo que le mandaban, pero se tropezó con un riel del tranvía, cayó a la calle y acabó atropellado y hecho una maraña con las ruedas del autobús. Murió en el hospital infantil. A menudo pasamos por aquí cuando vamos en coche desde La Habana Vieja hasta El Vedado, en el Malecón.

«Ahí fue donde nos dejó mi hermano», dice Manuel cada vez que llegamos a ese punto.

Hemos ido varias veces juntos al cementerio de Colón. Me gusta perderme en sus calles serpenteantes. Hemos visto todas las tumbas de famosos, hemos pasado horas y horas con el anciano centenario que vela la estatua de La Milagrosa. Aquí nos han robado los guardias de seguridad, nos ha pillado más de una tormenta y hemos dejado flores en la tumba del familiar de un amigo después de que los ladrones profanaran su tumba para robar los huesos para rituales. A estas alturas los dos conocemos muy bien el cementerio, pero hasta ayer, cuando le propuse a mi acompañante: «Manuel, vamos al cementerio», nunca me había llevado al rincón más alejado del recinto, hasta uno de los muros posteriores, donde las tumbas son más modestas y están menos adornadas. Aparcó el almendrón, señaló una solitaria tumba plana y elevada, y dijo: «Ahí está mi hermano. Lo único que queda de él son sus huesos».

Paso los días con Manuel. Me presta un móvil porque el mío no funciona aquí. Me consigue tarjetas de wifi y también me presenta a sus amigos y me lleva a casa a ver a su madre. Además, me acompaña siempre que quiero ir a algún sitio, a donde sea, desde Matanzas hasta Varadero, desde Mariel hasta Viñales, siempre a mi lado mientras visitamos altares de santería o cuando me entrevisto con babalawos, incluso cuando le pido que me lleve al otro lado de la bahía, hasta la iglesia de Nuestra Señora de Regla, para visitar el templo desde el que se divisa el puerto.

Sin embargo, al caer la tarde, cuando el anochecer ya se ha plegado sobre las aguas de los estrechos que hay junto al Malecón, Manuel y yo nos despedimos y salimos con otros amigos, en su mayoría no cubanos que, debido a su trabajo o a sus relaciones personales, ahora viven aquí. Me invitan a tomar algo en sus casas, me llevan a fiestas, a restaurantes y bares llenos de extranjeros y de cubanos adinerados con contactos en el Gobierno. Vamos a clubes donde los cubanos tienen que esperar fuera haciendo cola y los extranjeros entran directamente. Vamos a fiestas de la embajada, a festivales culturales y a actuaciones musicales privadas. Con frecuencia invito a Manuel a venir con nosotros, pero siempre rechaza la propuesta. No le gusta salir, ni siquiera a bailar o a ver una película. En lugar de eso, prefiere quedarse trabajando hasta que se le cierren los párpados, faltos de sueño, y levantarse temprano, antes de que la noche dé paso al día, para volver a hacer la ruta.

Por las mañanas, cuando Manuel viene a buscarme, le cuento cómo ha ido la noche.

«Es como si, al despedirme de ti, fueses a otra Cuba —me dice—. Es un lugar que no he visto nunca.»

Las últimas seis o siete veces que he vuelto a Cuba le he llevado a Manuel algo que le encanta, que da la impresión de valorar más que el oro: el chocolate. Lo observé la primera vez que probó una tableta de chocolate Hershey. Era algo tan nuevo y especial para él que parecía profundamente conmovido por la experiencia. Le había llevado una amplia selección de caprichos del supermercado: Kit Kats, Snickers, Butterfingers. Los compartió con su madre.

«En mi vida había probado algo así», dijo la anciana mientras saboreaba las últimas migajas de un Milky Way.

Cada vez que vuelvo a Cuba les llevo bolsas llenas de chocolatinas y siempre se zambullen entre los envoltorios con el mismo placer que un niño. Además, le ofrezco a su madre cosméticos, muestras de perfume y cremas para las manos. Unos lujos que nunca podría encontrar aquí, como suele decirme. Para Manuel llevo libros o DVD. He descubierto que sus favoritos son las novelas de misterio basadas en historias reales. Le encantan, y luego se las presta a sus amigos. A cambio, él también me hace regalos. CD de reguetón, que sabe que me chifla, o DVD grabados de las últimas películas cubanas de moda. Una vez, su madre intentó regalarme su mejor pieza antigua de porcelana y marfil, pero insistí en que lo más probable era que me la confiscaran en la aduana, así que desistió. Siempre busco un hueco libre para pasar unas horas con ella cuando viajo a La Habana. Nos sentamos en la modesta sala de estar de su apartamento de El Vedado, donde Manuel y ella duermen en camas individuales, cada uno pegado a una pared de una única habitación pequeña. Una familia de gatos vive en el tejado de zinc que hay justo debajo de la ventana del dormitorio. La anciana sabe que me gustan los gatos y me deja sentarme allí a mirarlos. La pareja de gatos adultos siempre están encima de sus cuatro gatitos mientras la señora me cuenta historias de su infancia en el campo, donde su padre tenía ganado y no era necesario el permiso del Gobierno para matar una vaca; antes de la Revolución y de que su marido la llevara a La Habana. Algunas veces, la madre de Manuel saca fotos antiguas para mostrarme que hubo un tiempo en el que era joven y guapa.

«Nadie lo diría al ver cómo se me ha quedado la cara —me dice mientras se repasa las mejillas y los labios con los dedos—. Toda esa belleza al final no me sirvió para nada.»

Un día, Manuel y yo quedamos temprano con la idea de ir en coche a Pinar del Río. Compré unos bocadillos de pollo en el restaurante de un hotel para poder comer algo de camino. Por desgracia, apenas habíamos sobrepasado los límites de Jaimanitas cuando el coche se estropeó y Manuel tuvo que detenerse en el arcén. Abrió el capó mientras yo esperaba, y luego me mandó que cruzara la carretera para ir a un bar a pedir agua para enfriar el motor. Cuando el coche se puso de nuevo en marcha, decidimos regresar a La Habana y paramos cerca del parque de la Fraternidad a refugiarnos de una tormenta repentina. Saqué los bocadillos y le ofrecí uno a Manuel. Lo miró con curiosidad y le dio vueltas en las manos. Me di cuenta de que no sabía qué hacer con el papel de aluminio en el que lo había envuelto, así que le mostré cómo retirarlo. Lo observó fascinado. Nunca había visto papel de aluminio. Y nunca había visto el pan integral con el que estaba hecho el bocadillo. Se lo comió poco a poco, deleitándose en el sabor y la textura, y decidió apartar la mitad para compartirlo con su madre, porque estaba seguro de que ella tampoco habría probado jamás algo así, tan diferente del pan blanco duro y soso que vendían en las bodegas locales. Manuel también quiso guardar el papel de aluminio y me pidió el mío cuando vio que me terminaba el bocadillo. Lo alisó y le quitó las arrugas con mucho cuidado, tocándolo como si fuese de seda.

Las furgonetas y los camiones de la Cruz Roja rodean el perímetro de la plaza, aunque Manuel dice que en realidad no son equipos médicos de verdad, sino policías de incógnito que vigilan a quienes han ido a ver al Papa, preparados para reprimir cualquier protesta en potencia o cualquier actividad disidente. Me muestro escéptica hasta que me acerco a una de las furgonetas para pedirles una tirita porque me sale sangre de un dedo del pie, y los supuestos enfermeros me miran con indiferencia.

—Aquí no tenemos nada parecido —me dice uno al fin.

—¿No tienen ningún tipo de venda o apósito? —pregunto, mientras les enseño el pie ensangrentado.

Los hombres se encogen de hombros.

—A lo mejor si se compra un helado allá, en la calle, le dan una servilleta con la que limpiarse la sangre.

—¿De verdad son un equipo médico? —les pregunto.

Vuelven a encogerse de hombros.

—¿Por qué lo pregunta?

Da la impresión de que el Papa aparece de la nada. De nuevo montado en su vehículo blanco descapotable, se pasea por el perímetro de la plaza, saluda al público, coge a un niño y lo bendice, antes de dirigirse al altar que hay al fondo, detrás de los edificios de los ministerios. Las primeras filas tienen asientos reservados para los funcionarios del Gobierno, los embajadores, incluso para varios miembros de una delegación de las FARC en medio de sus negociaciones de paz en La Habana. Todos los demás, incluidos nosotros, estamos detrás de la barrera, de pie o sentados en el suelo, apoyados unos en otros para aguantar mejor la calurosa mañana.

Empieza la misa. Manuel observa con mucha atención.

Hace unos años, paseaba por la playa cercana a mi casa, en Miami, cuando noté que la marea arrastraba algo hacia mis pies. Bajé la mirada y vi un objeto que parecía un collar de cuentas de madera. Lo recogí y vi que era un rosario y, en el centro, en la cuenta que debía de corresponder al primer misterio glorioso, había un corazón de madera tallada donde se apreciaba la cara del papa Juan Pablo II. Todo tipo de cosas llegan a las costas de Florida, desde planchas de madera hasta botellas de plástico, cadáveres y piezas de coche. He visto huesos arrastrados por la marea hasta la playa, y ropa. También he visto balseros que tocan el suelo de la costa de Florida y gritan en un júbilo extático, y otros a quienes los guardacostas han atrapado antes de que tocaran territorio estadounidense y que, por lo tanto, han sido custodiados para ser deportados al instante. Algo me dijo que debía guardar ese rosario. Me lo metí en el bolsillo y lo llevé a casa.

Al cabo de un año más o menos, hice un amigo nuevo. Un cubano recién llegado al país. No hablaba inglés. Había entrado en Estados Unidos cruzando a pie la frontera con México. Me habló de su infancia; era el hijo de unos orgullosos padres comunistas, un orgulloso pionero, que luego vivió el Periodo Especial. También me habló del hambre que había pasado. De las cosas que su familia había tenido que hacer a cambio de comida. De la desilusión. Y, en última instancia, de su deserción.

Le mostré el rosario que había encontrado en la playa aquel día. Lo reconoció de inmediato.

«Eran los rosarios que repartían cuando el Papa vino a La Habana —comentó. Su madre tenía uno exactamente igual—. Eran gruesos y toscos porque estaban hechos a mano.»

Pensé en el dueño de esas cuentas de madera, que las había llevado consigo desde Cuba, a buen seguro en barco, con la intención de atracar en Florida. Las cuentas se perdieron en el mar. Me pregunté qué habría sido de la persona que había tenido fe suficiente para llevar el rosario consigo en su travesía. Me pregunté si también su vida se había perdido entre las olas.

Al encontrarme de nuevo en Cuba justo en los días en que estaba prevista la visita del Papa, decidí que iría a la plaza a verlo, no solo a causa de mi curiosidad intelectual, de mi espíritu de escritora que me anima a ser testigo de todo, sino también en homenaje al dueño de aquel rosario perdido, sin importar dónde lo habían abandonado su vida y su alma.

Algunas veces acompaño a Manuel a hacer la ruta. Le gusta empezar en el nacimiento de la avenida 23, cerca del Malecón, y ascender por La Rampa. Otras veces nos limitamos a tomar la calle Línea, y vamos recogiendo y dejando gente hasta que nos acercamos a Playa. Me siento en el centro del asiento delantero, junto a Manuel, y dejo sitio para otro pasajero a mi derecha. En la parte posterior está permitido llevar a tres pasajeros más, pero de vez en cuando Manuel deja que se apretujen cuatro personas; a menudo una de ellas es un niño. Los pasajeros suelen permanecer en silencio durante el trayecto. Los estudiantes universitarios se sientan con los auriculares puestos a un volumen lo bastante alto para que los demás oigamos el zumbido de su música cubatón (la variante criolla del reguetón). Cuando llegan a su destino, uno de los pasajeros le da un golpecito a Manuel en el hombro o se limita a decir «Chofe, aquí», y Manuel para. Le entregan las monedas, que no suelen superar los cincuenta céntimos por cabeza. A veces, otro pasajero se monta en esa misma parada. Y el almendrón continúa su camino. Sube y baja por las avenidas. Recoge y deja gente. La ruta es interminable.

Un día, se monta un trío de chicas vestidas de manera provocativa. Dos de ellas le dan instrucciones a la tercera sobre cómo debe comportarse cuando se encuentren con sus citas en el hotel. Alcanzo a entender que sus citas son de Alemania…

«Da igual si no entiendes una palabra de lo que diga —dice una de las chicas—. Tú míralo como si te hablara al alma y ya está. ¡Les encanta!»

Las dejamos cerca del parque Central. Las observo mientras caminan hacia el hotel y veo en la puerta varios autocares voluminosos junto con hordas de turistas extranjeros.

Más tarde recogemos a un par de recién iniciadas en la santería vestidas de blanco con la cabeza tapada y collares de cuentas de colores en el cuello. Le preguntan a Manuel si pueden contratarlo para una hora entera. Acepta, así que las llevamos al bosque que hay en la desembocadura del río Almendares, y aparcamos junto a un montículo. Cuando las mujeres salen del coche, me fijo por primera vez en el saco de lona que llevan a cuestas. Y cuando se plantan delante del almendrón y bajan por la pendiente de tierra hasta la orilla del río, el tejido de la bolsa se mueve por dentro. Manuel y yo observamos desde el coche mientras las mujeres se colocan cerca del agua, sacan primero fruta y después un pollo vivo del saco y, con un movimiento casi invisible, matan el animal y dejan que se desangre por la garganta, para ir recogiendo la sangre en un cuenco que tienen a los pies.

Algunas veces transportamos a personas no cubanas. Suelen ser europeos que llevan un tiempo en Cuba y que ya saben manejarse con el sistema de taxis compartidos. Un día recogemos a un italiano. Debe de tener sesenta y tantos años. Con él viaja una chica cubana que no puede tener más de diecisiete. Por el espejo retrovisor veo que el hombre le besa el cuello mientras la chica, con aspecto aburrido, mira por la ventanilla. Una mujer mayor que está sentada al otro lado del señor cierra los ojos como si quisiera rezar o al menos no ser cómplice, hasta que dejamos al hombre y a la chica en la esquina de Neptuno.

Un día, Manuel y yo vamos en coche a El Rincón para visitar la iglesia de San Lázaro. Tomamos la carretera polvorienta y vamos dejando atrás varias chabolas, solitarios caballos escuálidos y montañas de caña de azúcar machacada, hasta llegar al exterior del terreno de la iglesia, donde nos rodean los mendigos y los vendedores ambulantes de velas y santos de madera. Supongo que Manuel querrá esperarme fuera, como suele hacer, mientras yo entro a echar un vistazo y enciendo una o dos velas en alguno de los altares. Sin embargo, esta vez Manuel dice que entrará conmigo. Caminamos juntos por la enorme iglesia blanca. Nos separamos y deambulamos cada uno por su cuenta de un altar a otro. Nos percatamos de que la gente ha dejado montones de flores al Lázaro de la parábola, así como en otro altar dedicado a Nuestra Señora de la Caridad. Salgo y me acerco a la pila bautismal, donde las personas tullidas se frotan la piel con el agua bendita y se santiguan con unas gotas en los dedos.

Junto a la iglesia está el lazareto en el que todavía viven los leprosos, exiliados de la sociedad. Unos cuantos perros merodean por el terreno que circunda la iglesia. Un grupo de cuidadores que están comiendo a la sombra me cuentan que eran perros abandonados que adoptó la iglesia. La perrita pequeña de color crema se llama Belén porque la encontraron las Navidades pasadas cuando era una cachorra, abandonada en la cuna del nacimiento, ovillada junto al niño Jesús. Les digo que es un detalle que cuiden de los perros así, pero uno de los cuidadores me dice que a esos solo los dejan correr sueltos cuando alguien los vigila. De lo contrario, los encierran en el jardín para que estén a salvo.

«La gente es capaz de hacer cosas terribles —me dice un cuidador—. No hace tanto tiempo, lo único que tenían algunos para comer eran los perros.»

He oído esa historia muchas veces. También he oído muchas veces que la desmentían con vehemencia.

Un día, Manuel y yo íbamos por Buenavista cuando vimos un perro muerto colgado de una viga que habían colocado a cierta altura en un callejón. Dos hombres lo estaban despellejando para quedarse con la piel. Manuel paró el coche y les preguntó qué hacían con ese perro.

—No haga preguntas si no quiere saber la respuesta —contestó uno de los hombres.

El otro se echó a reír dirigiéndose a nosotros.

—¿Quieren un mordisco?

Mi parte favorita de la iglesia de San Lázaro es la capilla en la que se guardan los *exvotos*, pruebas de oraciones que han sido escuchadas que la gente ofrece en gratitud al santo. Botitas de bebé tejidas a mano, fotos de familias reunidas, trofeos olímpicos, medallas de campeonatos de boxeo. Me paseo entre los cofres de cristal que albergan los recuerdos y veo que Manuel hace lo mismo y se entretiene en leer las cartas escritas por los fieles en gratitud a san Lázaro por haber escuchado sus peticiones.

Uno de los motivos por los que Manuel no cree en Dios, ni en los *orishas* ni en nada considerado divino es que dice que siempre ha estado tan cerca de todo eso (ha asistido a innumerables servicios religiosos con su madre y ha ido a incontables toques de santo con vecinos de su barrio) que no siente nada.

«Siempre me quedo allí plantado, esperando a que ocurra algo, esperando sentirme conmovido por la música, las oraciones o la ceremonia, pero no ocurre nada. No siento nada.»

En la misa oficiada por el Papa en la plaza de la Revolución ese septiembre, oímos la música, los ecos de los rezos que se elevan como una fortaleza a nuestro alrededor; observamos la consagración, envueltos en una comunión de silencio. El Papa se despide de la multitud con palabras que animan a la paz, la valentía y la libertad. Les dice a los asistentes que nunca pierdan la esperanza.

En una ocasión, Manuel y yo íbamos en coche junto al Malecón rumbo a Cubanacán, donde yo había quedado para comer con un amigo. Esa mañana había pocos coches en la carretera, pero me fijé en un pelícano que caminaba aturdido y desorientado por el medio de la calzada. Manuel dio un volantazo para no chocar con el pájaro. Me di la vuelta para ver si el pelícano había conseguido cruzar la carretera y llegar al arcén. Manuel me dijo que era muy extraño ver pelícanos en esa parte del Malecón. Advirtió mi cara de preocupación. A esas alturas ya me conocía bien. Sabía que yo solía guardar los restos de la comida para ofrecérselos a los perros callejeros y que no dudaba en agacharme para acariciar a algún gato abandonado. En cuanto encontró un lugar en el que dar la vuelta, giró y regresó al mismo punto del Malecón para buscar el pelícano. Encontramos una pequeña furgoneta blanca aparcada allí mismo con las puertas del maletero abiertas. El conductor ya había atrapado al pelícano y lo había cargado en el vehículo.

Tratamos de detener a aquel hombre. Me sentí tan perpleja que me faltaron las palabras para explicarle por qué debía dejar en libertad al pelícano. El hombre se limitó a mirarme y dijo que ahora el pelícano era suyo. Manuel intentó hacerle entrar en razón, pero el hombre se apresuró a cerrar de un portazo el maletero de la furgoneta, volvió a montarse y se marchó.

Me pasé todo el día pensando en el pelícano. A la hora del almuerzo, en casa de mis amigos, sirvieron pechuga de pollo que les había conseguido un contacto, una carne mucho más sabrosa que los muslos resecos a los que de vez en cuando podían acceder con la cartilla de racionamiento. Les hablé del pelícano. Se echaron a reír. Dudaban de que el hombre lo hubiese atrapado para comérselo.

«La carne de los pelícanos es pésima —me dijeron—. A lo mejor se lo llevó para venderlo para algún acto de brujería. O a lo mejor para vendérselo de mascota a algún extranjero.»

Me tomaron el pelo por preocuparme tanto de cosas que no iban conmigo.

«Tienes que aprender a desviar la mirada —me aconsejaron—. Es imposible sobrevivir en Cuba si uno es un sentimental.»

Formamos parte del éxodo que sale de la plaza ese domingo por la mañana. Las calles siguen cortadas y no hay transporte público en funcionamiento. Tendremos que volver caminando, igual que hemos venido. Lo malo es que tengo los pies en carne viva por las ampollas. Las caderas ya se me resienten después de varias horas de caminar, estar de pie y sentada en el suelo. El sol, bien alto, es abrasador. La masa de fieles se dispersa y Manuel me guía, pues ha encontrado un atajo pasando por los parques y la colina. Cruzamos la avenida Salvador Allende hasta que amanecemos en Zapata, y entonces atisbo un cocotaxi vacío y lo llamamos. Le pido al taxista que nos lleve al paseo y accede a hacerlo a cambio de siete CUC. Acepto y me monto en el asiento de atrás, pero Manuel duda, alegando que es demasiado por una distancia tan corta. Le digo que ya pago yo. Además, añado que es el único taxi que se ve por ahí. Si no lo cogemos tendremos que hacer a pie todo el trayecto de vuelta, y tengo los tobillos y los dedos de los pies ensangrentados. Manuel entra en el vehículo a regañadientes. Nunca se ha montado en un cocotaxi, reconoce. Son para los turistas.

Al cabo de pocos minutos llegamos al paseo y Manuel intenta de nuevo convencer al taxista de que nos cobre una tarifa más razonable.

—No está bien que se aproveche de la gente solo porque está cansada después de haber caminado kilómetros para ir a ver al Papa.

El conductor se ríe en su cara.

—Hago lo que me da la gana.

—Yo también tengo un taxi —dice Manuel—. Sé lo que cuesta llevar a la gente. La carrera que acabamos de hacer no debería costar más de dos CUC.

—¿A qué se dedica? ¿Qué clase de coche conduce?

—Un almendrón —contesta Manuel.

El taxista vuelve a reírse.

—¿Lleva una birria de coche y pretende decirme a mí lo que tengo que cobrar?

Veo la vergüenza que invade el rostro de Manuel.

—Venga —le digo—. Vámonos.

Le pago al taxista, pero aun así Manuel quiere que comprenda que no tiene conciencia. Le está robando a la gente.

—Eso no está bien —insiste Manuel—. Es usted un ladrón.

Otro cocotaxi se detiene y los dos conductores se saludan.

—¿Qué pasa? —le pregunta el amigo a nuestro taxista.

—Nada, *asere*. Este capullo del almendrón cree que lo sabe todo.

—Ja —contesta el amigo—. Si alguna vez me ves conduciendo un almendrón, mátame.

Manuel y yo seguimos nuestro camino. Nunca lo había visto tan furioso. Más furioso incluso que cuando nos robaron los guardias de seguridad del cementerio de Colón. Más furioso que el día en que le pegó un golpe por detrás otro almendrón y el Chevrolet estuvo un mes fuera de circulación. Más furioso que la última vez que Cassandra lo echó de casa y lo obligó a dejar el reproductor de DVD.

«Con lo estupenda que había sido la mañana —me dice, mientras se enciende un cigarrillo—, y ese sinvergüenza tenía que arruinárnosla. Es la historia de nuestra isla. Por ese motivo hemos acabado convertidos en un agujero en el océano.»

Unos meses más tarde, La Habana se prepara para la visita del presidente de Estados Unidos.

Una vez más, se puede seguir el itinerario previsto para la comitiva por la visible restauración de ciertos callejones y pasajes. Desde la Quinta Avenida hasta Cubanacán, nada menos. Un amigo mío vive en un edificio pequeño a una calle de la avenida principal, y el Gobierno ha enviado operarios a repintar la fachada y volver a enyesar los balcones rotos; peticiones que los residentes llevan años haciendo, pero que habían sido desoídas hasta que se percataron de que era posible que Obama mirase en esa dirección cuando lo trasladaran a sus dependencias en la residencia de la embajada.

La única diferencia que ha notado Manuel desde que anunciaron los cambios oficiales en diciembre de 2014 es que ahora hay muchos más estadounidenses que visitan la isla. Así que Cuba ha cambiado para ellos, me dice. Pero para los cubanos de a pie, insiste Manuel, no ha cambiado nada de nada.

Es cierto que ahora hay conexiones de wifi en los parques públicos y en algunos cruces de calles. Un día, de vuelta a casa, me sorprendió recibir un correo electrónico nada menos que de Manuel, que me escribía para decirme que no conocía a nadie más que tuviera y que por eso me escribía a mí. Sin embargo, ese fue el primero y el último mensaje que envió. Según dice, es más fácil localizar a cualquiera de las personas que conoce por teléfono o acercándose a su casa con el coche.

Ahora Cuba se prepara para la llegada de Obama. Por primera vez en todos los años que llevo viniendo a la isla, he visto la cara del presidente de Estados Unidos serigrafiada en unas camisetas y la bandera estadounidense ondeando en el exterior de la embajada de Estados Unidos.

Manuel se limita a negar con la cabeza cada vez que lo menciono y sacude la mano como si espantase una mosca.

«Los papas y los presidentes. Vienen a ver Cuba y luego se marchan y se olvidan de nosotros —me dice—. Pero para nosotros no cambia nada. Aquí estamos. Aquí estaremos siempre. En la misma Cuba, la misma ruta, la misma lucha de siempre.»

La Cuba secreta

Mauricio Vicent

Se dice en la biografía oficial del cantante Ibrahim Ferrer que cuando en 1996 lo fueron a buscar a su casa de la calle Indio para que participara en el disco del Buena Vista Social Club, que daría fama internacional a Compay Segundo, Rubén González y otros ilustres músicos cubanos, Ibrahim se ganaba la vida de limpiabotas. Estaba a punto de cumplir setenta años y, como muchos de sus compañeros de la vieja trova, a esas alturas de la vida ya había tirado la toalla y sobrevivía como podía en una Habana devastada por los rigores del Periodo Especial. Los apagones en la isla habían llegado a ser de catorce horas diarias, en los campos los tractores habían sido sustituidos por doscientas mil yuntas de bueyes y, ante la falta de transporte público, el Gobierno distribuyó un millón de bicicletas chinas para que el país no se detuviera, mientras en televisión y en las plazas Fidel Castro terminaba sus discursos con la consigna «Socialismo o muerte».

El país se había adentrado en la noche del desabastecimiento más absoluto tras el derrumbe del campo socialista, y al tiempo que florecían los huertos populares en la Quinta Avenida y se distribuían pollitos a la población para que los criaran y los convirtieran en alimento, como tabla de salvación individual se permitió el ejercicio del trabajo por cuenta propia para un centenar de profesiones, entre ellas la de limpiabotas y manicura, y otras tan peregrinas como la de forrador de botones, payaso o limpiador de bujías (*sic*).

Mientras Ibrahim lustraba zapatos, en la ajetreada calle San Rafael, algunas de las nuevas manicuras particulares se establecieron en plena acera con mesas y sillas para atender al público. Era la peor época de la crisis; la televisión proponía recetas como picadillo de cáscara de plátano o bisté de toronja, en las noches de verano la gente sacaba los colchones a la calle para poder dormir más frescos en medio del apagón y hasta se inventó un desodorante casero hecho a base de bicarbonato y leche de magnesia. La realidad era tan dura que no había forma de escapar de ella. Pesaba demasiado.

Por aquel tiempo, cuando dos o más cubanos coincidían en una cola o en una fiesta, era difícil que no se pusiesen a hablar de «lo mal que está la cosa». Era todos los días, a todas horas y en cualquier lugar, y una de las manicuras de la calle San Rafael, harta ya de que la gente aprovechase el momento de arreglarse las uñas para hacer catarsis, había puesto un cartel sobre la mesa que advertía: «Prohibido hablar de la cosa». Para espantar la energía negativa, junto a la frase la señora había dibujado un número 33 y el ave carroñera que en México llaman «zopilote» y los cubanos «aura tiñosa».

Ibrahim sabía muy bien lo que había querido decir aquella mujer con esa cábala, pues parte de su sustento procedía de otra actividad que no podía aparecer en ninguna biografía: era apuntador de números de la bolita, o charada; una rifa ilegal traída a Cuba por los chinos en la que los números se asocian con figuras de animales, personas o cosas y que, como todos los juegos de azar, había sido prohibida tras el triunfo de la Revolución. No obstante, Ibrahim era un bolitero con personalidad y sus clientes clandestinos no eran pocos en el barrio de Los Sitios, donde se apreciaban tanto su voz privilegiada como su pericia a la hora de apuntar un número según las vivencias o los sueños.

Aquella manicura de la calle San Rafael había colocado a modo de sortilegio el número 33 y dibujado a su lado una tiñosa, su figura equivalente en la charada, con la que los cubanos designan lo malo que se te pega o te cae de improviso (una mala noticia, una reunión del sindicato, un papeleo a resolver). Si uno soñaba que iba descalzo por un cañaveral y le mordía una víbora, incuestionablemente debía apostarle al 21, majá o serpiente, o quizá al 8, muerto, o también al 83, tragedia. Si en cambio uno imaginaba que la vecinita de enfrente se le escapaba al marido y pasaba la noche de fiesta con uno, el número era el 58, adulterio, aunque también se podía jugar un parlé con el 66, divorcio, o tirar un candado con los dos números anteriores más el 12, ramera o mujer mala.

Desde luego, si al salir de tu casa pisabas una mierda de perro, o te cagaba una paloma, o tenías cualquier accidente así, la cosa estaba clara: el 7, excremento (que además era el número de Yemaya, el *orisha* dueño del mar en la Regla de Ocha, una de las dos religiones afrocubanas principales, llamada también santería). Pero, por si acaso, era buena idea ponerle también algo al 38, dinero, pues para nadie es un secreto que pisar una mierda trae suerte y desenvolvimiento.

1 Caballo.	19 Lombriz.
2 Mariposa.	20 Gato Fino.
3 Marinero.	21 Majá.
4 Gato Boca.	22 Sapo.
5 Monja.	23 Vapor.
6 Jicotea.	24 Paloma.
7 Caracol.	25 Piedra Fina.
8 Muerto.	26 Anguila.
9 Elefante.	27 Avispa.
10 Pescado Grande.	28 Chivo.
11 Gallo.	29 Ratón.
12 Ramera.	30 Camarón.
13 Pavo Real.	31 Venado.
14 Gato Tigre.	32 Cochino.
15 Perro.	33 Tiñosa.
16 Toro.	34 Mono.
17 Luna.	35 Araña.
18 Pescado Chico.	36 Cachimba.

Bicho. m. Cada uno de los 36 nombres de las figuras en que se divide la rifa *Chiffá* o *Charada China.*

Imagen anónima con algunos de los muchos significados de la charada.

La charada, decía el poeta cubano Gastón Baquero, es el encadenamiento ilógico de las cosas aparentemente lógicas que nos ocurren durante el día y en particular en la noche, cuando dormimos. Y en esa cartografía de los sueños uno viaja por la fantasía que vivió y adivina lo que está por vivir, o lo que tiene dentro y aún no sabe. Sostenía Baquero que dichos encabalgamientos no eran fruto de la incultura sino todo lo contrario, algo totalmente poético y una de las expresiones más evidentes de la inagotable capacidad «magificadora» del pueblo cubano, entendiendo esta como la facultad de transformar en mágico el mundo circundante, un poder que era a la vez fuente de fuerza y de resistencia en Cuba, como el choteo —con el que la gente tira a relajo y aligera aquello con lo que no puede—, o la creencia de que si una mujer se hace una limpieza con hierbas del monte o le da un chivo a Siete Rayos puede amarrar a su marido mujeriego.

Cuando la vieja Estrella, en el solar de La Aurora, le contaba a Ibrahim Ferrer que el muerto Prudencio, un pichón de haitiano que se le aparecía en los sueños desde hacía más de cuarenta años, había bajado a verla la noche anterior y le había dicho al oído que le apostara al 22, el sapo, pero que ella además de veinte pesos a ese número fijo iba a jugarle otros veinte más al 31, el venado, el cantante del Buena Vista Social Club no vio en ello incongruencia alguna, pues sabía bien que Prudencio había sido un negro claro y en la charada el 31, además de venado, significa traición y mulato.

Si el hombre despierto no es nada y solo el durmiente es lúcido, como argumentaba Baquero, todo cuadraba con lógica abrumadora cuando Estrella se levantaba por la mañana en la cuartería en que vivía y le contaba a su vecino de solar: «Mira, Martillo, escucha bien lo que me pasó anoche, porque en un momento vi a Prudencio de lejos y cada vez que veo a ese negro significa algo, y te digo que estoy segura de que si leo bien lo que pasó me puedo hacer rica: estaba yo en los carnavales y sentí que alguien me llamaba y me invitaba a bailar, sonaban los tambores a todo sonar y se oía a lo lejos una corneta china y la gente parecía loca, y en eso se formó una bronca de piñazos y cuchillás y me escondí debajo de una mesa, y creía que me iban a matar»; y después de aquel cuento Estrella y Martillo se sentaban en el quicio de la puerta y empezaban a rebobinar y a buscar las conexiones ocultas, «óyeme, Martillo, seguro que si apareció Prudencio tengo que tirarle al 64, que es muerto grande y muerto que no habla, no al 8, que también es muerto pero ese muerto habla y Prudencio no me habló en el sueño», y después de esa primera conclusión los dos seguían dándole vueltas a la cosa porque en aquello no había casualidad, y eso todo el mundo lo sabía, ya que es durante los sueños cuando los muertos y los *fumbes*, o espíritus en la santería, se comunican con la gente y les revelan cosas para ayudarles a que mejore su situación o para prevenirles de peligros.

A partir de ahí lo que acontece es un ajedrez infinito pues, según anotaba la etnóloga Lydia Cabrera, todo, absolutamente todo, dignidades, animales, oficios, estados de ánimo, personas, santos católicos y *orishas*, días de la semana, árboles y arbustos pueden traducirse en números, y las conexiones de estos números están trazadas con tiralíneas desde el más allá aunque no lo sepamos, creen los cubanos; por eso hay que sentarse y pensar para descubrirlas. «Y dime, Martillo, ¿no es cierto que además de a muerto grande hay que apostarle al 76, bailarina, pues durante el sueño yo no paré de bailar hasta que se formó la fajazón, y también al 50, policía, porque si hubo bronca y cuchillás seguro que después llegó la policía, y no es menos cierto, Martillo, que si la gente parecía loca puede ser porque había mucha cerveza y habían bebido mucho en el carnaval, y entonces el número correcto es el 49, borracho, y si me escondí debajo de una mesa e hice de ella mi casa y mi refugio he de ponerle diez pesos al 7, caracol, pues yo me hice un caracol...?»

Es comprensible que, siguiendo esta lógica demoledora, el domingo 27 de noviembre de 2016 fuera un mal día para los banqueros de la bolita en Cuba. La noche del 25 había muerto Fidel Castro, nada menos, y al día siguiente, 26 de noviembre, la gente apostó masivamente a los números que representaban o podían representar al líder cubano, empezando por el 1, caballo, ya que así era llamado Fidel por sus seguidores y también por sus adversarios.

No hubo suerte. Sin embargo, al día siguiente Estrella y otros como ella, científicos de los sueños y la charada, le pegaron duro a la rifa: salió el 55, padre, el 54, flores, y el 2, mariposa, que además del insecto es el nombre de la flor nacional de Cuba. «Veintidós mil pesos me saqué, mi hijo, casi mil dólares al cambio por una apuesta de no más de sesenta. Y era solo una cuestión de descifrarlo», contaba la señora, convencida de que Prudencio y nadie más que él era quien de nuevo la había bendecido.

Cuando en los años noventa Ibrahim apuntaba en una lista los números de sus vecinos en Los Sitios, la bolita se jugaba por las terminaciones de las loterías venezolanas del Táchira y el Zulia (que se sorteaban en días alternos), y la gente entonces seguía los resultados venezolanos por las radios de onda corta. Las terminaciones de los tres primeros premios eran las que valían, de modo que si en el Táchira, por ejemplo, habían salido el miércoles el 34.537, el 7.062 y el 11.905, los números de ese día eran el 37, el 62 y el 5.

En la charada hay cien números en juego, pero las combinaciones son casi inagotables pues pueden jugarse como fijos, corridos, en parlé (combinación de dos números) o como un candado (tres a la vez). Un peso apostado como fijo al 37, gallina prieta o brujería, conlleva un premio de setenta y cinco pesos. Si cogiste el parlé del 37 con el 62, «matrimonio», por cada peso te llevas mil, y si el día es de suerte y mataste un candado con los anteriores más el 23, vapor, el premio es de tres mil, y la misma proporción funciona si en vez de con pesos cubanos apuestas con dólares o pesos convertibles (el cambio es de uno por veinticinco).

Por supuesto, en días especiales como el 17 de diciembre, festividad de San Lázaro, que se sincretiza con Babalú Ayé, el *orisha* más milagrero y querido del panteón yoruba, los banqueros limitan la cantidad que se le puede poner al número 17, ya que en caso de salir podría quebrar el banco.

Desde hace algún tiempo, gracias a las mejores comunicaciones y la mayor permisividad con las antenas clandestinas de Direct TV —«los canales», como le llaman los cubanos—, en la bolita ya no manda la lotería venezolana sino las de Miami, concretamente la

Ca$h3 y la Play4, que son las referencias para los dos tiros diarios, uno a las dos de la tarde, y otro por la noche, a las ocho, que es el importante. Tan solo cinco minutos después, en el solar de La California y en el de los Mil Condones, o en el barrio entero de Jesús María, de balcón a balcón empieza el runrún y las preguntas: «Dime, Cacha, ¿qué teléfono salió?», «Oye, Evaristo, ¿cuál es el verso, con qué nos han matado hoy?».

Aunque el juego en general, y la charada en particular, son ilegales desde el triunfo de la Revolución, la tolerancia es grande pues la bolita en Cuba es un deporte nacional, pero ello no quita que la gente se cuide y no se regale; a la bolita se juega de Oriente a Occidente, en los pueblos grandes y pequeños, en las ciudades y en los campos, y la juegan los ricos y los pobres, los cubanos más aperreados por la vida y hasta las señoritas de la nueva clase pudiente con casa en Miramar, que pese a sus gustos refinados saben muy bien que el 35 es araña, el 40, cura y el 10, pescado grande. Pero nadie hace alarde.

En la cúspide de la bolita está el banquero, el hombre del dinero, al que poca gente conoce y que tiene que ser una persona solvente y confiable, pues ha de responder en cash al día siguiente con los premios de las apuestas ganadoras. Debajo del banquero hay todo un andamio gótico y bien compartimentado, pues están los listeros, que van de casa en casa durante el día recogiendo las tiradas y los pesos, que a su vez entregan a otros colectores más ranqueados y que son los que terminan en el tipo duro, el banquero, dándose la circunstancia de que muchos de estos eslabones ni se conocen entre ellos. Hay bancos pequeños, medianos y grandes, que pueden tener varios socios, pero en todos rige la misma ley, la confianza, ya que al día siguiente habrá que pagar aunque haya salido el 63, asesino, el día después de un crimen sonado que conmocionó a La Habana.

Desde que llegaron a Cuba los primeros barcos cargados de chinos de Cantón y de Macao, a mediados del siglo XIX, entró en la isla el vicio de la charada y con él todo un mundo mágico de símbolos, sexagramas, dragones de fuego, lunas coloradas, elefantes con la trompa de oro y consultas al I Ching, toda una filosofía poética y milenaria que se cruzó en la isla con otra cultura no menos fabulosa, la de los yorubas, congos y ararás de África que viajaron al Nuevo Mundo en los barcos negreros junto a su panteón de divinidades: Osain, dueño de la naturaleza y de todas las hierbas y matas del monte que tienen poderes mágicos; Oya, la reina del cementerio; Eleggua, abridor de los caminos; Obatalá, dueña de todas las cabezas.

En un corto espacio de tiempo se reunieron en esta isla mayor de las Antillas las cuatro grandes razas. Los primeros en llegar, los indios precolombinos, viajaron en canoa desde tierras continentales del Amazonas y Yucatán y de otras islas del Caribe. Siboneyes y sobre todo taínos dejaron alimentos y ciertas voces —incluida la palabra «Cuba»—, además del tabaco y su humo hechicero para comunicarse con sus dioses. Vinieron después los españoles, apegados a la cruz, al naipe y la guitarra; los negros africanos, veneradores de las hierbas y palos del monte y conectados de forma singular con las fuerzas de la naturaleza, y los chinos, con su rifa, sus pipas de amapola y sus sortilegios incendiados.

En un ensayo clásico, Los factores humanos de la cubanidad, el etnólogo cubano Fernando Ortiz comparaba la cultura cubana y su formación con un ajiaco, el guiso criollo más genuino, hecho de varias especies de legumbres y de trozos de carnes diversas. A lo largo de medio milenio, Cuba fue una cazuela abierta y en su interior se trabó una salsa espesa y sedimentada y con abundante aderezo. «Ese plato único primitivo de la cocina cavernaria consistía en una cazuela con agua hirviendo sobre el hogar, a la cual se le echaban las hortalizas, hierbas y raíces que la mujer cultivaba y tenía en su conuco según las estaciones, así como las carnes de toda clase de alimañas, cuadrúpedos, aves, reptiles, peces y mariscos que el hombre conseguía en sus correrías predatorias por los montes y la costa —aseguraba Ortiz—. A la cazuela iba todo lo comestible, las carnes sin limpiar y a veces ya en pudrición, las hortalizas sin pelar y a menudo con gusanos que les daban más sustancia. Todo se cocinaba junto y todo se sazonaba con fuertes dosis de ají, las cuales encubrían todos los sinsabores bajo el excitante supremo de su picor. De esa olla se sacaba cada vez lo que entonces se quería comer; lo sobrante allí

quedaba para la comida venidera. Al día siguiente el ajiaco desperta-
ba a una nueva cocción; se le añadía agua, se le echaban otras viandas
y animaluchos y se hervía de nuevo con más ají. Y así, día tras día, la
cazuela sin limpiar, con su fondo lleno de sustancias.»

Cuba, una cazuela abierta, una olla puesta a cocer al fuego de
los trópicos y batida por los huracanes donde se mezclaron las cuatro
sangres y sus supersticiones, sus costumbres, sus ritmos, sus tradiciones y leyendas, con sus héroes y traidores y sus universos cargados de
mitos como el de la luz de Yara, que flota en el Oriente cubano y
que aún hoy los guajiros de Baracoa aseguran que es el mismísimo
espíritu del cacique Hatuey, que fue quemado en la hoguera por re-
belarse contra los españoles y que de vez en cuando sale y se pasea
por los campos. También en ese guiso están los singulares modos de
concebir el tiempo y la realidad de las cuatro razas, y sus miedos, y
sus creencias profundas, y sus diferencias —pues entre los africanos
había yorubas, mandingas, bantúes, carabalíes, tan distintos entre ellos
como un castellano de un andaluz—, y sus maneras de entender el
mundo y de defenderse del poder, y su capacidad para fabular y convertir en mágica la imagen de un santo o la raíz de una ceiba, y todo
ello a lo largo del tiempo fue fundiéndose y convirtiéndose en una
sola raíz y una cultura, india, negra, blanca y amarilla, como el famoso chino de la charada, que en su cuerpo lleva treinta y seis grabados:
pájaros, gatos, pavos reales, putas, barcos, avispas, diamantes, monos y
marineros junto a sus correspondientes números.

Solo asumiendo el hervor de este mestizaje es posible comprender la figura increíble de Wifredo Lam, hijo de chino y de negra, que
con sus pinceles arrastró al surrealismo toda aquella herencia y un
mundo de sueños y máscaras poblado de seres sobrenaturales, a la
vez humanos, animales y vegetales. O los mundos de José Lezama
Lima, Alejo Carpentier, Guillermo Cabrera Infante o Nicolás Gui-
llén. O entender la razón por la que hace años un exministro de
Relaciones Exteriores de Cuba se plantó en casa de un famoso
sacerdote afrocubano, seguidor de la Regla de Palo Monte, y sacri-
ficó gallos y carneros en una ceremonia singular ante una nganga
cargada con pólvora, machetes y huesos de muerto para entrar al

Buró Político del Partido Comunista de Cuba, el templo del ateísmo, o por qué algunas ancianas católicas de misa diaria le ponen en Cuba una piedrita de azabache al nieto en la cuna para que quede protegido, o por qué hasta el más escéptico y marxista al abrir una botella de ron arroja al suelo un poco para los santos, o la evidencia de que hasta los policías de los que se escurría Ibrahim Ferrer cuando recorría el barrio en busca de apuestas le jugaban al 4 el día de Santa Bárbara.

Decía Gastón Baquero en 1974 que jugar la charada, y jugarla «con todas las de la ley», obedeciendo supersticiones, era una manera de filosofar. «Y lo que es más: es una manera de tener fe en las cosas trascendentales, en el misterio tremendo del universo y de la presencia del hombre en él. Es poesía por cuanto poetiza la realidad circundante, la cambia, la somete a las leyes de la magia.» Es, continuaba, «mudarse por unas horas al reino de lo maravilloso y de lo abstracto. Es viajar hacia el mundo de lo desconocido, pase lo que pase. Fue así como Colón descubrió el Nuevo Mundo y como los americanos llegaron a la Luna».

Pegadas a la charada están las religiones afrocubanas y la creencia de que todo se puede resolver, hasta los peores problemas de salud o la persecución de la autoridad, si uno les da el tratamiento debido a los santos y escoge bien las hierbas del monte para limpiarse y los animales que ofrendar a los *orishas*. Cualquier santero sabe que el dueño del Palo Caballero es Changó —dueño del trueno y de la virilidad, equivalente a Siete Rayos en la Regla de Palo Monte o mayombería, la segunda gran rama de las religiones afrocubanas— y que se encuentra en las guásimas y tiene poder para todo, pues igual que evita la caída del cabello protege de la brujería y de las malas influencias, por lo que hay que llevar siempre en el bolsillo un tallito de esta mata que funciona como un detente. Está también el espartillo, útil para los baños de pie o cuando se disputa una posesión, ya que con sus fibras se hace un nudo que se amarra a un tronco y el interesado lo va apretando cada día hasta que deja agotado al contrincante. Por otro lado, el jengibre y la caña santa envejecen a Oggún, señor del hierro y protector de los guerreros, que en la mayombería es Zarabanda, dueño absoluto de las vastas extensiones que limitan el monte y dueño también de las llaves, las cadenas y las cárceles, cuyos números son el 3 y el 7 en combinación, y sus días el martes, el miércoles y todos los 4 de cada mes, según cuenta Natalia Bolívar Aróstegui, discípula de Lydia Cabrera y autora de un libro de referencia, *Los orishas en Cuba*, que, paradójicamente, es uno de los mayores best sellers revolucionarios.

Natalia es descendiente del libertador Simón Bolívar y pertenece a una ilustre familia habanera, pero de muy joven se inició en los rituales del Palo, y hoy vive en un apartamento en Miramar lleno de espíritus de puntería, adonde van a recibir consejos cineastas, académicos, médicos, pintores, y también gente sencilla del barrio marginal de Coco Solo, donde la brujería y la malevolencia están a la orden del día.

Cuenta Natalia que en Cuba todo el mundo, cualquiera sea su dignidad, le mete a la cabalística, a los números y a la hechicería, pues, a diferencia de los europeos, y sobre todo de los franceses, y específicamente de los escolásticos, que entienden la realidad a cuadritos y lo que no cabe en esos cuadritos no lo aceptan como real, en Cuba, y en el Caribe, y en general en América, que un niño nazca con rabo de cerdo debido a una maldición familiar parece lo más natural del mundo, y por eso en estas tierras *Cien años de soledad* es una novela profundamente sensata y realista, igual que cualquiera sabe que los santos tienen los mismos gustos que las personas y que por ello agradecen que se les brinden tabaco, ron, carne de chivo, perfumes, miel y otros dulces, o se les dé un violín para mover el esqueleto en las ceremonias de santo, y tampoco hay ningún problema en creer que los muertos hablan y que los *orishas* se comunican a través de las personas que eligen como caballos para bajar a la Tierra en un bembé —¿o usted no ha visto nunca a una mulata anciana y gruesa bailar poseída por completo durante un tambor, brincando como una adolescente y desinhibida cuando su carácter es justamente el opuesto?—, y de todo ello da fe Natalia.

Cuando en 1957, recuerda, un grupo de jóvenes universitarios con los que ella simpatizaba decidió ajusticiar en el Palacio Presidencial a Fulgencio Batista, no contempló que los babalaos del dictador le habían advertido al consultar a Orula que en su camino estaba escrito el número 93, revolución, y que por eso Batista se hizo construir una puerta secreta en su despacho que fue por donde escapó cuando el grupo armado subió por las escaleras de palacio para matarlo. También se dice, y pocos lo cuestionan, que el propio Fidel Castro, durante un viaje a África, hizo lo que tenía que hacer para obtener la protección de los espíritus y las divinidades que habitan en los montes yorubas, y que por eso durante aquel viaje se quitó por primera vez el uniforme verde oliva desde Sierra Maestra y apareció en televisión vestido de blanco de los pies a la cabeza, y se cuenta además que en una ocasión una conocida santera se le acercó y le dijo: «Mire, comandante, usté no tiene que preocuparse de nada porque usté se va a morir cuando usté quiera», y no es menos cierto que se murió un 25 de noviembre después de decir en el Parlamento que ya estaba cansado, y fue justamente un 25 de noviembre, pero sesenta años antes, cuando Castro se embarcó en México en el yate Granma para marchar a Cuba e iniciar la lucha armada.

Explica Aróstegui que, en otro plano, pero bajo la misma línea, un buen palero puede ayudar a que se alineen los astros y atender casi cualquier reclamo: el del sufrido empleado de un centro estatal que quiere «enfriar» a su jefe para que le quite el pie de arriba, pues hay obras de brujería que sirven para que el enemigo pierda el rumbo; o el del vecino de despacho que es objeto de habladurías y reproches y, para acabar con el problema y cerrar la boca a los chismosos, acude a un mayombero, que se agenciará dos raíces de la planta llamada «apasote» —empleada también como antiparasitaria y para expulsar los gases—, y una vara de tela blanca, y la lengua de una lagartija, y media botella de aguardiente, y le pedirá al interesado que le traiga alguna pertenencia del adversario; o qué decir de la mujer celosa que se aparece en casa del ngangulero y le ruega que haga alguna obra para que a su marido no se le levante la pinga con otra, y pídale lo que le pida el palero la mujer lo traerá, sea lo que sea, un calzoncillo manchado, siete velas negras, sudor de caballo o huesos de muerto loco del cementerio de Calabazar, de nuevo el 68, camposanto.

La magia de la bolita y de las religiones africanas y su panteón, que los esclavos sincretizaron con el santoral católico al llegar a América, además de ser práctica y de ofrecer remedios de andar por casa, tiene otra gran ventaja: es un arma de defensa psicológica poderosísima para enfrentarse a la vida. Valiéndose de su inspiración es más fácil resistir, y por muy mal que le vaya a uno siempre puede pegarle a un parlé u obtener los favores oscuros de las divinidades que habitan en el monte. Y aquí la charada y los santos se unen a otro mecanismo de resistencia con que cuenta el cubano, el choteo, estudiado por el filósofo y periodista Jorge Mañach en un ensayo memorable, *Indagación del choteo*.

Contaba Mañach allá por el año 1928 que tirar al relajo las cosas serias era consustancial al cubano, y que ese «hábito de irrespetuosidad» partía de la «repugnancia de toda autoridad» y que, en general, aquella burla era un subterfugio del débil contra el fuerte, equivalente al acto de esquivar. Sostenía Mañach que «no todas las autoridades son lícitas o deseables, y por eso siempre fue la burla un recurso de los oprimidos, cualquiera que fuera la índole de la opresión». A la par que uno de los grandes padecimientos del pueblo cubano, argumentaba, la burla crónica había sido una de sus grandes defensas. «Le ha servido de amortiguador para los choques de la adversidad; de muelle para resistir las presiones políticas demasiado gravosas y de válvula de escape para todo género de impaciencias. En otras palabras, ha sido entre nosotros un descongestionador eficacísimo. Como su operación consiste en rebajar la importancia de las cosas, es decir, en impedir que estas nos afecten demasiado, el choteo surge en toda situación en que el espíritu criollo se ve amargado por una autoridad falsa o poco flexible.»

Cuando ante la cerrazón de un burócrata que te jode la vida en una ventanilla alguien, en medio de la fila, suelta: «Perdónenle, que parece su mujer no se lo singa», y suena una carcajada colectiva, ese sencillo acto de insumisión tiene también algo de mágico, como jugarle al 45, tiburón o presidente, pues en un santiamén, mágicamente, se disuelve la tensión.

Según Mañach, existen dos tipos de choteo, «un choteo ligero, sano, que obedece sobre todo a vicios o faltas de atención derivados de la misma psicología criolla», que es el que sucede cuando, por ejemplo, durante una función en el Gran Teatro de La Habana a un tenor se le escapa un gallo y automáticamente se levanta alguien del público en el gallinero y grita: «Oye, canta pa uno menos, que yo me voy». Y otro tipo de choteo más «profundo y escéptico», originado «en una verdadera quiebra de autoridad», en el que el choteador abomina jocosamente de «todo principio de conducta y de toda exigencia disciplinal: de la veracidad absoluta, de la puntualidad, de lo concienzudo, de lo ritual y ceremonioso, de lo metódico», pues lo que defiende es su independencia, igual que el que al jugar bolita es del todo libre y poderoso en el instante de traducir a un número sus sueños.

Originalmente, los banqueros de la charada manejaban los números a su antojo, sin adscribirse a ninguna lotería ajena. A determinada hora de la mañana «colgaban el bicho», es decir, sacaban al azar un número cualquiera y lo colgaban del techo de su casa, suspendido de un cordel atado a una argolla. Algunos bancos, de forma generosa y para animar las apuestas, daban durante el día a los jugadores una pista en forma de verso cabalístico: si este era, por ejemplo, «una dama muy seria que no le hace caso a nadie», el guiño podía ser para el 5, monja; «elefante que anda por los tejados y no rompe las tejas» no se referiría al mastodonte, sino que le apuntarías al 4, gato. Lydia Cabrera, en su libro dedicado a Ochún, que se sincretiza con la Virgen de la Caridad del Cobre, patrona de Cuba, cita otro de estos versos enredados que a alguien con la experiencia de Estrella no le resultaría difícil desentrañar: «Pájaro que pica y se va». Los muertos, como los pájaros, vuelan; y el muerto, llegado por su propia voluntad o enviado por algún brujo, pica, daña, hechiza a un vivo y se va. El tiro, entonces, sería al 8, que en la charada, además de muerto, es tigre, mesa y calabaza, y así, hasta el infinito.

Aunque esté muerto*

PATRICIO FERNÁNDEZ

> Un hombre sin ningún sueño de perfección sería
> una monstruosidad tan grande como un hombre
> sin nariz.
>
> G. K. CHESTERTON, *Herejes*

El 17 de diciembre del año 2014, Barack Obama y Raúl Castro declararon ante las cámaras su decisión de reanudar las relaciones diplomáticas. Hasta meses antes, cuando ambos mandatarios se encontraron en Sudáfrica para el entierro de Nelson Mandela e hicieron noticia por saludarse dándose la mano, solo una vez un presidente de Estados Unidos se había visto la cara con un Castro. El primero y último que estuvo con Fidel fue Richard Nixon en 1959 (y en aquel momento era vicepresidente). Lo que vino después fue la Guerra Fría. El Che llegó a decir que si para continuar la revolución socialista «es necesario abrazar la nube atómica, la abrazaría». Ronald Reagan bautizó al bloque soviético como «el imperio del mal», y antes de comenzar en 1984 un discurso radiofónico en Washington, mientras probaba los micrófonos, deslizó una broma que hizo temblar al

---

* Este texto se redactó el 1 de noviembre, día de los Muertos. Fidel Castro falleció el 25 de noviembre de 2016. *(N. del E.)*

73

mundo: «Queridos estadounidenses, me complazco en anunciarles que acabo de firmar una orden que deja fuera de la ley para siempre a Rusia; dentro de cinco minutos comenzaremos los bombardeos». Lo cierto es que ganaron los capitalistas y su fe se expandió por el mundo entero, mientras la de los izquierdistas se refugió como el polvo en los pliegues del credo vencedor.

Ese 17 de diciembre era el día de San Lázaro o Babalú Ayé, el más milagroso de los santos-*orishas* que habitan en esta isla donde la santería se ocultó al interior del catolicismo y jamás sucumbió al marxismo. En La Habana no podían creerlo. Muchos se abrazaron frente al televisor. Colapsaron las líneas telefónicas. No pocos recordaron al santo, y en varias de las iglesias de La Habana, apenas se supo la noticia, y sin que nadie diera la instrucción, sus párrocos hicieron sonar las campanas.

Era una guerra que terminaba, familias que volverían a reunirse, un aislamiento que cedía, y una época que anunciaba su fin. El imperio renunciaba infligirle una derrota política a los Castro (en este ámbito Cuba venció) para dejar la subversión en manos del mercado que, como la experiencia indica, corroe convicciones con una eficacia muy difícil de contrarrestar. «Esto no tiene vuelta atrás», fue lo que muchos concluyeron. Yo entre ellos, y en los días sucesivos decidí que quería ser testigo de ese final de historia.

Llegué a La Habana a comienzos de febrero de 2015. Hacía menos calor que el acostumbrado y el tema del que todos hablaban era el recrudecimiento de la ola de frío que, según los noticieros, debía experimentarse en cualquier momento. Por la televisión advertían que la temperatura descendería hasta los nueve grados, lo que tuvo a muchos saliendo a la calle con abrigos inusuales e injustificados. No hacía ese calor pegajoso que mantiene los cuerpos húmedos y que impide cualquier formalidad en el vestir de los cubanos, acostumbrados a los pantalones cortos, las camisas abiertas y las sandalias plásticas, pero de ahí al frío estremecedor faltaba mucho.

«Aquí nunca sucede lo que uno espera que ocurra», me dijo

Gerardo el mismo día que lo conocí. Yo buscaba un auto para moverme fuera del circuito de los almendrones —que es como llaman acá a los vehículos americanos de los años cincuenta que recogen pasajeros por las grandes avenidas— cada vez que me resultara necesario, y Regla, la negra que hacía el aseo en la casa de la señora Ruth, donde arrendé una pieza, me aseguró que lo más conveniente era llegar a un acuerdo con este amigo suyo, que muy luego se convirtió en amigo mío. «Cualquier cosa que tú necesites, Gerardo te la resuelve», me dijo Regla.

A las ocho de la mañana del día siguiente, Gerardo me esperaba a pasos de la casa de la señora Ruth, en la esquina de 11 y G, hablando por teléfono sentado sobre el capó de su vehículo. Lo que él tenía apoyado en la oreja no era en realidad un teléfono móvil, sino una tableta del porte de un cuaderno, y cuando ya estuve muy cerca de él y adivinó que era yo a quien esperaba, comenzó a despedirse, primero con palabras tiernas —«sí, mi amol, yo te llamo, te lo juro»— pero, ya conmigo al alcance de la mano, se largó a hacer señas de cansancio —«que tengo que coltarte, chica, porque llegó mi pasajero… Sí, sí, ya te dije que te llamo sin falta, ¡sí, sin falta!… ¡¿Es que cómo quieres que te lo diga?! ¡Yo te llamo! ¡Ya te lo he dicho mil veces, pol dios santo, yo te llamo!»—. Conmigo a su lado se puso a golpear la tableta. «¡Aparato de pinga! —gritó mientras se lo acercaba a los ojos para comprobar si lo había apagado correctamente—. Tú eres Patricio, ¿veldá?»

Todavía no le explicaba qué quería de él, ni parecía en realidad importarle, cuando pasó caminando por la vereda una mulata de muslos gruesos y pantalones de licra rojos que le dibujaban el calzón por delante y por detrás, y sin despegarle la vista del culo me preguntó si las prefería así o «flacuchas». «¡A mí me gustan exactamente como esta!», dijo, subiendo la voz para que «la hembra», como la llamó a continuación, escuchara. Ella sonrió, pero no le dio la mirada. «¿Ya probaste una mulatica?», me preguntó. Le contesté que no en este viaje, y concluyó: «Hay tiempo».

Tenía un Lada blanco y oxidado, en el que solo la puerta del conductor cerraba con normalidad. Lo usaba como taxi informal, y también para trasladar mercancías de cualquier tipo, aunque la mayor parte del tiempo lo utilizaba para contactar a sus compradores y vendedores de dólares. Se dedicaba, como supe más tarde, al mercadeo negro de divisas. Sus principales clientes eran los venezolanos que llegaban, según me dijo, a «raspar cupos», un ejercicio financiero que acababa por rentabilizar sus cuotas de viaje a través de un mecanismo que, a pesar de sus esfuerzos por explicarme, no conseguí entender. «Olvídalo, triquiñuelas capitalistas para sacarles algún provecho extra a los controles socialistas», me tranquilizó.

Gerardo y Regla se convirtieron en mis amigos de la Cuba común y corriente. Con él andaba por las calles y con ella conversaba a la hora del desayuno o mientras hacía el aseo para la señora Ruth, su patrona, una comunista que ya bordeaba los ochenta y que consideraba a Fidel «el hombre más bello del mundo». El mismo día que llegué, Ruth me dijo que no creyera cualquier cosa que me contaran, porque había algunos que se aprovechaban de los extranjeros «magnificando problemas inexistentes». Era profesora de historia y hablaba como maestra. Apenas me dejó solo, Regla, que jamás se sacaba el pañuelo de la cabeza, se me acercó para preguntar si quería jugo de fruta bomba, y al notar que la señora Ruth había desaparecido en su dormitorio aclaró que «Ruth no sabe nada, porque jamás sale de la casa; cuando mucho llega a la esquina del parque». Regla no era enemiga del régimen. De hecho, por esos días se hallaba muy agradecida porque la Oficina del Historiador de la Ciudad (Eusebio Leal) le estaba reparando su piso en La Habana Vieja, cerca de la Fiscalía. Pero aclaraba: «De que falta, falta. Es mucha la escasez». Regla me llevó a una casa donde vendían pescados. Me mostró el cerdo que criaba en el lavadero de su piso. Y me dijo que la Revolución no era mala, pero sí ciega.

Los otros cubanos a los que yo frecuentaba, con los que me encontraba en sus casas o para cenar en alguno de los nuevos restoranes privados que empezaron a multiplicarse con la promesa de la apertura, pertenecían a la élite. No es una élite que viva en el lujo, aunque tampoco experimenta las carencias del resto. Es muy pequeña, como en todos los países del continente, y en ella conviven los parientes de la nomenclatura, los nuevos emprendedores, los artistas plásticos, los músicos, los escritores. Casi no hay negros entre ellos. No es que los rechacen explícitamente o tengan discursos racistas, pero simplemente no entran. Es muy raro ver ahí un matrimonio mixto.

Según me dijo el artista Felipe Dulzaides: «Cuba debe de ser el único país del mundo donde la nuestra es la profesión mejor pagada». Como Cuba se ha puesto de moda, en el mundo quieren saber lo que pasa en esta isla de la resistencia. Ya no es vista como un peligro, pero sí como una curiosidad. Ahora que los gringos dejaron de ser los enemigos (nunca lo fueron para la población), los galeristas de Miami y Nueva York —y los canadienses y los europeos— se pasean permanentemente por los talleres buscando talentos autóctonos que exportar a sus países. Lo paradójico es que solo en el circuito turístico callejero, más de artesanos que de artistas, abunda la pintura «costumbrista revolucionaria», mientras que en estos nuevos mercados en expansión, altamente sofisticados, predomina el arte conceptual, posmoderno y contestatario. Hasta Kcho, el artista regalón del régimen, hace instalaciones con balsas y tiburones, donde es imposible no ver las huellas de una huida peligrosa y desesperada.

Esto que hoy les ocurre a los artistas plásticos, a los músicos les viene sucediendo desde hace tiempo, ya sea porque ensalzan la tan apetecida alegría caribeña o porque ensalzan la épica revolucionaria, es decir, la arqueología de un sueño. Los turistas que llegan buscan su música y los cubanos que emigran se reencuentran en ella, de manera que si alguna vez emparentarse con un guitarrero fue una vergüenza para la familia, ya avanzada la Revolución se volvió tabla de salvación. Los abogados, ingenieros, médicos, arquitectos o economistas —los poseedores de una profesión liberal— solo pueden acceder a un salario fijado por el Estado que, en la actualidad, no supera los treinta dólares mensuales. Y como ni las prostitutas ni las camareras (que son los otros oficios rentables) poseen el prestigio que toda élite requiere, son los músicos —y los productores—, los narradores y los pintores los verdaderos protagonistas de esa élite. Los artistas no solo son el alma de la fiesta, sino también sus dueños.

A estas alturas, todos critican al gobierno, unos más y otros menos, pero de un modo que denota proximidad, algo parecido a las quejas con un pariente al interior de una familia. No hay nadie de derecha en ese mundo. Esos ya se fueron hace rato. (Según la escritora Wendy Guerra: «Todos se van».) Ninguno de los participantes de esta élite cultural querría que Cuba se convirtiera en un paraíso de los negocios, porque hay un ritmo, una convivencia, una cotidianidad en este país que no encuentran en otros sitios, cuando viajan, y eso que últimamente viajan con frecuencia. El Pichi Perugorría, que ha representado algunos de los personajes más incómodos del cine cubano —el más emblemático de todos, Diego, el homosexual de *Fresa y chocolate*—, dijo una tarde, entre cubalibres: «No me pidas que lo entienda, pero en Cuba es donde me siento libre».

Cada uno de los miembros de esta élite tiene un momento escogido para explicar cuándo se pudrió este cuento: si con la sovietización, si en el quinquenio gris, si con el fusilamiento del general Ochoa, si con el Periodo Especial, si con la crisis de los balseros, con Raúl... Pero no hay disidentes entre ellos, solo críticos y muy críticos. La disidencia, a decir verdad, está conformada por un lote de nombres muy acotados —Guillermo Fariñas, Antonio Rodiles, Laritza Diversent...— y sin ninguna simpatía ciudadana. Hablan con los medios extranjeros, pero no tienen cómo hacerlo con los de adentro y, aunque pudieran, lo cierto es que no son sus reclamos lo que parecen urgir al cubano medio, más preocupado del precio del tomate que de la libertad de prensa o los abusos de la autoridad. Tampoco hay organizaciones fuertes al margen del gobierno, a partir de las cuales pudiera expandirse un plan opositor. Quizá la Iglesia, pero en Cuba es muy cuidadosa. Desde que Juan Pablo II visitó la isla en 1998, no es tampoco una enemiga frontal. Ese año volvió a declararse feriado el día de Navidad, cuya fiesta había sido suspendida en 1969 y abolida de manera oficial un año más tarde. Como el mismo papa Francisco dejó entender durante su visita en 2015, son muchos los valores que comparten el cristianismo y la Revolución.

No he visto a nadie, en este año y medio que llevo entrando y saliendo de la isla, que me hable de democracia. Y salvo las Damas de Blanco, que exigen la libertad de sus familiares detenidos por motivos políticos y que apenas pasan la cincuentena, tampoco de derechos humanos. Es cierto que ahondando se descubre una pena, la frustración de lo que pudo ser y no fue, o, en los más jóvenes, el aburrimiento con lo que nunca quisieron que fuera, una sensación de fracaso anticipado que relaja y angustia al mismo tiempo. Pero son las dificultades domésticas, la luz, el agua, la baja frecuencia de almendrones, el precio de la cebolla, la desaparición de la cerveza los temas que de verdad llenan las conversaciones. La prensa, la radio y la televisión jamás dan malas noticias locales. Solo afuera suceden cosas terribles.

Con Gerardo recorrí casi toda la isla persiguiendo al papa Francisco en septiembre de 2015. Lo vimos en La Habana, en Holguín y en Santiago de Cuba. Viajábamos escuchando los discursos del pontífice por Radio Rebelde. Mi secreta esperanza era que juntándose mucha gente para oírlo estallaran manifestaciones espontáneas, protestas, gritos de malestar. Así había sucedido en Chile cuando Juan Pablo II fue en tiempos de Pinochet. Cada uno de sus actos se volvió una excusa para hacer denuncias que todo el mundo escucharía. Los papas acarrean muchísima prensa internacional. Pero nada de eso sucedió acá, donde no se vive ninguna tensión insostenible ni hay calderas a punto de explotar. Ni siquiera despertó el más mínimo fervor religioso. Buena parte de la concurrencia llegó acarreada por sus respectivos Comités de Defensa de la Revolución (CDR). El mismo Gerardo prefería quedarse esperándome en el auto o tomándose una cerveza mientras yo asistía a las homilías. No le generaba ninguna curiosidad.

Durante ese viaje atravesamos miles de hectáreas entregadas a esa maleza robusta que es el marabú, antiguos ingenios azucareros que dieron lugar a algunas de las fortunas más cuantiosas de Occidente (latifundos hoy convertidos en llanuras infinitas, interrumpidas solo por arbustos y palmas reales de panza blanca) y explantaciones de cítricos (Oriente fue un importante productor de naranjas), actualmente apenas cultivadas en pequeñas parcelas que aran con bueyes, junto a las cuales yacen en ruinas las ya inservibles maquinarias soviéticas. Si La Habana quedó detenida en la máxima modernidad de los años cincuenta, la vida de los campesinos —o «guajiros»— se ha encargado de volver, tecnológicamente hablando, a la pobreza abandonada que existía durante esos mismos años. No les faltan atención médica ni escuelas (los dos grandes logros de la Revolución en el campo), pero sí todo progreso material. Según ellos, los habaneros son unos materialistas corrompidos por el dinero. Y es precisamente ahí, en los pueblos rurales, donde sigue más viva la fidelidad con el régimen.

A lo largo de la travesía vi a Gerardo entrar en acción varias veces. La misma noche que llegamos a Santiago de Cuba le suplicó a una mesera que pensara un número y cerrara los ojos. La mesera, que ya tenía sus años, lo hizo. Entonces Gerardo le pidió que se lo dijera. Y ella obedeció: «El tres». Él levantó los brazos y gritó: «¡Chica, te juro que no lo puedo creer! ¡El mismo número pensé yo! Algo debe de significar esto. ¿Nos vemos cuando salgas del trabajo?». Esa noche, sin embargo, se fue a la cama con otra mujer. Mientras yo perseguía al Papa, él cuadró la cita. Al día siguiente, mientras se despedía de la chica, lo vi pasarle unos billetes. Me explicó que no era que ella le cobrara, pero que algo esperaba. «Le doy diez CUC y nos vamos todos contentos —dijo—. La verdad, Pato —pocas veces me llamaba así, porque en Cuba les dicen "pato" a los homosexuales—, es que acá todas las mujeres son putas. Yo no confío ni en mi esposa, ni en mi hermana, ni en mi madre, ni en mi hija. No hay mujer que se desvista más rápido en el mundo que las cubanas. Ni tampoco hay mujeres en el mundo que me gusten más.»

Quizá dentro de cincuenta o cien años se escriba objetivamente sobre nuestras vidas durante el socialismo. Sin lágrimas ni imprecaciones. Harán arqueología de nuestra época, como se hace arqueología de la antigua Troya. Durante mucho tiempo era imposible pronunciarse a favor del socialismo. Tras el hundimiento de la Unión Soviética, en Occidente supieron comprender que las ideas de Marx no habían muerto y que requerían ser desarrolladas. Que no había que sacralizarlas. En Occidente, Marx nunca fue un ídolo como aquí. ¡Para nosotros era un santo! Primero lo divinizamos y después lo cubrimos de anatemas. Lo rechazamos de plano. También la ciencia les ha traído toda suerte de calamidades a los hombres. ¡Acabemos con los científicos, entonces! Maldigamos a los padres de la bomba atómica o, mejor aún, comencemos con los que inventaron la pólvora, sí, comencemos por ellos...*

«Yo nunca fui comunista, mi padre sí, pero yo no estaba hecho para eso. A mí me gusta pasarla bien, hermano. Tomarme un ron, aceitar una jeva, y no pido comer siempre bien, porque, como decimos acá, "el que come bueno y come malo, come el doble". Las chamacas son mi vicio desde chiquitico, desde que una vecina me llevó a su cuarto por primera vez. Ya tú sabes, no solo de pan vive el hombre.

»Yo con lo que gano me las arreglo. A mi familia no le falta nada ni le sobra nada. Mi mujer a veces reclama por la carne o la papa, pero desde el Periodo Especial que arroz y frijoles siempre hay. Ahí sí la cosa fue dura. Comíamos lo que aparecía. En la canasta básica te daban seis libras de arroz por persona al mes. Eso no alcanza para nada. Tres libras de azúcar. Un sobre de café por persona. El aceite asomaba muy de tarde en tarde. Desaparecieron todas las dietas de aves y carneros. El picadillo de res que te metían en la carnicería era extendido con soya, y esto se conseguía rara vez. Todo lo demás había que cuadrarlo en negro. Acá no había combustible, no había transporte. Te podías acostar a dormir en la calle tranquilamente. Casi nunca había energía eléctrica, y por eso ya no hablábamos de "apagones", sino de "alumbrones". Abundaban los padres de familia que trabajaban por un salario normal y no les alcanzaba para nada. Hambre, hambre, hambre, no, pero con seis libras de arroz al mes y un pancito que te daban diario, con eso, si tú tenías un adolescente en la casa y lo veías todo así, el arroz tuyo se lo debías dar a él, asere,

* Svetlana Alexiévich, *El fin del «Homo sovieticus»*, El Acantilado, 2015.

y así comes un poquito menos. Entonces ese padre de familia que no tenía forma de buscarse un extra iba en bicicleta al trabajo, y hubo mucha gente que se desmayaba en la calle por el esfuerzo físico, a veces sin desayunal. Fue cuando empezó a jodelse este país. Putas ha habido siempre, pero antes eran más reselvadas. Ahí se soltó lo de las jineteras y con ellas la policía. Como debían combatir la prostitución les cayeron encima a las muchachitas, y empezó la corrucción. No habiendo un superior de por medio, todo se arregla con unos cuantos CUC. En lugar de perseguir la delincuencia, andaban jodiendo a las chamacas.

»En ese tiempo se fue mi hermano mayor, no mucho después de la tragedia del remolcador. No le contó a nadie, mucho menos a nuestro padre, que se enfurecía incluso si veía a alguien comiendo chicle, porque según él eran costumbres de *yuma*. ¡Imagínate tú que odiaba el chicle por capitalista! Nunca se lo perdonó y recién después de la visita de Obama dejó que mi madre le contara que se había echado al mar en una balsa de ocho cámaras de camión, con otras quince personas, una vela de lona y otra de plástico. Tardaron cuatro días y de milagro llegaron todos vivos.

»Hace un mes que mi hermano vino de visita. Trajo a sus dos hijos (George, de quince, y John, de doce), y acá nos contó que lleva dos años separado de su mujer. Él es tranquilo, no como yo, que ya me he casado tres veces. Llegó cargado de regalos; a mi mamá le trajo una maleta llena de ropa, perfumes, jabones, cosas así, y a mi papá le obsequió unos botines Puma, como la nueva salida de cancha de Fidel. Eso fue lo que le dijo cuando se la entregó: "Son de la misma marca que usa Fidel, papá". Y el viejo se rio. Después se puso a llorar.

»Una noche nos quedamos bebiendo ron con mi hermano y mi papá, y el viejo, ya jumao, comenzó a quejarse de que la Revolución le había robado la vida. Repitió varias veces que él se lo había dado todo, que le había sacrificado hasta el amor de un hijo, y entonces hizo algo que nunca creí que vería en mi vida: le pidió perdón a mi hermano, le dijo: "Nunca debí juzgarte, perdóname", y mientras mi hermano lo abrazaba el viejo lloró como un niño, y yo nunca lo había visto llorar así, te lo juro. Dijo que la vida se le había ido, que esta revolución de pinga le tenía el alma podrida, que sentía envidia, porque veía cómo los que se fueron ahora regresaban vencedores, y los mismos que los trataron de gusanos comemierda y de escoria antisocial ahora les ofrecían negocios y posibilidades que a ellos, los que se quedaron, nunca les propondrían. "¡Qué van a ofrecernos a nosotros", dijo, "si ya aprendimos a contentarnos con nada! ¡Nos cortaron los timbales!"

»A mí me gusta Cuba, Patico. Te lo juro por una crica virgen. Me gusta la gente, tengo lo que necesito (aunque debo juntar unos CUC para mandar el Lada al chapistero y darle un refrescón), me divierto con los amigos, mis hijos tienen educación y salud, y si las cosas cambian, solo espero que sea para mejor. Porque es cierto que hay carencias, pero también son muchas las cosas que se pueden perder si llegan los *yumas* con sus maletas llenas de dólares. Te pongo solo un ejemplo: ¿tú crees que alguien se subiría a este cacharro si una compañía de esas le ofrece un carro nuevo? Y las hembras, ¿qué tú crees?»

Estas y otras cosas me contó Gerardo la mañana del 13 de agosto de 2016, antes de llevarme al teatro Karl Marx, donde se realizaría un acto celebratorio por el cumpleaños número noventa de Fidel Castro Ruz.

Los cuatro días que estuvo Barack Obama en Cuba a fines de marzo generaron efectos impensados: cautivó con su soltura y simpatía a una población acostumbrada a dirigentes hieráticos y envejecidos, contradijo el discurso imperialista que hubiera sido previsible en un presidente de Estados Unidos (decretó el fracaso de las políticas históricas de su país con respecto a Cuba y apostó a que ambas naciones se entendieran desde sus diferencias: «Ustedes tienen una economía socialista, nosotros de mercado abierto; ustedes un sistema de partido único, nosotros de multipartidismo […] Lo importante es que sea el pueblo cubano quien decida su destino»), dio por acabada la Guerra Fría, y fue con su familia y la de Raúl Castro a ver un partido de beisbol durante el cual, ante un estadio repleto, rieron juntos. Conquistó a los habaneros haciéndoles ver que tenían talentos inusuales, un ingenio capaz de llegar a soluciones complejas con elementos precarios —fabrican los repuestos de sus autos con latas de conservas—, y les dijo que con esa educación que poseen pueden llegar muy lejos. Tras su encuentro con los emprendedores, al que asistieron peluqueros, diseñadores de libretas e imanes para refrigeradores y otra veintena de «cuentapropistas», que es como aquí se llama a todo quien no trabaja para el Estado, quedó la sensación de que era Obama quien llegaba a ofrecer utopías, solo que, para demostrar que se trataba de utopías posibles, le dio la palabra a un pequeño empresario exitoso de Estados Unidos y le pidió que contara de dónde venía y adónde había llegado. Sus palabras y figura fueron tema de conversación en todas las esquinas. Su paso por la isla vino a revolucionar la Revolución.

El gran ausente de esos días fue Fidel Castro. No solo no se dejó ver, sino que además su nombre no fue mencionado en ninguno de los discursos durante la visita del «negro», como algunos llamaban entonces al presidente de Estados Unidos en este país donde la mayoría son negros y mestizos. Apareció recién una semana más tarde, para recordar quién manda aquí. «Mi modesta sugerencia es que reflexione y no trate ahora de elaborar teorías sobre la política cubana», escribió en el *Granma*. En el mismo texto dijo que Obama había usado palabras «alambicadas» y rechazó su propuesta de dejar atrás el pasado. «¿Y los que han muerto en los ataques mercenarios a barcos y puertos cubanos, un avión de línea repleto de pasajeros hecho estallar en pleno vuelo, invasiones mercenarias, múltiples actos de violencia y de fuerza?», recordó.

En lo sucesivo, tanto la televisión como la prensa oficial y el sitio web *Cubadebate.cu* se abocaron a redireccionar los sentidos de la visita del *yuma*. Fidel había marcado la línea. Fueron múltiples los analistas que, atendiendo a sus órdenes, escribieron columnas apuntando a la impresentable voluntad de Obama de borrar la historia y a la importancia de mantener en pie los valores patrios. Los efectos del paso de Obama por la isla habían ido más allá de lo esperado. En el proceso de apertura que vive Cuba, una de las grandes preocupaciones de la nomenclatura es mantener el control, el ritmo de los acontecimientos, y luego de la visita del presidente estadounidense sintieron que se les iba de las manos.

Eran muchos los que esperaban que el VII Congreso del Partido Comunista que se realizó en abril, un mes después de la partida de Barack Obama, indicara los pasos siguientes en este camino de liberalización que, más allá de cualquier escollo, ya parece sin retorno. Pero no fue así; el «efecto Obama» jugó en contra. En lugar de diseñar el nuevo mapa del poder en la era post-Castros, lo reconcentró en las viejas guardias y, más aún, en el entorno familiar de Raúl. La seguridad del Estado quedó en manos de su hijo Alejandro y la economía, en las de su exyerno Luis Alberto Rodríguez López-Callejas. Su llamado final fue «en pos de la consecusión de una nación soberana, independiente, socialista, próspera y sustentable». Para quienes siguen de cerca la política isleña esto evidenciaba que se le había puesto freno al desborde.

A Fidel se le ve, o se sabe de él, en rarísimas ocasiones. Después de ese editorial del *Granma* en que se refería a la visita del presidente norteamericano solo ha vuelto a aparecer dos veces: durante el VII Congreso, donde dio un discurso más de abuelo que se despide que de estadista todopoderoso, y el 13 de agosto, para su cumpleaños número noventa, cuando publicó una de sus «reflexiones» en la que recuerda a su padre y su infancia en Birán, donde dice que «la especie humana se enfrenta hoy al mayor riesgo de su historia» y aprovecha para reprender al mandamás del imperio americano (su eterno interlocutor) por su discurso del 27 de mayo en Japón, donde «le faltaron palabras para excusarse por la matanza de cientos de miles de personas en Hiroshima, a pesar de que conocía los efectos de la bomba».

Ese sábado 13 de agosto de 2016, el mismo día que cumplió noventa años, asistió a un evento organizado en su honor en el teatro Karl Marx. El recinto estaba lleno y la platea, colmada de militares. Él apenas se podía mantener en pie. Vestía un buzo blanco marca Puma. Lo acompañaban su hermano Raúl y el presidente de

Venezuela, Nicolás Maduro, pero los protagonistas de los homenajes fueron niños que cantaron y recitaron odas en su honor. Lo mismo hicieron los niños en todos los orfanatos de la isla, en todas las escuelas y en muchísimos CDR de la capital. Pero para ellos Castro es ese abuelito parecido a Santa Claus y no el guerrillero iluminado ni el padre autoritario de la Cuba contemporánea. Yo estaba en un bar cuando aparecieron en la televisión unas escenas de Fidel en la Sierra Maestra y una niña le preguntó a su padre: «¿Quién es?». El hombre, sorprendido, contestó riendo con incomodidad: «Fidel Castro».

Agosto estuvo enteramente dedicado a Fidel. En los ventanales de muchísimos locales donde venden pollos fritos y croquetas, o en los mercados hoy más desabastecidos de lo habitual por la nueva crisis que viven desde que Venezuela les recortó su aporte de petróleo (en los cordones externos de La Habana incluso ha habido apagones, con lo que vuelve el recuerdo pesadillesco del Periodo Especial, «y acá la población no resiste otro Periodo Especial» es una frase que se oye con frecuencia), se lee la misma leyenda pintada con la misma caligrafía y los mismos colores: «Viva el 26 de Julio. Fidel 90 y más». Los carnavales que debían realizarse en conmemoración de la toma del Cuartel Moncada fueron trasladados al fin de semana de su onomástico. La televisión transmitió durante días de manera ininterrumpida documentales sobre su vida, y entrevistas y mesas redondas sobre el significado de su obra. El *Granma* sacó un número especial dedicado a glorificar su figura: «Cada siglo tiene su hombre que lo marca en la historia, el siglo xx es el de Fidel» (Juan Almeida); «Fidel, en pocas palabras, es la verdad de nuestra época. Sin chovinismo, es el más grande estadista mundial del siglo pasado y de este; es el más extraordinario y universal de los patriotas cubanos de todos los tiempos» (Ramiro Valdés); «Vámonos / ardiente profeta de la aurora, / por recónditos senderos inalámbricos / a liberar el verde caimán que tanto amas» (Ernesto «Che» Guevara).

Hay dos maneras de leer la arremetida fidelista con ocasión de su cumpleaños: una apuntaría a ese esfuerzo por retomar las riendas históricas de la Revolución tras las ansias reformistas desatadas luego de la visita de Obama, cuando una gran cantidad de cubanos alcanzó a sentir que la apertura cultural y económica estaba a la vuelta de la esquina. Solo tres días después del cumpleaños de Fidel, Madonna arrendó completa la terraza del restaurante La Guarida —donde se filmaron los interiores de *Fresa y chocolate*— para festejar el suyo. Desde que vinieron los Rolling Stones a fines de marzo, no es raro encontrarse con estrellas del rock y del pop en las calles de la ciudad.

Pero hay otra manera de leer esta apoteosis de fidelismo. Al comandante es evidente que le queda poco, y se le podrá querer u odiar pero no es cualquier hombre. La Revolución cubana no es la obra de un pueblo, sino de un invididuo, y eso los cubanos lo saben. Hasta su peor enemigo reconoce en Fidel al más grande de los suyos. Fidel es también un resabio del siglo XIX, una rémora anacrónica del tiempo de los patriotas. El único cubano que no baila. Un tipo al que el presente dejó atrás para convertir en personaje de la Historia con mayúscula, esa a la que le habló siempre y que, antes de cumplir los treinta años, él mismo aseguró: «Me absolverá». Su verdadero enemigo nunca fue el capitalismo. Fidel morirá luchando contra Estados Unidos.

Al día siguiente del cumpleaños de Fidel, Gerardo tenía planeado llevar al Giro, su gallo de pelea, a la valla de Wajay. Poseía este gallo desde hacía cinco meses, lo había criado con buena comida en el patio de su casa, en Marianao, y si en un comienzo él, que de gallos no sabía nada, se había reído cuando unos primos se lo regalaron para su cumpleaños número cuarenta y tres, una semana más tarde ya estaba imaginando las hazañas del animal que lo llevarían a la gloria. Un día, entrando a la plaza Vieja, que con sus últimos afeites está superando la vida pobre y barrial de sus alrededores para recuperar el sofisticado aire italiano de sus orígenes, me dijo que su gallo cantaba «muy fuelte» y que tenía «una velga de cochino». Se consiguió una pata de pollo, la amarró a un palo, y con ese instrumento lo toreaba para entrenar su rabia. Si no, lo tenía en brazos. Según me dijo, le había tomado cariño al gallo al mismo tiempo que fantaseaba con sus aires de luchador, lo admiraban su pico corvo y la inteligencia con que atacaba la pata aferrada al palo. Al cabo de cinco meses de convivencia, uno de los primos le aseguró que veía listo al animal para cualquier enfrentamiento, y lo puso en contacto con un tal Amadeo, dueño de la valla de Wajay, donde ese mismo domingo había peleas.

Antes del mediodía Gerardo pasó a buscarme por la casa de la señora Ruth, en El Vedado. Llevaba en el asiento trasero del Lada a su gallo Giro en una jaula; plumas blancas en el cuello y como paja en el pecho, pico negro con manchas de cal, la cresta sanguinolenta y arrugada como un meñique quemado, y el cuerpo de un gris lustroso, «más de embajador —pensé cuando lo vi— que de asesino». Su primo le había pasado cincuenta CUC para que le apostara y él se arriesgaría con doscientos, casi la totalidad de los ahorros que tenía para mandar su carro al chapistero.

Wajay está a unos veinte kilómetros del centro de La Habana, camino del aeropuerto, muy cerca de Fontanar, en la zona de El Chico, donde la tierra es roja y pastosa, y sirve de cantera a los alfareros. Las indicaciones para llegar, a partir de la salida de la carretera, había que obtenerlas preguntando. Nos guio un hombre que iba a la valla en bicicleta. Al llegar a una casa en el borde del camino recomendó dejar ahí el auto, donde mismo él guardaba la bicicleta, y continuar caminando. Si llegaba la policía y encontraban el vehículo en la valla, podían requisarlo. Las peleas de gallos se supone que están prohibidas, aunque todos saben que entre los miembros de la jerarquía cuentan con varios seguidores. Fue en una valla de gallos donde el 24 de febrero de 1895, en la ciudad de Bayamo, un grupo de patriotas dio el grito de «Libertad» —conocido como el Grito de Oriente— que inició la Segunda Guerra de Independencia cubana. «En todo caso —explicó el hombre que nos sugirió dejar el auto—, desde que se metieron unos gualdias en la valla de Río Cristal y cayeron cuatro mueltos a cuchillazos, dos de ellos gualdias y dos galleros, que llaman al dueño, pero nunca entran.»

Avanzamos por un sendero hasta una quebrada a la que se descendía entre marabúes, donde junto al «pozo de la muerte», como le llamó uno que tenía la espalda tatuada con una sirena, dos mujeres vendían cerveza, refrescos, plátanos fritos y sándwiches de mortadela. El resto era una cincuentena de hombres, casi todos reunidos en torno a los espueladores, donde uno agarraba al gallo mientras el otro le limaba el callo crecido desde el talón, cuyo exceso de grasa acababa de cortar con una sierra. Al llegar a la primera gota de sangre, apenas un punto rojo al centro de la protuberancia limada, el espuelador la limpió con un desinfectante que además servía para sellar la herida. Sobre la costra esparció pasta de silicona con un pequeño palo, hasta ordenarla como un merengue en la superficie plana del callo. Ahí montó la espuela, un cacho largo y afilado, con esa forma apenas serpenteante del cuerno de un alce, y con la silicona que se desbordó al empotrarla fusionó los bordes del nudo con el cartílago y el arma. Eso fue lo que Manuel y Hortensio, los tipos encargados de la faena, hicieron con las dos patas del Giro.

Entonces le pasaron el gallo a Gerardo y, rodeados por un lote de apostadores que lo auscultaban para decidir si se la jugaban por él o no, Gerardo lo condujo hasta la balanza romana que colgaba de un árbol como una cuna de tela, donde los jueces constataron su peso. Uno de ellos usaba bermudas y sombrero de paja; el otro tenía bigotes y la camisa abierta. El Giro pesó 2,4 kilos, medio más de lo recomendado, según Hortensio. Gerardo lamentó haberlo mimado tanto. El Giro tenía plumas en los muslos, no como el Indio, su contrincante, un gallo erguido y nervioso, con el cuello y la cintura listos para la olla o para la guerra. La mayoría de los apostadores estaban con él, y en cuanto su dueño y Gerardo entraron en la valla con sus respectivos gallos en brazos la gritadera lo dejó en claro: «¡Dieciséis pavos y me quedo con el Indio!». «¡Veinte al Indio!» Solo uno gritó: «¡Voy con el Giro!». Ya en el campo de batalla, con toda la baranda llena de gente, los enfrentaron en el aire hasta casi chocar sus caras, y acto seguido los soltaron en el tierral. Gerardo se hizo a un lado sin abandonar la liza, y ambos animales abrieron sus collares de plumas como paraguas o escudos, y se dieron los primeros picotazos en vuelo, buscando asestar golpes con las patas encuchilladas.

La furia del Indio se impuso rápidamente sobre la elegancia del Giro. Nuestro gallo todavía no terminaba de entonar su caballeresco canto de combate cuando el Indio, como un choro de barrio cualquiera, le clavó ambas espuelas en el lomo y comenzó a picotearle el cráneo. «¡Ahí, ahí, ahí!», gritaba, hasta rajarse la garganta, el público del coliseo. El Giro reaccionó intentando manotazos, pero a los pocos minutos ya era evidente que sería una masacre. Más de una vez quedaron ambos gallos enganchados y entonces sus propietarios los separaban. Si Gerardo se limitaba a soplar al Giro en la cara y bajo las alas para alentarlo, el encargado del Indio se metía toda la cabeza del gallo en la boca para limpiarla y refrescarla. Luego escupía.

A los quince minutos ambos gallos sangraban, y los largos ataques dieron pie a los aleteos cansados y los espolonazos esporádicos, en su mayoría soportados por el Giro. Cuando intentó escapar cojeando y con una de las alas levantadas, pregunté por qué no daban la pelea por terminada si era obvio que ya no podía ni defenderse, pero el adolescente que estaba a mi lado fue claro y conciso: «Es a muelte». Los gritos del público, a medida que nuestro gallo agonizaba, aumentaban en intensidad. «¡Termínalo!» «¡Pícalo!» «¡Ahí» «¡Ahí!» «¡Ahí!»

En cierto punto, el Giro dejó de combatir. «Está ciego», dijo Hortensio. En efecto, ya no se le veían los ojos en la cara, que era una sola mancha de barro y sangre, cuando dejó de caminar y se echó como una gallina. Estaba empollando su propia muerte. El Indio le dio la espalda con desprecio, mientras el Giro posaba su pico sobre el pecho.

Gerardo me contó que al recogerlo todavía temblaba. Él también estaba entero transpirado, como si hubieran compartido los esfuerzos y la agonía. Dejó el gallo muerto con la cabeza colgando de una rama para abrocharse los zapatos, lo recogió luego de ambos tobillos, entre las espuelas (que ahora parecían inofensivas) y las garras tibias, y nos fuimos sin despedir de nadie. Yo también le había pasado a Gerardo cien dólares para que los apostara, pero lo que yo había perdido no tenía comparación con la fortuna apostada por Gerardo, y, no obstante, le importaba tan poco como a mí. Al día siguiente mandó disecar a Giro a un taxidermista.

Mientras la Revolución cubana parecía infinita, fui de los que la vieron como una condena. Llegué a la mayoría de edad cuando esta ya había perdido su aura encantadora y, al menos desde lejos, se asemejaba más a la obsesión de un hombre que a la voluntad de un pueblo. Cuando intuí que su fin se aproximaba, como sucede con los padres que agonizan, decidí acompañarla en su lecho de muerte para escuchar sus últimas palabras. Para los latinoamericanos del último medio siglo, la Revolución fue un sueño o una pesadilla, y para algunos fue ambas cosas.

Durante el tiempo que llevo acá, los cambios han sido menos de los esperados. La vida de las mayorías continúa prácticamente idéntica. Las ciudades conservan el mismo aspecto gastado y el dinero está lejos de jugar el rol protagónico que ejerce en casi todo el planeta. Todavía hay poco que comprar, aunque es cosa sabida que basta levantar una piedra para hallar la sombra de los especuladores extranjeros que aguardan el momento en que puedan hacerlo. No pocos están adquiriendo propiedades a nombre de cubanos. McDonald's ya tiene un mapa de La Habana con decenas de esquinas marcadas para abrir sucursales en cuanto sea posible. Nada de esto, sin embargo, alcanza una presencia evidente. De momento, es una fuerza subterránea que se manifiesta en una mayor soltura crítica, y la desaparición casi completa de la palabra «socialismo» en los diálogos callejeros y oficiales. Mientras escribo cunde, sin embargo, una sensación de inmovilidad. Como dice mi amigo Grillo: «Aquí seguimos "bloqueados", desde fuera y desde dentro, y ahora mismo en La Habana nada se mueve, ni las moscas…». Son pocos los que trabajan y muchos los que esperan. ¿Qué cosa? El minuto siguiente, su turno en la oficina pública, en la cola para comprar papas, que pase una jeva, que las invite un hombrón.

La gran conquista de la Revolución fue el tiempo. Los cubanos no andan apurados. La hora fijada para una cita es apenas una referencia. Como el transporte público es escaso e impredecible, el atraso es fácil de entender. De otra parte, poco se pierde con esperar.

Escasean los que trabajan arduamente. Como el salario que fija el Estado bordea los treinta dólares mensuales, conversar en una esquina es casi tan rentable como ufanarse en el desarrollo de una profesión. Más se consigue «por la izquierda» (comisiones, coimas y toda clase de arreglines que funcionan por los bordes de la institucionalidad) que desempeñando un oficio de manera obediente. El bienestar de la comunidad resultó ser un móvil mucho menos convincente que el beneficio personal a la hora de producir. La eficacia desapareció al tiempo que la rentabilidad fue proscrita. Y, con ella, el apuro. Si el éxito del capitalismo ha dado pie a una creciente autosuficiencia, el fracaso del socialismo consolidó la necesidad del otro para sobrevivir. Es verdad que hay rincones donde la energía capitalista comienza a resurgir desde las cenizas. En la calzada de Monte, por ejemplo, alguna vez territorio comercial de los polacos antes de la Revolución, quienes viven en las plantas bajas han abierto sus puertas a la calle y convertido sus salas de estar en peluquerías o manicure, sus cocinas en cafés o expendios de platos preparados, y sus bodegas en almacenes de repuestos viejos, chatarrerías o talleres de reparaciones varias. Negocios clandestinos recorren la capital, y lo cierto es que con dedicación puede encontrarse cualquier cosa, hasta joyas de las marcas más prestigiosas del mundo. La tónica general, sin embargo, es arreglárselas con lo que hay en lugar de obsesionarse con lo que se quiere. Es algo que ningún político podría jamás proponerle a un pueblo, pero que para quienes vivimos en la abundancia y la competencia constituye un descanso.

Así lo explicó el periodista Abraham Jiménez, de veintisiete años, cuando le pregunté por qué no se iba de Cuba si era todo tan difícil ahí como me decía. «Porque me gusta el desenfado de la gente, que no se andan con medias tintas, que si sales mal vestido se ríen contigo y no de ti, si rompes el carro ellos paran y te ayudan, si te falta azúcar el vecino te la da, si cogiste un taxi y te faltó el dinero el chofer te dice que no hay problema, son todas esas cosas buenas que ha engendrado la Revolución. La Revolución es un concepto mal desarrollado. Pudo ser una cosa idílica, lo más fantástico del mundo, pero en el camino se torció, se cometieron errores humanos y testarudeces. Pero de otra parte ha fundido un ser humano bueno que es el cubano medio. Ese es su mayor logro, y no lo que muchos repiten, que la salud, que la educación, porque eso ya se jodió, ya se fue al carajo.»

Volví a encontrarme con Gerardo un par de días después de la pelea para ir a Guanabacoa, donde asistiríamos a un acto de santería en el que un excompañero de curso suyo, devenido babalao, realizaría su primer «toque de santos». De camino pasamos por Centro Habana y se desvió especialmente por la calle Ánimas, porque quería mostrarme el sitio donde había dejado al gallo para que lo embalsamaran. Entonces le pregunté por qué se le había ocurrido embalsamarlo, y su respuesta me pareció que decía mucho respecto de lo que se vive en esta isla tan difícil de explicar, tan contradictoria, tan liberadora y tan asfixiante: «Bueno, porque las cosas que uno ama quisiera que estuvieran para siempre, y yo llegué a estimar de verdad a este gallo, y por eso lo quiero conmigo, aunque esté muerto».

El capital cubano

Siete episodios de una transición... ¿hacia dónde?

IVÁN DE LA NUEZ

I

En Cuba, todo lo que se mueve puede ser un taxi; y todo lo estático puede ser un alquiler. (O un restaurante, un bar, una peluquería, un gimnasio, una tienda clandestina.) Este es el nuevo rostro de una economía privada que crece en tiempo real, y en anuncios virtuales, a la vista de todos.

Bienvenidos a la acumulación «rudimentaria» del capital cubano. Con leyes propias, trampas propias y sus clases emergentes, aunque lejos todavía de cualquier capitalismo estandarizado (si es que eso existe).

A este nuevo capital cubano no le falta una embrionaria simbología del dinero, ni una mezcla de *agitprop* con *advertising* que hoy rebasa el viejo pacto iconográfico entre el Che Guevara y los Cadillacs americanos. Entre un icono indestructible que sostiene la vida mitológica y unos automóviles indestructibles que sostienen la vida cotidiana. En esa cuerda, también hay lugar para la conexión entre los practicantes del turismo revolucionario y la última reserva de viejos combatientes que hoy viven de alquilarles sus viviendas, con sus historias épicas incluidas en la oferta.

Pienso esto una noche, en marzo de 2016, frente al Malecón. Estoy en un edificio en el que casi todos los propietarios alquilan a turistas. En el balcón de un veterano diplomático que ha ejercido como mentor de varias generaciones de cubanos dedicados al servicio exterior. Es su cumpleaños y, en un momento dado, las tropas de la fiesta se dispersan.

La vieja guardia pasa a hablar de política. Sus hijos, de negocios. Un grupo es retórico y el otro, pragmático. Uno es historia y el otro, geografía; puro emplazamiento.

La velada tiene lugar en los días previos a la visita del presidente de Estados Unidos, Barack Obama. En un momento de la noche, alguien recibe en su teléfono móvil una circular que el Gobierno está transmitiendo a los que se dedican al alquiler de viviendas.

Se trata de... ¡una disposición antiterrorista!

Una alarma que avisa sobre posibles inquilinos de Oriente Próximo, a los que se añade Israel, con los que habría que estar alerta. El mensaje comunica una versión tropical del Eje del Mal en el que tendrán cabida, tarde o temprano, los sospechosos habituales autóctonos.

«Están evitando que La Habana se convierta en una nueva Dallas», dice una chica en la zona juvenil de la fiesta, en clara alusión al asesinato de JFK. «No te preocupes, mi amor. En Dallas no tenían a la Seguridad del Estado», le riposta su novio. En el paquete que implica la visita Obama, no falta, pues, una versión cubana del Acta Patriótica. Y la prisión preventiva ya no será exclusiva de la herencia soviética, sino de una práctica actual muy norteamericana.

La iniciativa privada del nuevo capital cubano será antiterrorista o no será.

II

Semanas más tarde, mi madre se asoma a su ventana y ve la calle tomada. No se atreve a salir y tampoco entiende la explicación de los vecinos sobre el caos que crece en los bajos de su casa: «Están filmando *Rápido y furioso* en La Habana». (Concretamente *The Fate of the Furious*, la octava entrega de esta saga.)

Hoy, en Cuba, todo se considera un parteaguas, un acontecimiento al que dotamos de la trascendencia necesaria para marcar un antes y un después en la vida del país. Puede ser de alcance geopolítico, cultural o simplemente frívolo; así que lo mismo vale la visita de Obama que el concierto de los Rolling Stones, la apertura de la galería Continua que el desfile de Chanel...

The Fate of the Furious no es una excepción. Aunque, a los efectos del barrio, lo que cuenta es que a esa hora de la mañana no solía haber casi nadie en la calle, mientras que ahora es obligado sortear decenas de motos, coches ultrarrápidos, camiones, almendrones descapotables de «gama alta», macarras que huelen a Prada, modelos, *paparazzi*, seguratas, extras... y una infinidad de curiosos para los que todo esto es «una fiesta innombrable», que diría el poeta José Lezama Lima.

Después de muchas dudas sobre lo que considera una «ocupación» del barrio en toda la regla, mi madre llega a la conclusión de que estamos viviendo, directamente, la «invasión americana».

Y no le falta razón.

Durante más de medio siglo, y salvo excepciones como el documental *Cuban Chrome* (sobre los coches antiguos que ruedan por La Habana), no habíamos tenido producciones estadounidenses de esta envergadura en Cuba. Pero hoy, entre las muchas posibilidades de negocio que este país busca explotar en la isla, está la de su conversión en un inmenso plató de Hollywood; una escenografía virgen por la que puedan desplazarse —rápidos y furiosos— sus inverosímiles superhéroes.

Esto no significa que, desde Hitchcock hasta Coppola, Cuba hubiera estado ausente en las tramas del cine norteamericano; pero por lo general, y por mandato del embargo o de la burocracia, aparecía recreada en República Dominicana o Puerto Rico. Tampoco es que no estuviera presente en series televisivas como *La Agencia*, *Ley y orden*, *CSI*, *Los Simpson*, *House* o *Castle*. De hecho, lo que cuentan esas teleseries nos ofrece una pista sobre la que se avecina para los cubanos en materia de estereotipos. Da lo mismo si se trata de asesinar a Fidel Castro en la ONU o si el asunto va del trillón de dólares que el FBI le ofrece a Homer Simpson para que lo liquide en La Habana.

O si, llegando ya al extremo del disparate, el escritor-detective Castle debe resolver el caso de un jugador de beisbol asesinado en Manhattan, sin que falten sospechosos cubanos que hablan... ¡taíno!

En fin...

Hace mucho tiempo —a izquierda y derecha, en el turismo y en el compromiso—, Cuba es un país al que la gente no va a descubrir una realidad, sino a confirmar un guion. De modo que sus paradojas van quedando desplazadas a un segundo plano, como los cubanos quedan condenados a meros figurantes aplastados por el peso de los juicios previos: los *prejuicios*.

Resulta contradictorio que, mientras los cineastas cubanos llevan años peleando por una nueva ley de cine, todo vaya sobre ruedas, nunca mejor dicho, cuando se trata de una megaproducción norteamericana como The *Fate of the Furious*. Atrapados entre la lentitud nacional y la velocidad trasnacional, esos cineastas siguen clamando por su independencia. Y es lógico que teman, tanto como intentan aprovecharlo, este torrente desatado entre la distensión diplomática con Estados Unidos, el apogeo de las teleseries y unas necesidades económicas que los obligan a participar y al mismo tiempo manejar con cautela su papel subordinado en estos eventos.

El reto no solo se reduce a un asunto de independencia de producción, sino también de una libertad de discurso que les permita hacer frente a esta mezcla de turismo y deshielo que ya está alimentando un *nuevo-viejo* relato folclórico en el que hasta la ideología va camino de convertirse en un capítulo más del tropicalismo.

Esa tensión, por otra parte, refleja la complejidad de la propia apertura de las relaciones con Estados Unidos, su delicado equilibrio.

Desde una dimensión práctica, resulta seductora (y hasta necesaria) esta industria capaz de generar beneficios, actualizar la tecnología y ofrecer posibilidades laborales. En su dimensión cultural, nada más comenzar la nueva época, vamos regresando a aquellas escenas pintorescas de *Nuestro hombre en La Habana*; con los cubanos, maraca en mano, poniéndole ritmo a la avalancha imperturbable del neocolonialismo.

III

El VII Congreso del Partido Comunista de Cuba concluyó casi en paralelo a la filmación de *The Fate of the Furious*. Y lo hizo abrazado a otro fetiche *vintage*: la unanimidad. Rumiando lo que allí se habló, y sobre todo lo que *no se habló*, un grupo de viejos revolucionarios persevera en su *hobby* preferido: arreglar el país desde un bar de La Habana.

Es un grupo menguante, sacudido por las bajas definitivas que, por razones de edad, les van sobreviniendo. (Mi padre solía decirles: «Estoy en la cola», hasta que le llegó su turno definitivo y abandonó la vida y el grupo.)

Todos participaron en la insurrección contra Batista, algunos cargan con varias guerras a la espalda. Casi todos tienen hijos o nietos en Miami. Los que conservan sus casas presentables, salvan su diminuta jubilación alquilando a turistas. Intentando reciclarse en los nuevos tiempos. Sin adaptarse del todo, sin renunciar del todo, criticándolo todo. (O casi todo, «que no es lo mismo, pero es igual», que diría el trovador Silvio Rodríguez.) En sus debates sobre «la cosa», no falta el ron. Tampoco una ambulancia que los auxilie cuando alguno se pasa de la raya.

En Cuba hay un ron que marca la frontera entre lo aceptable y lo peligroso. Se trata del *planchao*, un tetrabrik de 250 centilitros que cuesta un CUC (más o menos un dólar al cambio). Los gourmets de los brebajes blancos acreditan que en ese pequeño tetrabrik se esconde un buen ron (aunque esto no siempre sea confesable). El problema es que algunos de los veteranos de este bar están, económicamente, por debajo de la línea de flotación del *planchao*. Y la combinación de la edad con los alcoholes más bravos —ese cóctel de licor duro y moneda blanda— los coloca a menudo en una situación complicada.

Su alteración también se debe al énfasis con el que discuten sobre las reformas económicas, la astucia de Obama, la ausencia de un programa tangible para el futuro o el hecho de que las nuevas desigualdades los hayan situado a ellos —«a nosotros, que nos jugamos el pellejo por "esto"»— en zona de riesgo o, tal vez peor, de olvido.

Desde su ocaso, estos abuelos rumian una revolución que a sus nietos ya solo les funciona como un eco del pasado. Ellos siguen esperando de sus correligionarios en el poder alguna señal sobre el modelo político, aunque desde allí solo les llegan indicios de reformas económicas. Se aferran a aquellos tiempos en los que Cuba se proclamaba como primer territorio libre de América, pero desde la televisión del bar los telediarios no paran de proponerla como el primer reclamo para la inversión extranjera en el Caribe.

Rondando el bar en el que los veteranos se enfrascan en sus batallas etílicas, uno acaba topándose con la típica hilera de taxis que esperan por los turistas. Una fila variopinta en la que no falta el almendrón norteamericano, el Geely chino… o un enorme Chaika soviético.

En Cuba, un coche estrambótico no es noticia. Pero esta limosina soviética supera cualquier extravagancia.

En realidad, son diez los Chaikas que hoy se alquilan en La Habana. Esta flota fue, en su momento, un regalo de la alta jerarquía soviética para garantizar el desplazamiento y seguridad de Fidel Castro. (De semejante pedigrí no puede presumir ningún otro taxi.) Siempre que lo alquiles, el chofer está dispuesto a explicar el funcionamiento de esta limo del comunismo, que aún mantiene a la vista los espacios habilitados para las plantas de radio, los asientos de los escoltas, los compartimentos para armas auxiliares. En cuanto al negocio, este no cambia demasiado comparado con otros taxis del nuevo régimen económico cubano. «Cada día debo pagar treinta (treinta dólares más o menos) a la empresa —nos dice—. Veintisiete, para ser exactos.»

¿Puede haber una muestra mejor del reciclaje de los restos del socialismo en los nuevos tiempos? ¿Algún ejemplo más diáfano de un comunismo que, para hacerse rentable bajo los imperativos de la reforma económica, es capaz de echar mano del parque automotriz del Comandante?

Si quedara alguna duda sobre esta simbiosis, el destino al que nos lleva el Chaika la disipa: el cachalote de los taxis cubanos nos deja en la puerta del TaBarish. Un bar «soviético», recargado de motivos comunistas, donde uno puede pedir caviar, vodka, sopa o encurtidos arropado por viejos ejemplares del periódico *Pravda* pegados a las paredes. Desde estas, Yuri Gagarin te sonríe o la bandera roja —hoz y martillo incluidos— remata una estética que mezcla la nostalgia soviética con la nueva realidad cubana.

El TaBarish convierte, o eso trata, el viejo comunismo en *business*. Y por allí desfilan —también por el Nazdarovie, pues el TaBarish ni siquiera es el único local soviético puesto en marcha por la iniciativa privada— desde rusos hasta cubanos graduados en la Unión Soviética (que fueron decenas de miles). Entre los innumerables adornos del lugar no faltan las famosas matrioskas, «costumizadas» para la ocasión con los rostros de Lenin, Stalin, Nikita, Brézhnev o Gorbachov. También el de Putin, que a mí se me convierte en un recordatorio perturbador de que el fin de la Guerra Fría es un pacto que acaba cerrándose entre viejos comunistas y nuevos oligarcas.

Desde el principio de la Revolución, el socialismo cubano conquistó a marchas forzadas los viejos emblemas del capitalismo. Empezando por el hotel Hilton, rebautizado como Habana Libre y donde Fidel Castro fijó su campamento. Más tarde, todo esto se expandió en cascada hasta los viejos coches norteamericanos, que se mantuvieron dando la batalla con sus motores soviéticos incorporados. Por el camino, los cuarteles convertidos en escuelas, los clubes exclusivos transformados en círculos sociales, así como los cabarets, los restaurantes chics, los hoteles…

Ahora, es perceptible un camino contrario: en el corazón de los emblemas del socialismo, laten cada vez más las relaciones mercantiles del nuevo capital cubano.

Basta con fijarse en los Comités de Defensa de la Revolución (CDR), hoy dedicados, también, a la vigilancia y garantía de los alquileres privados. O detenerse en cómo el lenguaje policial —«pasa, que el capitán te quiere ver», «tíramelo por la planta», «relájate y coopera»— ha pasado a integrarse en los estribillos de la vida cotidiana. No hablemos ya del uso extendido de una aplicación para el teléfono móvil desde la que cualquiera puede saber nombre, dirección y fecha de nacimiento de la persona que le llama. (Sin que nadie se escandalice del uso y abuso del Big Data nacional, ratificando que economía privada y anulación de la privacidad son magnitudes perfectamente compatibles.)

IV

Todo el mundo, en un momento dado, se sienta a un banquete de consecuencias. Esto lo escribió Robert Louis Stevenson; otro fanático de islas. Y eso es lo que se está viviendo, ahora mismo, en la isla de Cuba: un banquete de consecuencias. Con ese desfile interminable que, en una semana, puede depararte la visita de un artista del renombre de Frank Stella, un presidente norteamericano (Barack Obama), un equipo de beisbol profesional (los Tampa Bays), una famosa banda de rock (los Rolling Stones) o a Karl Lagerfeld liderando el capítulo cubano de Chanel.

Bienvenidos a la larga marcha que, por la vía del espectáculo, va dejando el rastro del cambio en un país en el que el consumo de las transformaciones está mejor visto que la discusión sobre estas. Como si fuera necesario sacrificar las causas de los acontecimientos a cambio de gozar sus consecuencias.

Tiremos de recuerdo y remontémonos a aquella época en la que la Revolución estaba de moda. Eran los años sesenta y no era difícil encontrar en Cuba a intelectuales de medio mundo, siempre dispuestos a dar soporte teórico a la llamada «vía cubana»: un socialismo verde («como las palmas», según Fidel) y no rojo, latinoamericano y no soviético, que alimentó las fantasías de Occidente.

Hoy, sin embargo, en esta Cuba de las consecuencias, el *entertainment* se basta para marcar la pauta. Con su toque de glamour, su clave frívola y, entre fiesta y fiesta, el reguetón marcando el ritmo de la nueva vida. Donde antes estuvo Sartre hoy tenemos a Beyoncé; donde Max Aub, Paris Hilton. La cuota británica que cubrió Graham Greene ha sido traspasada a los Rolling Stones, y los récords de asistencia a los discursos del Máximo Jefe hoy pueden alcanzarlo los sonidos electrónicos de los Major Lazers.

En esta catarsis de hedonismo controlado, incluso un viaje de tanta importancia política como el de Obama fue filtrado a través del cómico más famoso del país, que entabló con el presidente norteamericano un diálogo cargado de segundas lecturas, bromas absurdas y verdades extraoficiales.

El juego de ping-pong entre chinos y norteamericanos, en tiempos de Nixon y Mao, queda para la historia como un ejercicio solemne al lado de ese encuentro entre Obama y Pánfilo. Un encuentro que, de paso, dejó descolocados al protocolo gubernamental, a la oposición y al exilio.

Tantos millones de dólares destinados por Estados Unidos a la causa de la democracia en Cuba y resulta que la clave estaba en un simple y rudimentario video de su presidente jugando al dominó con un personaje estrafalario que no entiende nada para que los televidentes lo entiendan todo.

En esta Cuba de las consecuencias, nadie imagina a Paris Hilton o a Mick Jagger liderando un debate sobre el modelo político. Y es que a las autoridades tampoco parece interesarles la menor discusión ideológica en un país que se columpia entre iluminar el modelo bolivariano e ir a la sombra del modelo chino.

Después de Obama, ¿qué? Esta es la pregunta que muchos se hacían, a la izquierda y la derecha, dentro y fuera de la isla. Evidentemente, puede que el Gobierno siga igual —hasta donde puede seguir igual un Gobierno plagado de octogenarios—, pero también se respira una certeza de que las cosas no podrán seguir como hasta ahora. Y no solo por las medias aperturas destinadas a los servicios —paladares, gimnasios, bares, galerías de arte—, sino también por el impacto de la nueva economía en aquellos ámbitos hasta ahora sagrados del socialismo cubano —la educación, la cultura, la salud—, que comienzan a apuntalarse por iniciativas privadas impensables en otros tiempos.

Hay una generación que surge a la vida pública dentro de estas reformas, medios de comunicación que están un paso más allá de las servidumbres políticas, diplomacias pragmáticas, un deporte abocado al profesionalismo o la muerte, un paquete televisivo controlado por un Estado que, sin embargo, acaba por quedarse al margen de su programación, un hedonismo desbocado, una renovada noción del tiempo y del dinero...

El problema no es, entonces, el cambio sino el destino de ese cambio. Esa es la cuerda floja sobre la que se tambalea un país en el que la mayoría de la gente, en todo caso, no está por terapias de choque.

Y sí: es verdad que los cubanos hoy quieren dinero, pero también quieren tiempo. Quieren negocios —la mayoría más familiares que privados en el sentido estricto—, pero también mantener unas redes solidarias que están ahí, latiendo en la incertidumbre cotidiana.

V

En enero de 2016 la editorial Arte y Literatura publicó *1984*. En un país que ha sido descrito —por la geografía o por la ideología, por isla o por revolución— como una utopía, esa novela distópica de George Orwell tenía todos los ingredientes para convertirse en un acontecimiento.

No faltó el que indicara la tardanza en la publicación de esta obra maestra. Ni quienes exigieron, ya puestos a ser orwellianos, que *1984* fuera continuada por *Rebelión en la granja*, esa disección del estalinismo tan difícil de camuflar dentro de una diatriba universal contra los poderes abstractos.

Son plausibles estos reproches al desencuentro entre Cuba y Orwell. Ese escritor incómodo cuyo antiestalinismo no le impidió combatir en el lado republicano durante la Guerra Civil española, oponerse al colonialismo británico o mantenerse de por vida en el «lugar siniestro», como el poeta español Jesús López Pacheco solía definir a la izquierda.

Pero *1984* llegó a la isla en un momento apropiado.

Porque la Cuba que recibe a la novela se parece, cada vez más, a un país distópico; listo para sumarse al *revival* de Orwell que se ha venido produciendo en el mundo desde 2012; con reediciones, cómics o anuncios de nuevas adaptaciones cinematográficas. (Hollywood ya ha decidido una nueva versión del libro, que antes había conocido las versiones británicas dirigidas por Rudolf Cartier, Michael Anderson y Michael Radford.)

De alguna manera, todos somos orwellianos. Incluidos los cubanos, sometidos —también— a la maldita circunstancia del absurdo por todas partes.

En esa perspectiva, *1984* nos ofrece un manual de supervivencia, con GPS incorporado, que puede ayudarnos a encontrar algún norte en un camino atravesado por iconos del socialismo y cultura del espectáculo, partido único y turismo, polo científico y remesas familiares, antiimperialismo y avalancha norteamericana, modelo chino y sabor cubano...

Y todo aderezado con esa salsa agridulce que condimenta a un mundo en el cual hace un buen rato que mercado y democracia están en el papeleo de su divorcio.

No es que, en esta Cuba orwelliana, el discurso marxista se haya despedido (ni abandonado su concepción de la historia en términos leninistas, con el socialismo como estación definitiva). Pero esa noción está obligada a lidiar con el derrumbe del Imperio soviético que la sustentaba geopolíticamente y cuya debacle ha sido explicada —¡faltaría más!— como la muerte de la utopía...

En ese contexto, Marx y Lenin están obligados a convivir con Huxley y Orwell en cualquier esquina cubana.

Bajo los designios de la utopía, el sentido de la vida estaba cifrado por un futuro hacia el que avanzábamos imparables. Bajo el modelo distópico encontramos que ese futuro ya está entre nosotros, que sucedió «el otro día» mientras nos entreteníamos planificándolo.

Así que el mañana es cualquier otro día de los que estamos viviendo. Un futuro que no es ni perfecto ni inmutable. Tan solo *esto* que está pasando ahora mismo y nos ha tomado por sorpresa en esta isla del Caribe que es también, no lo olvidemos, una escala del mundo.

En medio de estos cambios —que desatan opiniones tan enconadas como la publicación tardía de la novela de Orwell—, se deja ver una nueva generación cuya toma de conciencia ha tenido lugar en el siglo XXI y para la cual la Revolución o el Muro de Berlín forman parte de una historia lejana. Una promoción que ha crecido en medio de una erosión importante del monopolio del Estado sobre sus vidas. Batallando, desde su nacimiento, con una incipiente economía tan mixta como sus referentes ideológicos, sus temáticas o su biografía.

Este *millennial* criollo se desenvuelve entre el mundo de las redes sociales y la expansión internacional del terrorismo, la precariedad y el *do it yourself*, con una mirada sin complejos de las circunstancias nacionales y una participación desenfadada en los usos de la cultura global.

Más que una generación espontánea, se trata de una generación *simultánea*, que ha sabido aprovechar el «cuentapropismo» permitido en la economía para extenderlo a la práctica de una libertad *por cuenta propia*.

Esto no quita que también sufran los tradicionales conflictos y letanías cubanas, pero hay algo en su pragmática que transparenta la insolencia de aquellos que se saben con las claves del porvenir.

Están más allá de la Utopía, pero también más acá del Apocalipsis.

Acaso porque viven en la Apoteosis. Dentro y fuera de ese banquete de consecuencias en el que ven pasar, a la vez, todos los platos de la historia de Cuba.

VI

«Nosotros no estamos haciendo una Revolución para las generaciones venideras, si esta Revolución tiene éxito es porque está hecha para sus contemporáneos.»

Esto lo dijo Fidel Castro en la Biblioteca Nacional de Cuba, durante ese monólogo en dos sesiones que después hemos conocido como *Palabras a los intelectuales*. Corría el mes de abril de 1961 y tanto el orador como la Revolución —esa misma que fue hecha *por* y *para* sus contemporáneos— todavía eran jóvenes. La sentencia trasluce una clara convicción sobre el carácter generacional de las revoluciones. También un pragmatismo aplastante: porque, si una revolución no es generacional, si solo se proyecta hacia un sujeto futuro aún por moldear… ¿quién la iba a sostener en su momento histórico?

Aquel enunciado se precipitó sobre los asistentes —intelectuales atentos a *las palabras*— sobre el minuto 105 de la alocución. (Hoy YouTube nos permite escuchar el discurso completo, quién sabe si algún día además llegaremos a verlo.) Tan solo un rato antes, Fidel Castro había regalado al ilustre auditorio otra sentencia que quedaría fijada como el fundamento rector de la política cultural cubana: «Con la Revolución todo, contra la Revolución nada».

Dado que la historia se escribe también en eslóganes, la afirmación sobre el carácter generacional de la Revolución —hecha por y para sus contemporáneos— quedó eclipsada por aquella otra que trazaba sus fronteras permisivas. Como si sus límites de contemporaneidad política quedaran supeditados a sus límites de libertad artística: «hasta aquí, estás *con*»; «a partir de aquí, estarás *contra*».

Cincuenta y cinco años después de las *Palabras a los intelectuales*, cumplidos los noventa y el destino que dibujó para sí mismo, Fidel Castro dejó de existir. Su muerte, y el luto posterior, sumieron al país en un intenso silencio. El reguetón ubicuo de los taxis desapareció. La caravana con las cenizas regresando al origen —la invasión guerrillera al revés— taponó incluso los himnos. Se abrió paso la certeza de que toda una época viajaba, junto a Fidel, en la caravana fúnebre…

Porque esa muerte no solo cortó la banda sonora de estos últimos tiempos; también dejó a la vista el hecho de que la generación histórica de la Revolución llegaba a su fin. Si quedaba alguna duda al respecto, el sucesor ya la había despejado, enfatizando que el año 2018 dejará la presidencia del país (aunque todo indica que se mantendrá al frente del Partido, hipotéticamente, hasta 2021).

En 2017 coincidirá, pues, el último año de Raúl Castro al frente del Gobierno de Cuba con el primer año de Donald Trump al frente del Gobierno de Estados Unidos. Así que los hijos o nietos de aquellos contemporáneos que hicieron —o para los que se hizo— la Revolución tendrán que asumir las riendas del país.

Ha llegado la hora en que el Hombre Nuevo previsto por el Che Guevara —ese Frankenstein colectivo configurado por aquellos que no conocieron el Antiguo Régimen de Batista— tendrá que ajustar su reloj, asumir su propia contemporaneidad política y encontrar por primera vez el equilibrio entre su época y su poder.

Ante la muerte de Fidel Castro, analistas diversos habían previsto un levantamiento popular clamando por la democracia. Habían contemplado un bloqueo naval de Estados Unidos para impedir la fuga masiva hacia Miami. Habían augurado el desmantelamiento de los aparatos políticos y represivos del Estado. Habían visualizado el colapso definitivo del sistema. («*No Castro, No Problem.*»)

Pero nada de eso ocurrió. Quizá porque, de tanto manosear el futuro, los cubanos le hemos perdido el respeto a la futurología. Este texto, escrito en febrero de 2017, también intentará adivinar lo que viene, así que no es ajeno a ese atrevimiento y esa indolencia.

Si hay que entrar en la isla, ya estamos en la isla…

Justo en esta era en que la posrevolución se cruzará con la posdemocracia, es muy probable que le llegue el turno de la presidencia a alguien nacido con la Revolución. Es seguro que esa persona provendrá del aparato del Estado y el Partido. Es impensable, sin embargo, que pueda concentrar en sí mismo unas magnitudes tan absolutas de poder como Fidel o Raúl Castro (puede que incluso figure como la fachada del mando real del ejército). Y será inevitable que avance en las transformaciones iniciadas por este último, pues las opciones de retroceder en ellas serán cada vez más nefastas.

Con el hándicap que representa ser futurible en Cuba —eso es todo un llamado a la decapitación—, el vicepresidente Miguel Díaz-Canel (nacido en 1960 y en Placetas, provincia de Villa Clara) tiene muchas cartas en la mano para ser esa figura del poscastrismo castrista.

Más allá del nombre, sea quien sea el próximo (o la próxima) líder, no podrá encomendarse a La Historia Mayúscula, ni vendrá acompañado de un aura mítica, sino de una biografía más o menos similar a la de cualquiera de sus paisanos. Habrá pasado por becas o escuelas al campo, habrá compartido los héroes deportivos del socialismo cubano y las series televisivas que glorificaban a los agentes de la Seguridad del Estado. Tendrá una familia fracturada entre la diáspora y la isla. Habrá peleado en Nicaragua, Angola u otra guerra africana en la zona caliente de la Guerra Fría. Habrá escuchado la Nueva Trova y acudido al llamado de los trabajos voluntarios. Habrá jurado fidelidad al socialismo y se habrá incorporado al coro que clamaba «¡Seremos como el Che!». Sabrá de las letrinas, la promiscuidad, la solidaridad, la crueldad de la masificación. De la colectivización y la impudicia como formas de vivir —bajo el socialismo cubano— la libertad de la carne allí donde el espíritu de las leyes era nulo o lejano. Y vendrá de la Verdad Absoluta para asumir el mando de un país en la era de eso que hoy llaman «posverdad».

El próximo Gobierno será heredero directo de la reforma antes que de la Revolución, de Raúl antes que de Fidel, de la globalización antes que de la Guerra Fría. Con la ventajosa Ley de Ajuste Cubano más cerca de su fin que el desventajoso embargo. Así pues, tendrá que canalizar el descontento con menos válvulas de escape disponibles (los emigrantes cubanos verán desaparecer sus privilegios en Estados Unidos y la normalización de Cuba en el mundo no solo pasará por compartir las justicias del resto, sino también las injusticias). En el plano interno, no le bastará con los militantes comunistas —una tropa cada vez más diezmada— para legitimar el Gobierno y, aunque no entre en sus planes abrirse al multipartidismo, estará obligado a ampliar la diversidad política.

Este Hombre Nuevo en el poder tendrá que cambiar el futuro perfecto por el futuro posible. Y asumir que el socialismo y el capitalismo ya no son, ni por asomo, lo que prometieron, en sus momentos de gloria, la Revolución o sus opositores.

Marx ya avisó que los hombres se parecen más a su época que a sus padres. Y la época que acogerá el cambio generacional en Cuba se las verá con una crisis extrema de los modelos políticos, y no solo del socialismo cubano. Ya es constatable que el desplome del comunismo ha implicado la crisis del orden liberal y de la democracia misma, hoy en plena contradicción con el mercado.

¿Qué será, entonces, Cuba? ¿Una república liberal cuando el liberalismo está dando sus últimos coletazos? ¿Un país poscomunista abonado a la terapia de choque? ¿Un emirato antillano con leyes distintas para los nativos y para los extranjeros, para los trabajadores y para los inversores, para los poderosos y para el pueblo? ¿Una dinastía? ¿Una sucursal del modelo chino? ¿Encontrará la ecuación que consiga mezclar, por fin, socialismo y democracia en la puesta en marcha de otra vía cubana?

De momento, lo que está sobre la mesa es la mezcla de partido único con economía privada, una cierta envidia del modelo vietnamita y una generación de *millennials* para la que no funcionan el mesianismo como estilo político ni el sacrificio como vehículo de una redención futura.

En 1960, un año antes de las palabras de Fidel Castro a los intelectuales, Sartre se había reunido más o menos con el mismo grupo y en el mismo sitio, la Biblioteca Nacional. Allí también regaló algunas frases para la historia, que luego recogió en su libro *Huracán sobre el azúcar*, donde se fijó detenidamente en la situación generacional de la Revolución.

«Puesto que era necesaria una revolución, las circunstancias designaron a la juventud para hacerla. Solo la juventud experimentaba suficiente cólera y angustia para emprenderla y tenía suficiente pureza para llevarla a cabo.»

La Cuba posterior a Fidel Castro, presumiblemente, no estará obligada a hacer otra revolución. Pero las nuevas generaciones sí estarán obligadas, al menos, a poner su reloj en hora; a convertirse en los contemporáneos políticos de su propio proyecto.

Absuelto o condenado por ella, lo único cierto es que a Fidel Castro la historia lo continuará. Y la continuación de la historia no solo pasa por la conservación, sino, y sobre todo, por la ruptura del legado.

VII

Cuando una sociedad entra en colapso, más que la historia, lo que suele aparecer es la histeria. Aunque también se ha dado la reacción contraria: vivir la catástrofe bajo la apariencia de una tranquilidad absoluta. Esto sucedió en los últimos años del comunismo en la Unión Soviética, sociedad construida sobre la convicción de su eternidad.

A esa situación de shock, Alexei Yurchak la ha llamado «hipernormalización» en un libro cuyo título lo dice todo: *Everything Was Forever, Until It Was No More. The Last Soviet Generation*. Este ensayo, publicado en 2005, fue incorporado once años más tarde por el cineasta y escritor británico Adam Curtis a su documental titulado, precisamente, *HyperNormalisation*.

Aquí, el cineasta británico expande el criterio de la finitud de lo eterno, pero sitúa esta circunstancia más allá del comunismo, implicando al mundo ficticio que nos han diseñado las entidades financieras y las grandes corporaciones.

Cuando hablamos del capital cubano, no solo debemos referir el patrimonio humano con el que cuenta cualquier empresa. Ni la paradoja de una acumulación originaria que se produce *después* del capitalismo, en el corazón de la sociedad socialista que lo había sustituido.

También es importante que apuntemos a esa sensación de eternidad que ha acompañado a la vida política, también económica, cubana. A esa conexión entre el socialismo inmortal del porvenir y la remanencia de un capitalismo proveniente de aquella época en que las cosas estaban hechas «para siempre» (los almendrones y las neveras, las casas y los túneles).

Así pues, lo que está en juego, hoy, no es tan solo una forma de gobierno o un modelo económico, sino también esa conciencia de mortalidad —rematada por la muerte misma de Fidel— desde la que se intuye la escala finita de lo que se ha construido.

En esa encrucijada, nuestra parte socialista mantiene que la transición *ya sucedió*, en su afán de mantener la eternidad del socialismo. Mientras, nuestro lado capitalista insiste en que la transición *todavía* no ha tenido lugar, en su afán de darle eternidad al liberalismo. Para la primera opción, Cuba se perfecciona, cambia, evoluciona, pero jamás cruzará el puente que ya transitaron los países del Este. Para la segunda, la transición ni siquiera ha llegado, por la sencilla razón de que no se puede hablar de ella mientras no se convoquen elecciones multipartidistas, se implante a gran escala la economía de mercado y se abra la pluralidad de los medios de comunicación.

Lo que no parecen ver unos y otros es algo tal vez más sencillo. No es que la transición no sea necesaria, como afirman unos. Ni que la transición no haya comenzado todavía, como rematan otros. Es que, desde hace mucho tiempo, Cuba no ha vivido otro estadio político que el de la transición. Y ese estatuto transitivo se ha sentido la mar de cómodo a la hora de administrar un limbo infinito despojado de cualquier futuro.

Luminoso o cruel, producto de la lógica o de las supersticiones, añorado por las masas o urdido por los tiranos, el porvenir dibujó durante siglos los planos de la historia y las relaciones entre las personas. Sembró el poder y alentó la resistencia. Las pirámides y la Muralla china fueron el futuro. La catapulta y la locomotora fueron el futuro. Da Vinci y Verne fueron el futuro... Y una perra en el cosmos y el hombre en la Luna. El futuro fueron la Revolución francesa y la democracia. Los bolcheviques y Mao con su Larga Marcha. El futuro perteneció a la imprenta y al librecambio, a la máquina de vapor y al comunismo.

Nuestros padres trabajaban, iban a la guerra o hacían revoluciones para que sus hijos tuvieran, precisamente, un porvenir mejor que el suyo. Así que el futuro es, también, todo eso que un buen día no se cumplió.

Y ese desvanecimiento no solo viene vinculado al fin del comunismo, sino que además tiene mucho que ver con la creciente certeza sobre el carácter finito del capitalismo.

Un arqueólogo español, Eudald Carbonell, no tiene duda de que el capitalismo desaparecerá en el siglo XXI, más que por una revolución, por un proceso de «muerte térmica». Esto lo afirma en unas memorias que tienen este sugerente título: *El arqueólogo y el futuro*.

Que un arqueólogo nos ofrezca esas pistas sobre el mañana podría considerarse, en principio, una ironía. Entre otras cosas porque no se está hablando aquí en términos metafóricos, sino desde la experiencia de alguien que se dedica a horadar el terreno, convencido de que el arcano de nuestro porvenir no lo encontraremos en un juego de anticipación, sino en un ejercicio de excavación. Y esto es así porque el futuro no ha sido aplazado, sino escondido; así que es preciso sacarlo a la luz antes que esperar por él.

Si el futuro ya está aquí, si es *esto* que estamos viviendo, más nos vale hurgar en las distintas capas de la superficie que lo ocultan antes que seguir pensando sobre las capas de barniz que lo recubren.

No es una tarea fácil, desde luego. Es complicado hablar del futuro cuando se nos repite por todos lados el estribillo de que los jóvenes se han quedado sin él. Esto es: clamar por el porvenir entre gente a la que se le ha negado.

Hace medio siglo, en *El libro que vendrá*, Maurice Blanchot se enfrentó a algo parecido cuando se preguntó por el porvenir de la literatura. En ese libro hay un capítulo —«De un arte sin porvenir»— que no puede ser más explícito. Porque lo paradójico, lo creativo, es que precisamente en esa falta de destino Blanchot encontró las cifras para esbozar el mañana. Y porque el futuro de una vida sin futuro tendría al menos una ventaja: la de no tener como corolario «el poder y la gloria», sino la condición excepcionalmente precaria del punto de partida. («Cualquier gran arte se origina en una carencia excepcional.»)

Aquel futuro de Blanchot evocaba la figura de Moby Dick, la ballena inalcanzable capaz de agitar en el horizonte nuestros sueños de grandeza. Los cubanos no tenemos una ballena, pero sí un pez espada. Aquella bestia asediada por tiburones que el pescador de *El viejo y el mar* sabe que tiene que arrastrar hasta la costa como la prueba de su verdad y su grandeza.

Un monstruo que necesitamos plantar en la orilla como testimonio definitivo de que hemos lidiado con él, de que está aquí y de que podemos llamarle, por fin, nuestro contemporáneo.

Soñar en cubano

Crónica en nueve *innings*

Leonardo Padura

A mi padre, Nardo, almendarista,
y a mi tío Min, habanista

Primer «inning»

El gran sueño de la vida de mi padre fue ser jugador de beisbol. Pelotero, como decimos en Cuba. En realidad, en cuestión de sueños no fue un hombre demasiado original porque, a lo largo de ciento cincuenta años de historia, el anhelo de llegar a ser pelotero, reconocido y famoso, aplaudido y querido, ha sido uno de los más frecuentes entre los hombres nacidos en esta isla. Y también el que en más ocasiones se ha frustrado, pues de los millones de cubanos que han crecido y vivido con esa aspiración, solo unos pocos centenares la han logrado con plenitud y apenas unas decenas han entrado en el firmamento de los inmortales.

Durante su niñez y parte de la adolescencia, mi padre dedicó todo el tiempo que pudo a practicar el juego de pelota. Lo hizo en los terrenos baldíos de su barrio habanero natal, Mantilla, con los muchachos de la zona, pero nunca con la frecuencia que hubiera deseado, pues desde los siete años se vio obligado a trabajar como ayudante de mi abuelo y mi tío mayor en el negocio de venta de frutas con el cual se sostenía la familia. Sin embargo, fue gracias a ese trabajo que, ahorrando centavo a centavo, pudo darse el lujo tremendo de comprarse un guante zurdo para jugar más y mejor a la pelota.

Unos años después, cuando ya mi padre sabía que su sueño jamás se realizaría —y no por falta de esfuerzos en sus intentos de materializarlo, aunque perjudicado por su baja estatura—, quiso transmitir a su hijo mayor aquella acariciada aspiración. Antes de comenzar su tarea, mi padre, que no era especialmente creyente, se había encomendado a la Virgen de la Caridad del Cobre, por la cual sí tenía una sostenida veneración, y le había pedido que su primer hijo cumpliera tres requisitos: que fuera varón, que fuera zurdo y que llegara a descollar como el pelotero famoso que él no había conseguido ser. Y le prometió que, si al menos cumplía la primera de esas tres demandas, ese vástago primogénito se llamaría como él y como ella, o sea, Leonardo de la Caridad.

Leonardo de la Caridad nació el 9 de octubre de 1955 y, dos días después, cuando fue trasladado de la clínica a la casa familiar que su padre había construido un año antes, en la cuna comprada para acogerlo estaban dispuestos los andariveles con que solían ser rodeados los recién nacidos de aquella época: matracas sonoras, un oso de peluche, algún muñeco de goma y... una pelota de beisbol.

Once meses más tarde, cuando ya no quedaban dudas de que la Virgen de la Caridad seguía complaciendo a mi padre, pues su primogénito levantaba la cuchara y sonaba las matracas con la mano izquierda, él intentó acelerar el proceso. Fue a una tienda de efectos deportivos y compró un pequeño uniforme de jugador de beisbol con la insignia y el color azul del equipo de sus desvelos, el Club Almendares. Como magnífica constancia de aquel empeño queda una foto, en la que Leonardo de la Caridad, vestido con su uniforme de pelotero, da sus primeros pasos en el jardín de la casa familiar. La suerte estaba echada y, para seguir adelante, siempre se podía contar con la generosa ayuda de la Virgen.

Uno de los recuerdos infantiles indelebles de Leonardo de la Caridad fue su primera visita a un estadio oficial de beisbol. Ocurrió una tarde de domingo y pudo haber sucedido en 1962, cuando tenía seis o siete años. Ya para entonces el niño Leonardo había demostrado que por vía familiar, social, cultural y hasta genética era un fanático absoluto de la práctica del beisbol. Por supuesto, en aquel momento Leonardo de la Caridad no tenía nociones definidas de las muchas cosas que estaban sucediendo a su alrededor y que lo afectaban casi todo, incluido el juego de pelota. Y tampoco sabría que aquella visita al Gran Stadium de La Habana (que, por las muchas cosas que pasaban en la isla, pronto cambiaría su nombre por el de Estadio Latinoamericano), sería la última que su padre haría a aquel santuario de la cultura y la vida cubanas hasta la noche en que el propio Leonardo de la Caridad volviera a llevarlo consigo, veinte, veinticinco años después de aquella tarde mágica e inolvidable.

Para el momento en que mi padre aceptó olvidar sus rencores y volver al Gran Stadium de La Habana, en su país, en su ciudad, en su casa habían ocurrido demasiados sucesos como para no empezar alguna reparación de sus relaciones con el pasado, o por lo menos con su pasión por el beisbol. Había ocurrido incluso que la solícita Virgen de la Caridad del Cobre no había podido terminar la labor que él le encomendara. Pues aunque su primogénito era varón y zurdo —condición privilegiada para los jugadores de beisbol—, y se había convertido en un fanático de aquel deporte, infectado también con el sueño de llegar a ser un gran jugador, el poder de la Virgen no alcanzó para que fuera un buen pelotero. Porque a pesar de que Leonardo de la Caridad se había empeñado horas, días, meses, años en ese esfuerzo, jugando pelota con sus amigos del barrio en los mismos lugares en los que lo había hecho su padre treinta, cuarenta años antes, el destino fatal y tan común se había repetido. El hijo mayor de mi padre lo sabría todo, o casi todo lo que se puede saber, sobre el beisbol, lo disfrutaría y sufriría por él el resto de su vida, pero tendría que aparcar su gran deseo de ser un jugador notable en el sitio oscuro y cálido de los buenos sueños frustrados. Porque ni los empeños de mi padre, ni el ambiente social y cultural más propicio, ni la milagrera Virgen de la Caridad del Cobre consiguieron hacer de mí un buen pelotero.

Segundo «inning»

La Habana de la década de 1860 era un hervidero social, político, económico. La capital de la próspera y rica isla de Cuba concentraba en su territorio y espíritu todas las aspiraciones, posibilidades y sueños de los cubanos. Era La Habana por la que caminó el niño, el adolescente, el joven José Martí, en la que forjó sus indomables anhelos independentistas, a los que dedicaría toda su vida e incluso su muerte, unos años más tarde. Era una Habana en la que ser «criollo» (cubano) o «peninsular» (español) comenzaba a significar un conflicto álgido, la expresión de una pertenencia diferenciadora y, más aún, la decantación por una opción política de ruptura o continuidad respecto a la condición colonial que regía la vida del país.

Aquella Habana de 1860 fue a la que volvieron, luego de unos años de estancia estudiantil norteamericana, un grupo de jóvenes que en Nueva York, Filadelfia y Boston se habían aficionado a la práctica de un nuevo *sport* llamado *base-ball*, que ya arrasaba entre los *yankees* de las grandes urbes del norte. Se trataba de un deporte de reglamento complicado, en el que junto con la destreza física resultaban necesarias la agilidad y la profundidad mentales, y que, a diferencia de otros juegos con pelota en boga por la época o creados con posterioridad, no se planteaba la competencia como una pelea entre dos ejércitos en un campo de combate con el objetivo de tomar la plaza enemiga. El beisbol asumía sus triunfos con una filosofía diferente: el héroe era el jugador que más veces lograba regresar a la casa de donde había salido (el *home*), y el equipo ganador el que, de conjunto, con la colaboración y habilidad de todos sus *sportsmen*, conseguía en más ocasiones ese retorno triunfal. La filosofía racionalista y típicamente decimonónica de aquel concepto, carente de la estructura «militar» de deportes como el fútbol, hacía del *base-ball* una práctica distinta, moderna, inteligente… *chic*.

Pero aquellos primeros jóvenes habaneros aficionados al beisbol tuvieron además una importante motivación para realizar su práctica: aquel deporte, con su ritmo pausado y sus uniformes estrafalarios, considerados incluso lascivos, era la antítesis de las rudas y atrasadas diversiones peninsulares, entre ellas las violentas corridas de toros a las que se mostraban tan aficionados los españoles. Jugar al beisbol, entonces, devino una manera de distinguirse culturalmente, de relacionarse con el mundo desde otra perspectiva, de ser moderno, y muy pronto se convirtió en una expresión del ser cubano.

Fue precisamente durante la década en la que se desarrolló la Guerra Grande por la independencia de Cuba (iniciada en 1868 y terminada en 1878, con un pacto ominoso que pronto fue asumido por muchos cubanos solo como una tregua que dejaba a España al mando) cuando el beisbol consiguió su arraigo germinal y, casi de inmediato, su arrolladora expansión en La Habana y luego en el resto del país. Para llegar a ese punto debieron ocurrir algunos procesos cardinales en la conformación de la cultura y la identidad cubanas, en los que también intervino aquel deporte novedoso. Quizá el más importante de todos fue el hecho de que, mientras aparecían por distintos sitios de La Habana los primeros terrenos donde se podía practicar beisbol y se organizaban los primeros juegos y torneos, una corriente profundamente integradora y hasta cierto punto democrática entró en aquel proceso cuando, para propiciar su vertiginosa expansión geométrica, el deporte que unos años antes habían importado unos jóvenes aristócratas debió convertirse en una actividad popular en la cual comenzaron a participar cubanos de todas las extracciones sociales y... de todos los colores, proceso que ya es muy visible hacia 1880. Además, aquella representación simbólica devino fiesta de confluencia cultural cuando los partidos de beisbol se convirtieron en verbenas populares donde se comía y se bebía, se galanteaba y se conspiraba y, sobre todo, se escuchaba música y se bailaba al ritmo del danzón, esa música creada y ejecutada por negros y mulatos que se convertiría en el baile nacional cubano. Beisbol, música, sociedad, cultura y política coincidieron sobre un terreno deportivo en una de las cristalizaciones más ricas y dinámicas del proceso de definitiva conformación de la cubanía.

Desde entonces y hasta hoy, somos cubanos porque somos peloteros; y somos peloteros porque somos cubanos. Por eso el sueño de mi padre y el mío ha sido el de tantos millones de personas nacidas en esta isla del Caribe a lo largo de estos ciento cincuenta años.

Tercer «inning»

El beisbol, la pelota, es un deporte, pero también es una forma de entender la vida. Y hasta de vivirla. Y en mi caso puedo decir que soy escritor gracias a que no pude ser pelotero. Un buen pelotero.

El barrio de la periferia habanera donde nací, y donde todavía vivo, no tenía ningún terreno con las condiciones necesarias para jugar pelota de acuerdo a los reglamentos: ni las medidas oficiales entre bases, ni cercas perimetrales, o verdaderas almohadillas, ni nada que se le pareciera. Pero, como en otras decenas de barrios de La Habana, los muchachos de mi generación aprendimos a jugar pelota en callejones y terrenos baldíos más o menos propicios, y en ellos sudamos esa necesidad que, cuando se convertía en pasión excesiva, en mi época la llamaban «vicio de pelota». En la esquina de mi casa, en el patio de una escuela, en el descampado de unas canteras cercanas, en un baldío arenoso de la periferia, jugué pelota en cada momento de mi vida en que me fue posible hacerlo. Con trajes improvisados o sin ellos, con guantes o sin ellos, con los bates y las pelotas que aparecieran en los años en los que grandes carencias impedían adquirir esos implementos, mis amigos y yo nos dedicamos a jugar y soñar con el beisbol.

En mi caso el «vicio de pelota» adquirió proporciones de verdadera adicción: además de jugarla, la vivía. En mis libretas escolares dibujaba terrenos de beisbol e imaginaba partidos. Cuando corría por la calle soñaba que lo hacía en un estadio, y recorría el cuadro porque había conectado un decisivo jonrón. Recortaba fotos de los peloteros cubanos de esa época y las pegaba en una libreta que, espero, todavía ande entre mis papeles viejos. Veía los partidos que se transmitían en la televisión y fui haciéndome fanático de un club y de algunos jugadores que se convirtieron en los más grandes y mejores ídolos que jamás he tenido y tendré. Vivía rodeado de beisbol, dentro de él, porque el barrio, la ciudad, el país eran un enorme terreno en el cual se desarrollaba un juego eterno. Y la vida, una pelota de beisbol.

Si debo a mi padre la inoculación de esa avasallante pasión cubana, es a mi tío Min, como todos le decíamos, a quien agradezco muchos de mis mejores recuerdos relacionados con el juego. Porque, a diferencia de mi padre, que siempre fue un trabajador disciplinado y compulsivo, el tío Min era un parrandero capaz de dejarlo todo por asistir a un partido en cualquiera de los parques que entonces poblaban la ciudad. Casi todos los domingos, por varios años, asistí con él y sus compinches de farras a los juegos del Estadio Latinoamericano. Pero muchas mañanas y tardes monté en su desvencijado pisicorre (*pick-up*), con otros fanáticos como él, para ver juegos de categorías inferiores en estadios de barrio en diferentes partes de La Habana.

Cuando tenía diez, doce años, practiqué de manera más organizada el juego y aprendí muchos de sus muchos secretos y el mayor de sus misterios: el beisbol es un deporte estratégico en el cual, cuando parece que no está ocurriendo nada, puede estar sucediendo lo más importante. Mi padre, que tenía amistad con Fermín Guerra, una gran estrella cubana de los años cincuenta, consiguió que el maestro, ya retirado, me aceptara en su pequeña academia en los terrenos del campo deportivo Ciro Frías, a unos pocos kilómetros de mi casa. Más tarde, cuando andaba por los quince años, integré un equipo que celebraba partidos los sábados en la tarde y los domingos en la mañana en los terrenos de la Ciudad Deportiva de La Habana y de la fábrica de chocolates La Estrella, y seguí aprendiendo, compitiendo y soñando con la gloria.

Dos, tres años después, cuando descubrí que nunca sería un lanzador veloz ni un bateador poderoso y debí reconocer que el beisbol de élite no era una categoría a la que yo pudiera acceder, decidí de manera muy racional que, si no iba a ser jugador, entonces sería comentarista deportivo. Lo importante era estar cerca. Pero aquel sueño también se truncó pues, aun cuando tenía las altas calificaciones requeridas, al terminar mis estudios preuniversitarios me informaron que ese año no habría matrículas en la Escuela de Periodismo de la Universidad, ya que alguien había considerado que en el país existían suficientes periodistas. Con mis ilusiones perdidas, fui a dar a la Escuela de Letras de la Universidad de La Habana, donde me esperaba el que iba a ser mi destino no soñado, aunque ahora creo que estaba escrito en mis cromosomas. Porque fue allí, al comprobar que otros compañeros de estudio escribían cuentos y poemas, donde mi latente espíritu competitivo de pelotero me empujó en esa dirección: si otros escribían, ¿por qué yo no iba a hacerlo? Así, por puro espíritu competitivo, comencé a escribir y entré en el camino definitivo de lo que ha sido mi vida: la de un pelotero frustrado devenido escritor.

Cuarto «inning»

Un fenómeno de identidad que se consuma en forma espectacular necesariamente crea mitos y leyendas, marca espacios y épocas. La historia del beisbol y La Habana está plagada de ellos.

Desde los tiempos finiseculares del siglo xix, los jóvenes ilustrados habaneros como el poeta Julián del Casal, una de las grandes voces del modernismo poético, escribieron crónicas y comentarios en los que se reflejaba la presencia del beisbol y sus estrellas en la vida cotidiana, deportiva y cultural habanera. En uno de los sitios emblemáticos de reunión de la juventud capitalina de entonces, la llamada Acera del Louvre, por el café allí instalado, confluían escritores, diletantes, independentistas y jóvenes que, además de todo ello, eran practicantes o amantes del beisbol, y lo asumían conscientemente como una expresión de pertenencia y una bandera de nacionalismo. Y comenzaron a fundarse los primeros mitos en el cielo de las estrellas del beisbol cubano.

Así, desde finales del siglo xix y a lo largo de todo el xx, la mitología popular cubana se vio adornada por nombres de jugadores blancos, negros y mulatos, como los de Emilio Sabourín, el pelotero mártir de la independencia; Carlos Maciá, la primera gran estrella de ese deporte; Martín Dihigo, llamado el Inmortal; Alejandro «el Caballero» Oms; José de la Caridad Méndez, coronado como el Diamante Negro; Orestes Miñoso, apodado el Cometa Cubano; Manuel Alarcón, alias el Cobrero; Omar Linares, conocido como el Niño; Orlando Hernández, nombrado el Duque, como su padre Arnaldo, entre otros muchos. Aunque sin duda el más mítico de todos los grandes jugadores que ha dado Cuba fue Adolfo Luque, para quien no bastó un apodo y hubo que regalarle tres, uno en Cuba y dos en Estados Unidos: Papá Montero, en su país, y el Habano Perfecto y el Orgullo de La Habana, en las tierras del norte.

Las andanzas y hazañas de Adolfo Luque llenan medio siglo de historia pelotera cubana y cumplen un importante cometido: el de una reafirmación nacionalista en un periodo de profunda frustración nacional, luego de la independencia al fin conseguida pero también mediatizada por una intervención norteamericana, y una onerosa enmienda en la nueva Constitución que nos colocaba en un estatus neocolonial. Por eso Luque generó tantas anécdotas dentro y fuera de los terrenos de juego, dentro y fuera de Cuba, y, de muchas formas, su personalidad y su impronta deportiva sintetizaron el carácter y la cualidad de ser cubano dentro y fuera de la isla.

Su carrera como jugador, en las décadas de 1910 y 1920, se desarrolló en la Liga Profesional Cubana y en las Grandes Ligas norteamericanas, donde fue uno de los primeros latinos en ingresar y en triunfar, para demostrar que nosotros, los cubanos, también podíamos. En La Habana lanzó fundamentalmente para el mítico club Almendares, aunque también prestó sus servicios como *pitcher* al equipo Habana, el archirrival de los primeros. En las ligas mayores de Estados Unidos jugó sobre todo para los Rojos de Cincinnati, con los que tuvo una temporada de veintisiete victorias y ocho derrotas, toda una hazaña. Luego, como director de equipos, entre las décadas de 1930 y 1950 trabajó en Estados Unidos, Cuba y México. Y, por dondequiera que pasó, dejó sus huellas de habanero de raza.

Parece que la principal característica de Luque como persona y como jugador de beisbol era un carácter que iba de la irascibilidad al espíritu fiestero sin que mediaran estaciones. Bebedor de ron y cerveza, bailador, fumador de puros (a los que aludían sus apodos norteños, inspirados en dos marcas de tabaco muy conocidas en la época), resumió en sí mismo una idiosincrasia nacional y una época: ser impulsivo, agresivo, impredecible, era parte de su cubanía, así como la desproporción que lo acompañaba en todos sus actos. A pesar de ser blanco, su apodo de Papá Montero le fue tributado por el parecido de su personalidad con la de un célebre negro ñáñigo (miembro de una secta religiosa afrocubana), conocido por sus aptitudes para el baile de la rumba («canalla y rumbero») y su afición a las peleas de gallos, las mujeres, la bebida y, por lógica inevitable, las trifulcas.

La cúspide de la fama pelotera de Papá Montero o el Orgullo de La Habana parece que llegó en 1923, durante aquella campaña en que ganó veintisiete partidos, y gracias a la cual, a su regreso a la isla, se le esperó con un desfile multitudinario que recorrió las calles de la capital y llegó hasta el más importante terreno de la época, el Almendares Park, donde lo esperaba un automóvil nuevo, comprado para él por el pueblo de La Habana. En la comitiva, según he leído, iba una orquesta danzonera, interpretando «¡Arriba, Luque!», un número compuesto por Armando Valdés Torres en su honor.

Quinto «inning»

Los mitos vivientes y pasados del beisbol cubano tuvieron un necesario soporte y una lógica influencia en la vida práctica, en la visualidad e incluso en el léxico del habanero. Sin duda, los terrenos de pelota (también conocidos como «diamantes») fueron centro de una intensa actividad deportiva y social y han sido considerados santuarios. Tres grandes «catedrales del beisbol» ha tenido La Habana: el Almendares Park, fundado en el siglo xix; el estadio de La Tropical, célebre por las décadas de 1930 y 1940, y el Gran Stadium de La Habana, abierto en 1948, luego rebautizado Estadio Latinoamericano, todavía activo en el barrio popular de El Cerro. En ellos, varias generaciones de cubanos han vivido experiencias iniciáticas parecidas a la mía y momentos de júbilo o dolor que han marcado sus memorias.

Pero el resto de la ciudad también fue invadido por el beisbol durante décadas: fotos de jugadores y equipos, banderolas, colores, uniformes hicieron habitual la presencia de la pelota y sus ídolos en las casas, calles y lugares públicos de la ciudad. Circularon almanaques, vasos, platos, abanicos, los más disímiles objetos asociados a las insignias de los equipos más conocidos: el alacrán del Almendares, el león de La Habana, el tigre de Marianao y el elefante del club Cienfuegos. En cada barrio había al menos un terreno con las condiciones mínimas para la práctica del juego.

Al mismo tiempo, el lenguaje de la gente se llenó de frases y situaciones extraídas del beisbol: ser cogido «fuera de base» es ser sorprendido en algo incorrecto; «estar en tres y dos» es la expresión de una enorme duda; «estar *wild*», andar errado… Mientras, la música popular hizo de este deporte tema de muchas composiciones, se crearon marcas de tabacos con referencias beisboleras y vestir una camisa de pelotero empezó a ser un hecho común.

Creo que ninguna otra actividad social y popular —quizá con excepción de la música— ha tenido mayor trascendencia en la vida cultural y práctica cubana, en la conformación de la identidad y en la educación sentimental de tanta gente nacida en esta isla del Caribe.

Sexto «inning»

Durante veinte años mi padre, tan amante del beisbol, vivió de espaldas a su desarrollo en Cuba. Su reacción había sido visceral: con la revolucionaria eliminación del profesionalismo deportivo en la isla, en 1960, desapareció la antigua liga invernal cubana y sus equipos más representativos, entre ellos el club Almendares, del que mi padre era fanático absoluto.

Aún hoy me cuesta trabajo asimilar la profundidad de la frustración que significó para él ver cómo se esfumaba el equipo al que se había sentido ligado durante toda su vida. Pero lo puedo empezar a entender a partir de una comprobación que pudiera llamar ontológica: un hombre puede cambiar de identidad, de ciudadanía, de filiación política, de mujer…, pero difícilmente de fanatismo por un equipo deportivo. Y mi padre, que había perdido a su equipo, solo pudo hacer ese tránsito al cabo de veinte años a lo largo de los cuales vivió sin ver ni querer saber del beisbol que se practicaba en Cuba.

También fue un fenómeno curioso lo que ocurrió a partir de 1961, cuando se instituyeron las llamadas Series Nacionales de Beisbol Amateur en el país y se fundaron nuevos equipos (aunque uno de ellos siguió llamándose Habana, como la ciudad y la provincia). Con muy pocos traumas, la gente se aficionó a las nuevas banderas, a jugadores hasta entonces casi desconocidos, y les dio su favor y fervor. La explicación posible, la única que me convence, no es de carácter político, social o deportivo, sino de origen identitario y existencial: los cubanos no pueden —o no podían— vivir sin aquel deporte que era suyo, a través del cual pensaban y se expresaban, por el cual existían y recordaban.

La historia del beisbol que se comenzó a jugar en Cuba a partir de 1961 es indudablemente gloriosa y se entroncó perfectamente con una robusta tradición a pesar de que, políticamente, se la presentó como una ruptura y superación del pasado, pues se habló del «triunfo de la pelota libre (amateur) sobre la esclava (profesional)». Ese nuevo beisbol, como no podía dejar de ocurrir, atrajo la atención del país, creó nuevas fanaticadas, generó el nacimiento de otros ídolos y llenó el espacio vital que los cubanos siempre le habían dedicado a aquel deporte.

Veinte años después de aquel cambio radical, más en apariencia que en esencia, cuando ya había terminado para mí el sueño de ser una estrella del beisbol y escribía mis primeros cuentos, convencí a mi padre de que fuera una noche conmigo al Estadio Latinoamericano a ver un partido del equipo del cual yo me había hecho fanático en mi niñez: los Industriales de La Habana. Y mi padre cayó en la trampa de la que había huido durante dos décadas porque el solo hecho de entrar en un gran estadio de beisbol, ver las luces que iluminan la grama rojiza y la hierba verde del «diamante», respirar el olor a tierra y gloria, ver los uniformes coloridos de los jugadores y sentir las pulsiones de una pasión nacional, son capaces de derrotar hasta los más enconados rencores. Por eso, en algún momento previo al inicio del partido, mientras los jugadores hacían su calentamiento y la atmósfera se iba cargando de esa magia pegajosa del beisbol, mi padre me preguntó cuál era el equipo que vestía de azul, como el Almendares, y yo le dije que los Industriales de La Habana; entonces él me preguntó cuál era mi *team*, y yo le confié que esos mismos Industriales. Más tarde, mientras avanzaba el juego, mi padre me dijo que él también era de los Industriales. Y a partir de ese día lo fue hasta su muerte, con la misma pasión, con igual sentido de pertenencia y capacidad de goce y sufrimiento con que había sido almendarista durante los primeros treinta y tres años de su vida.

SÉPTIMO «INNING» (EL «INNING» DE LA SUERTE)

Aunque no pude ser una estrella en los terrenos de pelota, y ni siquiera pude trabajar como cronista deportivo especializado en el beisbol, mi pasión por ese deporte enmarañado y demasiado cerebral nunca desapareció (ni ha desaparecido). Jamás me curé del «vicio de pelota».

Una de las manifestaciones más amables de esa enfermedad tiene que ver con el atractivo que para personas como yo, nacidas y educadas en la cultura del beisbol, posee cualquier juego de pelota. Es algo más fuerte que la voluntad. Por eso, con frecuencia, mientras camino por alguna calle de La Habana y descubro a un grupo de muchachos jugando pelota, me detengo a ver al menos el desenlace de la situación en marcha. Como si fuera importante. Y es importante.

Mi gran momento como pelotero y comentarista deportivo frustrado por partida doble lo disfruté durante los años de la década de 1980 luego de que, por avatares de la vida, fuera sacado de una revista cultural y, como castigo, enviado a trabajar en el periódico vespertino *Juventud Rebelde*. Y allí debí hacerme periodista... haciendo periodismo. Tuve la fortuna de que, precisamente por no ser un profesional de la prensa, mi trabajo se destacara entre el de mis colegas por su estilo heterodoxo y literario y muy pronto disfruté un raro privilegio: yo podía escribir de lo que quería, como quería y cuanto quería. Y fue aprovechándome de esa condición que le propuse al colega Raúl Arce, el cronista oficial de beisbol del diario, el proyecto de entrevistar a un grupo de viejos jugadores de pelota, los mismos que, veinte, treinta años antes, habían sido nuestros ídolos.

Fue así que pude cumplir un sueño pospuesto: durante dos años, en cada ocasión propicia, nos citábamos con alguno de aquellos veteranos que tantos momentos de alegría nos habían regalado. Conocerlos, entenderlos, hacer que la gente los recordara en sus grandezas y fracasos, en su humanidad, fue un privilegio del que todavía me siento deudor, pues con ellos, gracias a ellos, entendí muchas cosas de esa dramática y profunda relación de los cubanos con el juego de pelota. Sus historias personales y relacionadas al beisbol, con las peculiaridades propias de su época y su contexto social y familiar, habían sido muy parecidas a la mía: la de un vicio, la de una pasión superior.

Aquellas entrevistas publicadas en el periódico las recogimos luego en un libro que titulamos *El alma en el terreno*, que se publicó por primera vez en 1989 y que todavía hoy, en tiempos menos propicios para la industria editorial y el beisbol cubanos, se sigue reeditando y leyendo.

Octavo «inning»

Después de aquel uniforme de pelotero del Almendares que me compró mi padre antes de que yo cumpliera un año, no volví a tener un traje completo hasta 1968, cuando mi tío Min emigró hacia Estados Unidos y me regaló el que él solía usar. Aquella revolucionaria década de 1960, en la que cambió hasta el carácter de la pelota en la isla, fue de tales carencias que se hizo imposible conseguir incluso un traje de pelotero.

Recuerdo como si fuera hoy el orgullo con que salí de mi casa cuando me enfundé aquel uniforme de mi tío Min. Antes, mi madre había tenido que someterlo a una reforma general para que encajara en mi talla de trece años y, en el proceso, le pedí que cambiara el número veintidós que originalmente tenía en la espalda por un número tres, el que usaba Pedro Chávez, el pelotero de los Industriales que fue mi primer gran ídolo deportivo. Y aunque las letras, las medias y la gorra eran rojas y no azules, el muchacho que aquel día salió a jugar a la pelota, vestido con su flamante uniforme, debió de ser el más feliz de toda La Habana.

Desde entonces han pasado casi cincuenta años y, como dijera Martí, un águila por el mar. Más de un águila, en realidad. Mi recuerdo sigue intacto pero mis ojos no me ven en la ciudad, no me encuentran en las calles ni en un terreno improvisado del barrio vistiendo aquel traje: porque nadie, casi nadie, ahora anda con un uniforme de pelotero por las calles de La Habana. Veo, en cambio, decenas de jóvenes que caminan por la ciudad (y por todas las ciudades y campos de Cuba) con camisetas de Cristiano Ronaldo y del Real Madrid, de Messi y del Barcelona, de Müller y del Bayern de Munich. ¿Qué ha ocurrido? ¿Me han cambiado la ciudad y el país y, con ellos, las pasiones de sus moradores? ¿Cómo ha sido posible que donde por décadas todos jugaban pelota, hablaban de pelota, vivían por la pelota, ahora jueguen fútbol y sueñen con los equipos de la liga española, la inglesa y la alemana? ¿Se trata solo de un cambio generacional, de paradigmas, o es algo más profundo?

El beisbol cubano vive hoy su más profunda crisis. En todos los sentidos. La llegada de los años duros de la década de 1990, cuando faltó de todo y el país casi se paralizó, cambió profundamente a la sociedad cubana, para bien y para mal, o para ninguna de las dos cosas; tan solo la cambió y, con la sociedad, se alteró una de las expresiones fundamentales que la han acompañado por décadas: el beisbol. En los últimos años, por motivos económicos, se produjo una indetenible sangría de jugadores cubanos de todos los niveles y edades que salen del país por los más diversos caminos, buscando un destino y un contrato en el beisbol profesional, preferiblemente el norteamericano. La mística capaz de permitir por tres décadas que los jugadores cubanos optaran por la «pelota libre» antes que por la «pelota esclava», que preservó un alto nivel competitivo en los campeonatos nacionales y una fama de imbatibilidad en los torneos internacionales, ya no existe. El pragmatismo económico se ha impuesto a la cercanía física y la propaganda ideológica, y así centenares de peloteros cubanos han dejado la isla en busca de su realización deportiva y mercantil.

De manera paralela, y creo que sibilina, los medios oficiales cubanos, donde por cincuenta años no se trasmitió un partido de las Grandes Ligas norteamericanas, comenzaron a dar un mayor espacio a la programación de fútbol profesional, sobre todo europeo, y así se crearon aficiones, dependencias, aspiraciones que antes capitalizaba el beisbol. ¿Por qué preferir el fútbol profesional sobre el beisbol profesional, si ambos tienen el mismo carácter económico? Porque si los cubanos se apasionan por el fútbol, no pasa nada: es una fiebre sin mayores complicaciones. En cambio, si conocen a fondo otro beisbol, en el que incluso brillan algunos de sus compatriotas emigrados, los resultados políticos, sociales y deportivos son diferentes.

Pero aun cuando no existe la posibilidad de ver demasiado beisbol profesional (desde hace dos, tres años se transmiten un par de juegos editados a la semana, mejor si en ellos no participan peloteros cubanos), el resultado es el mismo: los jugadores que pueden y quieren siguen emigrando. Para ese proceso no existe vuelta atrás.

Lo que está ocurriendo en Cuba, lo que veo y, sobre todo, lo que no veo en las calles de La Habana no es un simple fenómeno de moda o de preferencia deportiva: es un trauma cultural e identitario de impredecibles consecuencias para el ser cubano. En los callejones y baldíos de La Habana los niños juegan al fútbol y no a la pelota, sueñan con ser como Cristiano Ronaldo y Lionel Messi, sufren por el Real Madrid o el Barça. ¿Podrá llegar el punto en que los cubanos dejemos de ser peloteros y nos volvamos futbolistas? Todo puede pasar, según afirma la dialéctica. Pero, si ocurre, implicará demasiadas pérdidas, porque sin la pasión, sin el vicio de la pelota, la cubanía estaría renunciando a una de sus marcas esenciales, definitorias.

NOVENO «INNING»

La historia de La Habana y de los habaneros no podría ser la misma sin la presencia sostenida del beisbol durante siglo y medio. El orgullo habanero está intrínsecamente ligado a la práctica de ese deporte. En las catedrales del beisbol cubano, las ya vencidas y las todavía existentes, retumban los gritos de los fanáticos que vieron, entre tantas cosas memorables, el arte de lanzar a Adolfo Luque, los recitales de pitcheo de Conrado Marrero, los batazos descomunales de Orestes Miñoso, el jonrón decisivo de la serie de 1986 de Agustín Marquetti y tantas, tantas hazañas indelebles que colman nuestra memoria vivida y nuestra memoria adquirida.

La cultura y la historia de la ciudad están hechas también con juegos de pelota, con jugadores de pelota, con la pasión nacional por la pelota. Y ahora, ¿se ha acabado el juego? Espero que no. Porque duele mucho perder un orgullo, no tener un buen sueño.

Mantilla, La Habana, julio de 2016

La película personal

Tribulaciones de *Los buenos demonios*

VLADIMIR CRUZ

Los guajiros de las montañas del Escambray, en el centro geográfico de Cuba, pero absolutamente en la periferia de la actividad cultural del país, conocieron el cine antes que el teatro.

Poco después del triunfo revolucionario de 1959, llegaron los camiones del cine móvil enviados por el recién constituido Instituto Cubano del Arte e Industria Cinematográficos (ICAIC), y después del susto y la fascinación iniciales, el cine se fue convirtiendo para ellos en algo habitual.

El teatro llegó casi una década después. Les recordaba un poco al cine, aunque esta vez lo que venía en el camión no eran un proyector y latas de película, sino los propios artistas, a los que veían preparar el escenario, montar las luces, comer y, cuando oscurecía, presentar su función. Es decir, que, a diferencia de las etéreas figuras proyectadas por el haz de luz en la pantalla, veían personas, en toda su humanidad, y tal vez por eso comenzaron a llamar al teatro «la película personal».

Hay que decir que en ese momento la capacidad de adaptación de los campesinos del Escambray, un sector de la sociedad bastante tradicional y nada dado a los cambios bruscos, estaba más floreciente que el romerillo. En muy poco tiempo habían pasado por aquellas montañas los rebeldes de la columna del Che; los que se alzaron contra la triunfante revolución, llamados «bandidos», y los milicianos, en lucha contra esos bandidos. Y en cada una de esas etapas los propios campesinos participaron activamente. En el mismo periodo de tiempo pasaron de la reforma agraria, que les entregó las tierras, a las cooperativas, que les pidieron que las integraran en una estructura colectiva. El proceso no fue fácil y convulsionó toda la zona, sobre todo la LCB, o Lucha Contra Bandidos, de enorme importancia para la consolidación y establecimiento del gobierno revolucionario, que obligó a cada familia a tomar partido, a veces con gran desgarramiento al tener un hijo en cada bando, y hasta hubo alguno que, confundido, quiso unirse a una tropa de alzados que aparecía en una obra de teatro.

Eran tiempos revolucionarios, y tal vez la ficción vino a ayudarlos a comprender los límites de la realidad, siempre tan imprecisos en Cuba, y a facilitarles la adaptación a una nueva época.

Sin embargo, no creo que ninguno imaginara, o tuviera tiempo para detenerse a pensar, que detrás de los personajes que aparecían en la pantalla, bien maquillados e iluminados, y apoyados por toda la maquinaria mágica del cine, había seres humanos tan reales como los que bajaban del camión a representar las obras de teatro, que también trabajaban y comían, y a veces se emborrachaban, como ellos mismos, y mucho menos que las distantes vidas de esa gente, sus angustias y miserias, no solo de los actores, sino de todas las personas que trabajan en un equipo de cine, forman parte de la película e influyen, y a veces determinan, en su resultado.

Que cada uno tiene su vida real detrás de esas vidas imaginarias, y su propia película detrás de la que llegaba hasta ellos.

La mía comenzó una madrugada de febrero de 1993.

Llegué a la terminal de ómnibus de La Habana, que estaba cerrada a esas horas. Desde hacía algún tiempo las terminales cerraban después de media noche, porque ya no salían más guaguas hasta el día siguiente debido a la escasez de combustible. Me dirigí a la parte trasera, donde se apiñaban viajeros sin suerte, y toda la fauna que antes, cuando la terminal permanecía abierta, solía pasar la noche disimulada en los salones de espera. Había no pocos mendigos, que ya empezaban a verse por La Habana cada vez con mayor frecuencia. El lugar estaba abarrotado, o al menos lo estaban los mejores rincones para pasar la noche, por lo que, agradeciendo la suerte de encontrar un pedazo de cartón, ocupé el único sitio disponible, bajo una bombilla incandescente. Intenté dormir, pero fue casi imposible, no solo por la incomodidad del lugar, sino también por mi excitación ante los acontecimientos de los últimos días.

Había llegado a La Habana hacía unas dos horas, en una guagua procedente de Cienfuegos, ciudad del centro sur, donde trabajaba en un pequeño grupo de teatro experimental. Apenas llegar me dirigí a casa de mi amiga Susy Monet, actriz y excompañera de trabajo en el Grupo Teatro Escambray. Fue este grupo el que llevó el teatro a las montañas en 1968, adquiriendo su nombre, y en el que comencé mi vida profesional veinte años después.

Aunque ya no trabajaba con Susy y nos veíamos poco, seguíamos siendo grandes amigos. Le había mandado un telegrama anunciándole mi llegada: «Voy a hacer una película y necesito quedarme en tu casa, porque la producción no puede conseguirme hotel hasta dentro de unos días».

Ella no tenía teléfono, y en esa época ni soñábamos con el correo electrónico, así que recurrí al método tradicional del telegrama, que funcionaba bastante bien, con la dificultad de que nunca sabías si el destinatario lo había recibido o no. Susy no lo había recibido y encontré la casa cerrada. No tenía nadie más a quien acudir a esas horas, así que regresé a la terminal a pasar la noche.

Como no podía dormir saqué el guion que tenía en la mochila y empecé a leer: «Secuencia 1. La Habana. Exterior. Día. Free Cinema: Calles de La Habana, ciudad donde el macho es rey…». La patada de un borracho que pernoctaba a mi lado, y su gruñido agresivo ante mi protesta, me convencieron de que la primera línea del guion era acertada, y de lo inútil que iban a resultar mis intentos de concentrarme en la lectura. Por otro lado, la luz de la bombilla, semejante a la de una celda de tortura, era excelente para no dejarme dormir pero pésima para permitirme leer… y el guion ya casi lo sabía de memoria. Decidí usarlo para un fin más práctico y me cubrí la cara con él. Recordé la reunión que había tenido hacía pocos días con los compañeros de mi grupo de teatro. Había sido anunciada por el director del grupo como una consulta sencilla, de unos quince minutos, después de la jornada laboral, pero sería una de las más importantes de mi vida, aunque en ese momento no podía saberlo.

Mi grupo era uno de esos pequeños «proyectos» en los que se dinamitó a finales de los años ochenta y principios de los noventa la práctica teatral cubana, hasta ese momento apoyada en compañías estables. Los proyectos se basaban en el entrenamiento, las improvisaciones, la dramaturgia del actor y una serie de ideas llegadas sobre todo con los libros de Eugenio Barba. Las teorías del gran director e investigador italiano, creador del concepto de «antropología teatral» y considerado el último gran revolucionario del teatro en Occidente, habían sido acogidas con entusiasmo entre nosotros, y vivíamos en y para el teatro. En ese momento llevábamos casi un año preparando un espectáculo, siguiendo un proceso en que el trabajo de un actor era tan personal que no podía ser sustituido por otro. Si alguien salía del proyecto, todo el grupo se veía obligado a empezar casi de cero. El día de la reunión nos sentamos todos en el suelo, y el director les dijo a mis compañeros que yo les iba a comunicar una circunstancia sobre la que teníamos que tomar una decisión inmediata. Les dije que la cosa era muy simple: me había llamado para protagonizar su próxima película el mejor director del cine cubano, que tenía en sus manos un guion extraordinario, y que yo pensaba que debía ir, aunque eso afectara a nuestro trabajo como grupo, porque, por muy mal que lo hiciera, significaría para mí entrar en la historia de nuestro cine. Dije también que de todos modos estaba dispuesto a atenerme a la decisión colectiva. Lo dije con toda sinceridad. El director solo dijo: «Todos saben lo que eso significa, solo quiero que cada uno diga qué haría si fuera yo y qué haría si fuera él». Todos dijeron que si fueran yo irían a hacer la película y que si fueran él permitirían que fuera.

Todavía sigo pensando que, si mis compañeros hubieran dicho que no, habría rechazado el proyecto y renunciado posiblemente a mi carrera en el cine. No hubiera sido extraño porque, según mis amigos, he hecho todo lo posible por fastidiar mi carrera, ya desde el principio, desde la decisión inicial de ser el único de mis compañeros de graduación en irme a trabajar a un grupo de teatro en las montañas, mientras todos los demás se quedaban en La Habana intentando abrirse camino en el cine y la televisión. Incluso muchos años después, cuando sentí la necesidad de diversificar mi trabajo en el cine, no se me ocurrió otra cosa que ponerme a escribir guiones, con toda probabilidad el trabajo más arduo e ingrato de la industria. Creo que tengo una fatal inclinación a elegir siempre el camino más largo. Debe de ser un trauma adquirido durante mis años de estudio, porque mi profesora de actuación, graduada en Moscú, nos insistió tanto en que el proceso era más importante que el resultado, que creo que nos graduamos sin aprender a llegar a él.

Al terminar la academia, abrumado por tanta acumulación teórica, sentí que no podía sentarme a esperar que el cine o la televisión me dieran una oportunidad; quise llevar inmediatamente a la práctica todo lo aprendido, para reaprenderlo o aprehenderlo. Y el teatro me pareció el lugar adecuado para poner los pies en el suelo. Por eso me fui a las montañas.

De modo que había querido llegar a la capital con los pies en el suelo, y allí estaba, en efecto, pero no con los pies, sino con la espalda en el suelo de la capital. Más exactamente en el suelo de la terminal de ómnibus de la capital.

Dormí algo y abrí los ojos cuando amanecía. Me levanté, me lavé la cara en un ínfimo chorrito de agua que goteaba en el destartalado y oloroso baño de la terminal recién abierta, y sin desayunar me dirigí al ICAIC.

Al llegar a la puerta de la oficina de producción, en la esquina de las calles 19 y 6, en El Vedado, me recibió la jefa de casting de la película. Me miró de arriba abajo, con una cara que pasó de la incredulidad al estupor. Mi aspecto era lamentable: vestía un pantalón rojo y raído, una camiseta de rayas de la misma calaña, el pelo rizado y quemado por el sol me llegaba casi a los hombros, y estaba tan delgado que los ojos y la boca me ocupaban toda la cara.

La jefa de casting no podía creer que la persona con aquella apariencia fuera la misma con la que había hablado varias veces por teléfono durante la semana, y quien interpretaría al personaje que todos tenían en la cabeza con una imagen bien distinta. Se aseguró de que yo era yo pidiéndome el carnet de identidad, y luego me dijo que esperara en la puerta. Después supe que había ido a ver al director y le había dicho que estaba completamente loco. El director, sin inmutarse, le dijo que me hiciera pasar. Entré y me vi frente a Tomás Gutiérrez Alea, que me dio de manera afable la bienvenida. Así empezaron mi primer día de trabajo en *Fresa y chocolate* y mi carrera en el cine.

Tenía veintisiete años, cinco de experiencia en el teatro profesional y unos doscientos pesos cubanos en el bolsillo, lo que al cambio real, es decir, al del mercado negro, eran unos dos dólares. Claro que los tenía en pesos y no en dólares, porque en ese momento previo a la legalización del dólar en Cuba, por tener esa cantidad podría haber ido a la cárcel.

Hay que decir que, aunque a efectos prácticos tal vez lo pareciera, yo no era alguien miserable, marginal, ni cercano a la ilegalidad, sino un flamante graduado universitario, que trabajaba todos los días en la profesión que había elegido, y con el salario máximo que se podía recibir en ella. Tan alto o incluso más que el de muchos profesionales. Pero era, como dije, 1993, el momento más negro del Periodo Especial.

La jefa de casting no me conocía porque el proceso de selección de los actores principales, extremadamente extenso y complejo, lo había dirigido Tomás Gutiérrez Alea (Titón) en persona. Era un hombre de una sensibilidad excepcional, y más que probar a los actores probaba su propia capacidad de comunicación con ellos. Por eso terminó escogiendo protagonistas de características del todo distintas a la idea inicial. Todos los actores de Cuba sabían que los personajes principales de la película eran un estudiante universitario y un homosexual un par de generaciones mayor que este, y que por lo tanto Titón buscaba un actor de veinte años y otro sobre los cuarenta. Yo me había presentado a una audición dos meses antes, aspirando al personaje de David, el joven estudiante, y en ella Titón me había dicho que le parecía que encajaba muy bien en el papel, pero que estaba pasado de edad. Tenía en ese momento, como he dicho, veintisiete años.

Cada uno de los personajes presentaba grandes retos a la hora de escoger al actor, y el de David era la juventud. Se necesitaba un intérprete muy joven, pero con la experiencia y la formación suficientes como para soportar la presión de llevar la película sobre sus hombros. Sin embargo, a pesar de esas dificultades, el primer actor que escogió Titón fue para el personaje de David: un muchacho de veinte años, aún estudiante, bien parecido y bien «comido», semejante al *David* de Miguel Ángel. El equipo respiró aliviado y se acostumbró fácilmente a su imagen para el David de la película. Pero al comenzar los ensayos las cosas no salieron muy bien, y Titón pidió a gritos que me llamaran a mí. Me salvó ese proceso de ensayos durante el cual quedaron reveladas a tiempo las carencias del joven actor. Si hubieran ido directo al rodaje, habría sido mucho más difícil detener la película para cambiarlo por mí.

Este proceso de ensayos, en algunos casos muy intenso, es una de las particularidades de la forma que tenemos de trabajar en Cuba. En otros lugares, al menos según mi experiencia, no se le da la misma importancia, o apenas existe. Recuerdo que en una ocasión, cuando filmábamos *Che, el argentino*, escuché comentar a Steven Soderbergh, su director, que un día, durante un rodaje, Al Pacino le había consultado una duda. Lo decía como algo excepcional, porque en Hollywood es excepcional, pero para nosotros es básico tener dudas. Siempre hemos tenido que rodar en muy pocas tomas debido a la falta de dinero, sobre todo en la época en la que rodábamos en celuloide; el material virgen era extremadamente caro, y por lo tanto la intensa comunicación y preparación entre el director y los actores era imprescindible para llegar al set con todo lo que se pudiera ya adelantado. Tal vez es una manera artesanal de trabajar, surgida de la necesidad, pero nos ha dado buenos resultados, sobre todo en relación con el trabajo de los actores.

Recuerdo haber leído en aquella época, en alguna revista, que

De Niro se «calentaba» después de la toma 23. Las grandes producciones americanas no tienen nuestros problemas, pero nosotros hemos tenido que filmar siempre, incluso *Fresa y chocolate*, que fue nominada al Óscar, en dos o tres tomas por plano. Los actores cubanos, y en eso sí que el país ayuda, tenemos que llegar «calientes» al set.

Veintitantos años y veintitantas películas después, a finales de junio de 2016, llego a La Habana procedente de Madrid para iniciar el rodaje de *Los buenos demonios*, una película que será dirigida por Gerardo Chijona, mi amigo y único director cubano con el que he filmado últimamente. Durante los últimos quince años he trabajado sobre todo en el extranjero, aunque hubiera querido seguir haciéndolo en mi país para hablar de los problemas que realmente me importan y dirigirme a mi público natural. Pero no han podido concretarse proyectos con otros directores cubanos, a los que también admiro y respeto. Las razones no las sé con certeza. A veces siento que, por el hecho de trabajar fuera, hay una sutil desconexión, y en el peor de los casos cierto ajuste de cuentas —aunque esto es muy subjetivo— con y de parte de los que trabajan todo el tiempo en Cuba.

Pero tal vez una de las claves esté en la manera en que el propio Chijona se acercó a mí para que participara en su película anterior, *La cosa humana*, rodada en 2014, nuestra segunda película juntos después de *Un paraíso bajo los estrellas*, hecha quince años antes.

Aunque después de esa primera experiencia nos hicimos amigos, cuando pensó en mí para un personaje en *La cosa humana* me envió mensajes para concertar una reunión con la jefa de casting, la misma de *Fresa y chocolate*, de la que también soy amigo desde hace años. Lo llamé para preguntarle por qué no hablábamos entre nosotros, ya que teníamos la confianza para hacerlo, y me respondió que primero necesitaba saber cuánto quería cobrar, porque el presupuesto era bajo y no podía permitirse pagar un caché alto.

Ese es, quizá, el motivo por el cual no he podido filmar con otros directores cubanos: la gente piensa que no vas a aceptar el acuerdo tácito de mínimos con que se actúa en el cine en Cuba, e incluso con el que se dirige y se produce. Un cine muy barato, con un presupuesto tan bajo que muchas veces, aunque no todas, influye en la calidad artística, es la única manera que ha encontrado el cine cubano en los últimos años para sobrevivir.

Le dije a Chijona que quería volver a filmar en Cuba, que me explicara cuánto había y que yo iba a adaptarme a lo que me dijera. Así lo hicimos y rodamos la película, aunque en ese momento no pude evitar un recuerdo de la primera vez que trabajamos juntos, en 1998. Lo conservo bajo la atmósfera de una película del Oeste. Yo estoy sentado en mi carro parqueado en un extremo de mi cuadra vacía. Por el otro extremo llega el Lada de Chijona y parquea casi a cien metros de donde estoy. Los dos bajamos y nos miramos. (*El viento aúlla y levanta torbellinos de polvo, los dos entornamos los ojos y los vecinos cierran las ventanas.*) Él levanta la mano primero y me dice que no me mueva. Nos sentamos en mi carro. Me dice que la conversación que vamos a sostener nunca va a existir. Y que si un día la repito él la negará. De modo que no voy a reproducirla porque se lo prometí a Chijona. Pero minutos antes yo acababa de renunciar a su película por una discusión relacionada con el salario. Chijona vino, habló, me dio su palabra y yo volví a la película. Creo que fue la primera vez que vi tan de cerca el esfuerzo sobrehumano que tiene que hacer un director en Cuba para rodar su película en las condiciones que quiere.

Siempre aparece el asunto de los salarios, problema sin resolver en el cine cubano revolucionario. Primero, porque los salarios jerarquizados del cine encajan mal con la filosofía socialista de que todo el mundo es un simple trabajador. Y segundo, porque nuestra precaria industria no permite a los actores elegir mucho, por lo que normalmente aceptan lo que se les ofrece. Todo el mundo sabe que donde más gana un actor de cine es en la película que no quiere hacer. La que sí le interesa incluso pagaría por hacerla. La que no, pide el doble —para no hacerla— y se lo pagan.

En 1998, ya pasado lo peor del Periodo Especial, el cine cubano había empezado a levantar cabeza gracias a las coproducciones. Entonces los actores cubanos descubrieron que se pedía por ellos al coproductor extranjero una suma que jamás llegaba a sus manos. Y el asunto estalló justamente cuando preparábamos *Un paraíso bajo las estrellas*.

Para complicar el tema hay que agregar la dificultad de la doble moneda; las instituciones cubanas pagan en «moneda débil» y solo a su pesar se han visto obligadas a agregar algo de «moneda dura» en algunas industrias con cierta inversión extranjera y potencial mercado en el exterior, como la del cine. Aceptar de mala gana algunas leyes del mercado es la única manera que han encontrado estas instituciones para seguir subsistiendo con una mínima credibilidad. A esto se suma que durante esos años la diferencia entre el cambio oficial de moneda y el de la calle era abrumadora, y esa fue la razón de mi salida de la película de Chijona (antes de la escena del carro), porque el director de la productora llegó a decirme que nos pagaban mucho, que en realidad el cambio oficial del peso cubano con el dólar era uno por uno. Teniendo en cuenta que en la calle el cambio era cien pesos por un dólar, lo tomé como un insulto y dije que me iba, hasta que Chijona fue a rescatarme.

Esas diferencias en el cambio hicieron que cinco años antes, en 1993, por el rodaje de *Fresa y chocolate*, los actores principales cobráramos lo máximo que permitían las tarifas vigentes, unos cuatro mil pesos cubanos —con ese dinero, poco antes podrías haberte comprado un carro soviético—, pero que eso, al cambio de la calle, equivaliera a menos de cuarenta dólares por tres meses de intenso trabajo. Puede parecer una cifra ridícula, y lo es, aunque para mí, que había empezado a rodar con dos dólares en el bolsillo, terminar con cuarenta no estaba nada mal. ¡En tres meses había multiplicado por veinte mi capital!

Pero aun esas tarifas ínfimas habían sido una conquista, pues se cuenta que antes eran muy inferiores, y que subieron gracias a que un día el gran actor Reynaldo Miravalles estaba rodando una película y descubrió que el caballo donde estaba montado cobraba más que él. El dueño solo aceptaba hacerlo trabajar si lo que le pagaban era equivalente a lo que podría sacar con el caballo haciendo cualquier otra labor, y es posible que, si hubiera descubierto que el dueño de un gato, cuya única función fuera aparecer dormido en una butaca, ganaba más que él, también se habría molestado. Sin embargo, ambos dueños, siendo seguramente personas sencillas del pueblo, hubieran entendido a la perfección que el espectador no iría al cine a ver al gato o al caballo, sino a Miravalles.

Dicen que todo esto ocurrió en 1978 durante el rodaje de *Los sobrevivientes*, de Tomás Gutiérrez Alea —aunque yo no estaba allí, casi no queda nadie a quien preguntar y, para ser sincero, no recuerdo a Miravalles montado en un caballo—, y que en ese rodaje participaban también, para completar la fauna presente, unos perros *borzoi* rusos que pertenecían a Ramón Mercader, el asesino de Trotsky, al que Alea había encontrado por casualidad, y por supuesto sin saber quién era, paseando sus perros por Quinta Avenida. Se los había pedido para la película (la acción de *Los sobrevivientes* se centra en una familia aristocrática poseedora de animales exóticos) y el propio Mercader los acompañaba al rodaje.

Llegué a Cuba en junio de 2016, como he dicho antes, para filmar *Los buenos demonios*. Después de seis meses trabajando en España, mi principal alternativa profesional fuera de Cuba, traía la maleta llena de vestuario para la película, y conservaba la sensación de optimismo que respirábamos en diciembre de 2015, a partir de la normalización de relaciones con Estados Unidos que culminó con la reapertura de las embajadas. El primer semestre de 2016 había sido alucinante en La Habana, convertida en escenario de la Historia y el espectáculo. Desfilaron por aquí desde Barack Obama hasta la última colección de Chanel (literalmente), pasando por los Rolling Stones, y todo parecía indicar que seguirían ocurriendo cosas extraordinarias. En el ambiente del cine también se respiraba un discreto optimismo, porque ya Mister Marshall asomaba el sombrero y los americanos empezaban a rodar en la isla, con *The Fate of the Furious* y *Transformers* como primeras producciones.

Sin embargo, a principios de julio el panorama cambió de forma radical, tanto en la economía en general como en el mundo del cine en particular. La situación se tornó mucho peor de lo que hubiera podido esperarse.

Se temía que finalmente la crisis de Venezuela estuviera afectando al país, que volviera a golpearnos el *fatum* de que la economía cubana termina siendo siempre dependiente de un solo benefactor, y que los barcos de petróleo venezolano dejaran de llegar, como en su momento pasó con los barcos soviéticos. La gente hablaba del comienzo de otro Periodo Especial, aunque el gobierno lo desmentía y, al tiempo, anunciaba restricciones en el uso de combustible y grandes dificultades financieras ante la falta de liquidez.

Me estremeció la semejanza del momento con aquellos lejanos días de 1993. «El cuartico está igualito», como decimos en Cuba, y de pronto ahí estábamos, un grupo de gente intentando contar una historia de ficción cuando la realidad se sacude y tambalea por todos lados, y la sospecha, que vuelve, de que nos estamos dedicando una vez más a la *conquista de lo inútil*.

La película se detuvo, de hecho, durante veinticuatro horas apenas comenzar, por la falta de combustible. La angustia y la incertidumbre se apoderaron de todo el equipo, que llevaba meses trabajando. Todos esperábamos un rodaje difícil, con las limitaciones de siempre, a lo que se sumaba que era en la época más caliente del año, con los niños de vacaciones en una ciudad tan ruidosa, y con unos estudios en malas condiciones. Pero nadie esperaba un golpe como aquel. Nos preguntábamos, y preguntábamos al director, si podríamos continuar. El director se preguntaba, y preguntaba a la dirección del ICAIC, cómo era posible que, si habíamos podido rodar en el momento más crítico del Periodo Especial —el de verdad—, no pudiéramos hacerlo ahora.

Finalmente, encontramos la manera de seguir filmando, pero con la espada de Damocles sobre la cabeza, porque el ICAIC no es lo que era y no está en condiciones de defender sus producciones con la misma fuerza de antes.

Aquella institución que se mostró tan eficaz en los años sesenta, entre otras cosas para hacer llegar el cine hasta los últimos rincones del país y para crear las imágenes de la naciente Revolución que recorrieron el mundo, ahora es un dinosaurio obsoleto, una estructura burocrática hipertrofiada y disfuncional que todo el mundo, hasta el propio gobierno, sabe que hay que modificar y actualizar radicalmente.

El problema es el método a emplear para esas modificaciones. El primer paso vino de las altas esferas, con un estilo *transformers* muy conservador y alejado de la opinión de los cineastas, que abogan por uno más *fast & furious*, y que al sentirse relegados se han estado reuniendo durante tres años, en asambleas abiertas y espontáneas en un proceso más *furious* que *fast*, que ha culminado con la evidencia de la necesidad de una ley de cine que regule la producción audiovisual de Cuba en el contexto de las nuevas realidades.

En esta encrucijada, político-económica e institucional, comenzamos el rodaje de *Los buenos demonios*, intuyendo que el «exorcismo» no sería nada fácil. El proyecto había enfrentado, desde su propia gestación, obstáculos desmesurados. El primero fue la muerte, en septiembre de 2013, de su creador y quien debería haber sido su director, Daniel Díaz Torres. El hecho se produjo casi por sorpresa, y dejó en sus colaboradores una gran frustración, por lo que su amigo y correligionario de toda la vida Gerardo Chijona cogió el testigo y decidió terminar la película en su nombre.

No era extraño para nadie que a un proyecto emprendido por Daniel le pasaran cosas desmesuradas, porque la desmesura le acompañó en muchos momentos de su vida. Daniel fue sobre todo un hombre bueno pero, por circunstancias de todo tipo, se vio convertido en un demonio. En 1991, su controvertida película *Alicia en el pueblo de Maravillas* lo catapultó al punto álgido del escenario político y cultural del país. La película es una metáfora satírica que reúne y exagera los peores defectos de la sociedad socialista que se intenta construir en Cuba, hecha «para inquietar y provocar la reflexión activa» (en palabras de su director), pero fue muy mal recibida por los «guardianes» de la ideología revolucionaria, poco dados al intercambio de ideas y carentes de sentido del humor. El momento histórico era muy propicio para el radicalismo ideológico: la caída del Muro de Berlín y del bloque socialista de Europa del Este había dejado a Cuba en una situación desesperada. Esto provocó que los supuestos guardianes ideológicos cometieran grandes errores alrededor de la exhibición de la película, como convocar a los militantes comunistas a copar los cines y mostrar su repudio, incluso de manera violenta, y colocó a Daniel en la gran marquesina del escándalo, enfrentado a los obtusos demonios de la censura, que habían sacado sus garras como nunca antes.

También colocó al ICAIC en su primera gran crisis, cuando el Gobierno consideró fusionarlo con la televisión y hacerlo desaparecer como entidad autónoma. Los cineastas se opusieron y la tensión siempre latente entre ellos y la dirigencia política del país quedó al descubierto. La entereza moral de Daniel ayudó enormemente a solventar el conflicto, y le permitió seguir viviendo y trabajando en Cuba. Su honestidad fue tan patente que incluso los que lo habían demonizado tuvieron que aceptarla.

De alguna manera el proceso se revirtió y Daniel regresó de demonio a bueno. Por eso ahora, veinticinco años después, los que conocimos y quisimos a Daniel pensamos que terminar en su memoria *Los buenos demonios* era un acto de justicia poética.

Cuentan que en aquellos momentos difíciles de 1991, cuando el pobre Daniel estaba siendo sacudido por fuerzas de todo tipo, que querían utilizarlo según sus intereses, tanto pro como antigubernamentales, un día él y Manolo Pérez, el jefe de su grupo de creación dentro del ICAIC, fueron a ver a Alfredo Guevara, el flamante presidente de la institución, recién llegado de París. Guevara también fue un buen y mal demonio. Bueno por todo lo que hizo en favor del cine cubano y latinoamericano en general (el llamado «nuevo cine latinoamericano», que defendió hasta su muerte), y malo por otras muchas cosas. Siempre fue un hombre poderoso, de esos de quienes se dice que tienen un teléfono de color especial capaz de comunicarse con dimensiones prohibidas para el resto de los mortales, y había sido llamado a apaciguar a los suyos y apagar el fuego. Después de fundar el ICAIC y de hacer muchas cosas importantes desde su presidencia, había estado apartado por un tiempo en París y ahora venía a salvarnos a todos, cual mosquetero, con su capa sobre los hombros.

Entre las cosas curiosas que caracterizaban al presidente, estaba la de ir siempre con un perrito pequeño, peludo y tan suave que parecía de algodón, en brazos, que posiblemente había venido también de París. Aunque la descripción coincida con Platero, se llamaba Bacus. Su imagen llegó a asociarse de tal manera con la del perrito que cuentan que, cuando se abría el ascensor en el séptimo cielo (piso) del ICAIC y salía Bacus, la gente se ponía en firme como si del propio presidente se tratara, pero esto pueden ser cuentos de pasillos...

Lo que no es un cuento de pasillo es el encuentro de Daniel y Manolo con el presidente (o al menos no ha sido desmentido por el único de los presentes que continúa vivo). El presidente los recibió de pie detrás de su buró y no los invitó a sentarse. Ellos expusieron el problema que los traía mientras el presidente los escuchaba serio y más bien ausente, aunque se hablaba nada más y nada menos que de la sobrevivencia del cine nacional. De pronto, el presidente los interrumpió con una sola palabra en tono imperativo: «¡Súbete!». Daniel, superado como estaba por los acontecimientos y con ganas de encontrar una voz segura y sabia que le dijera lo que tenía que hacer, aunque sorprendido, miró la mesa tratando de encontrar un sitio libre donde subirse, y estaba a punto de hacerlo cuando Bacus saltó a la silla del presidente, aclarando la situación. Daniel comprendió y respiró profundo, al darse cuenta de que acababa de evitarse uno de los actos más comprometidos de su carrera. El presidente ya no está con nosotros, y Daniel tampoco. Bacus no creo, porque de esto hace veinticinco años, y Manolo confiesa no recordar bien, pero dice que lo del perro podría haber ocurrido. Los límites de la irrealidad siempre son imprecisos en Cuba. En cualquier caso, prefiero pensar que es de esas historias que de no ser ciertas merecerían serlo, porque pueden explicar mejor que muchos análisis cosas de nuestro pasado que nos han traído a los problemas actuales.

El presidente tuvo luces y sombras, y uno de sus demonios, tal vez no uno de los más agresivos, el de la desidia o la apatía, me hirió en carne propia: no asistí a la ceremonia de entrega de los Premios Óscar en 1995, el año en que competía *Fresa y chocolate*, única película cubana que ha estado nominada, porque nuestro presidente tenía jaquecas.

En la categoría de mejor película extranjera los organizadores invitaban al director, aunque casi siempre los actores hacían todo por ir, pagándose sus viajes ellos mismos (lo cual era imposible en nuestro caso) o invitados por productores o distribuidores. Mi compañero de reparto Jorge Perugorría (Pichi) y su esposa contactaron con Miramax, distribuidora de nuestra película en Estados Unidos, y los americanos se mostraron encantados de que los actores asistieran, pero solo podían hacerse cargo de nosotros cuando llegáramos a territorio norteamericano, de modo que teníamos que pagarnos el viaje hasta allí.

Eran unos trescientos dólares hasta Miami. Pichi pudo conseguir los suyos, pero yo no los tenía, ni a quién pedírselos. El presidente había solicitado visa para viajar a Estados Unidos y asistir a la ceremonia, pero le había sido negada, cosa que parece que le afectó bastante. En ese momento llegó Pichi a interceder por mí, diciéndole que yo tenía la visa americana porque me la habían dado para ir a un festival en Puerto Rico, y que lo único que necesitaba, para asistir a la gran noche de la película de la que yo era parte fundamental, eran los trescientos dólares necesarios para el pasaje hasta Miami. El presidente le dijo que en ese momento no podía atender su solicitud porque tenía jaquecas.

No viajé a Los Ángeles, y posiblemente fui uno de los pocos, quizá el único de los actores participantes en las películas nominadas, que vio la ceremonia por televisión, frente al televisor de una remota fábrica de antenas parabólicas en Santa Clara, adonde tuve que ir en bicicleta recorriendo varios kilómetros.

Asistir a la entrega del Óscar hubiera sido un premio magnífico, un premio al esfuerzo y a todas las dificultades que atravesamos al hacer esa película, algo que ni siquiera hubiera podido soñar aquella noche en la terminal de La Habana, pero, para ser rabiosamente optimista, después de ver a toda aquella gente estirada con sus esmóquines y corbatas creo que, con mi pantalón corto y mi camiseta, fui uno de los que vieron la ceremonia de manera más cómoda.

La película no ganó, y quince años después, en diciembre de 2010, vino al Festival de Cine de La Habana Nikita Mijalkov, el director que aquel año se había llevado el Óscar a la mejor película extranjera, ganándole a *Fresa y chocolate* con su película *Quemado por el sol*. En la clausura del festival se le hizo un homenaje, y en sus agradecimientos habló un poco en español contando que su niñera había sido española.

A la salida del teatro Karl Marx llovía a mares y Pichi y yo vimos a Nikita, que toda la noche había estado rodeado de gente, completamente solo y esperando su carro. Es un tipo que impacta, alto y elegante, y el aire de desamparo que le daba estar cobijándose de la lluvia bajo el mínimo alero del teatro no llegaba a ocultar la seguridad y el aplomo que emana de cada uno de sus gestos. Nos acercamos y le preguntamos muy serios si sabía quiénes éramos. Una ligera nube de preocupación apareció en su rostro y nos dimos cuenta de que, disimuladamente, empezaba a buscar una salida para escapar de aquellos dos tipos que, con apariencia nada conciliadora, lo acosaban contra la fachada del teatro. Entonces le dijimos: «Somos los actores de *Fresa y chocolate*, la película a la que le quitaste el Óscar en 1995». Después de un segundo, durante el que nos miró haciendo un esfuerzo por reconocernos, estalló en carcajadas, nos abrazó a los dos al mismo tiempo con sus zarpas de oso ruso y nos dijo bajito: «Desde que llegué a Cuba todo el mundo me dice lo mismo». Creo que el hecho de que todo el mundo en Cuba pensara que el Óscar debería haber sido nuestro, y que se lo dijeran en la cara al ganador, fue nuestro verdadero premio.

Nikita Mijalkov es también un buen demonio. Con una obra cinematográfica impresionante, ha terminado coqueteando con la política, siendo el presidente de la institución rusa para el cine, y haciendo comentarios muy desafortunados sobre los derechos de los homosexuales (¿sería por el tema de nuestra película por lo que dudó un segundo en abrazarnos?). Sin embargo, esta escena del abrazo de los tres bajo el alero del teatro Karl Marx tiene un valor cinematográfico indudable. Y si hubiera que poner un punto y seguido, o dar un final abierto al fragmento de la película que este guajiro (yo también soy guajiro, aunque no del Escambray, sino de Santa Clara) ha sido capaz de hacer con su vida hasta ahora, seguramente elegiría este.

Pero es un falso final; Mijalkov se montó en su carro y se fue y nosotros nos quedamos un rato más mirando el enorme aguacero que caía sobre La Habana. Después también nos dimos un abrazo, para nosotros (y posiblemente para el público cubano) más significativo que el de Mijalkov, y nos despedimos.

Me quedé solo, mirando el agua caer, y pensando que lo único que nos mantiene vivos y nos hace seguir luchando son el próximo proyecto y la necesidad de contar historias que puedan ayudar a la gente a vivir, a protagonizar su propia película personal.

Miré a mi alrededor buscando con qué guarecerme de la lluvia y encontré un pedazo de cartón. Lo levanté y recordé la terminal de ómnibus. Aquella noche, finalmente, había sido una manera perfecta de asegurarme una carrera ascendente; todo lo que viniera después, por fuerza, tenía que ser mejor.

En septiembre de 2016, protegiéndome con un pedazo de cartón parecido, me bajo del carro de producción frente a los estudios del ICAIC en Cubanacán. Hace cuatro días que no para de llover, y por los techos del estudio se filtra el agua en abundantes goteras, que estropean continuamente el sonido de las escenas. Dicen que la empresa extranjera que los reparó, y que debía efectuar su mantenimiento, tuvo que irse de Cuba ante la falta de pagos y que ahora no hay manera de arreglarlos. También dicen que es algo que ocurre con frecuencia, pero pueden ser, una vez más, cuentos de pasillos. Aunque mi primer día de rodaje tuvo que suspenderse, porque en el lugar donde íbamos a filmar, el restaurante Sierra Maestra del hotel Habana Libre, se cayó un pedazo del techo a causa de la lluvia. Y una semana antes también se había caído un pedazo de techo en el Museo de Bellas Artes al inicio de un concierto.

Miro al cielo buscando una explicación y solo encuentro un gris imperturbable. Parece que la cosa va a seguir igual. Pienso en Daniel y le digo mentalmente: «Mira a ver si puedes hacer algo por allá arriba, compadre. Trata de encontrar por lo menos un vicepresidente, y aunque tengas que subirte a su mesa, ayúdanos, que ya casi estamos terminando…».

Entro en el estudio. Chijona me espera junto al equipo, capeando el temporal estoicamente con una determinación a prueba de huracanes. Así comienza la última semana de rodaje de *Los buenos demonios*.

Glamour y revolución

WENDY GUERRA

Si revisamos imágenes de La Habana a inicios de los años sesenta, si repasamos las fotografías de nuestros padres y abuelos en las primeras décadas de la Revolución, notamos un ambiente de efervescencia y elegancia semejante al que atesoran los franceses en su compilación en blanco y negro de los años sesenta.

Un poco más tarde el cliché del Barbudo, el delirio que despertó como un virus el canon guerrillero de esos primeros años de vida emergente y *pretaporté*, descartó la posibilidad de tiempo o espacio para el cuidado o la contemplación del ser. El cuerpo en los años sesenta y setenta empezó a ser una herramienta de trabajo, defensa y reconstrucción.

La ideología minaba los espacios estéticos, una mujer demasiado arreglada desentonaba con la afinación revolucionaria. Una *compañera* elegante no estaba a la altura de los tiempos y se necesitaban un uniforme y un rostro verde olivo para instruir y transitar, de modo colectivo, los años duros.

Tanto las circunstancias económicas tras la Crisis de los Misiles como el desabastecimiento, así como los prejuicios machistas que trazaron los límites ideoestéticos permitidos en estos años, conspiraron con la conservación de la belleza en la mujer revolucionaria. «El Hombre Nuevo» no debía ser bello.

Cuenta la leyenda que la famosa modelo cubana Norka Korda, esposa del importante fotógrafo Alberto Korda, autor del canónico retrato del Che Guevara, desfilaba en la casa Dior de París y regresaba a Cuba en los años de verdadera efervescencia política a vestir de miliciana y enfrentar cada uno de los dramas y las carestías que nos generó la crisis.

¿Cómo hemos podido resistir y poner a salvo nuestra belleza, coquetería y glamour tropical en la profunda privación? ¿Cómo convertir «el revés en victoria» y, más allá de la consigna, seguir siendo hermosas con recetas orgánicas, naturales, en un país sin recursos, devastado; en un país donde el sol, la sal y la alimentación conspiran con la armonía de nuestros cuerpos?

RECETAS DE RESISTENCIA

Mascarilla de pepino para la cara.
Mascarilla de aguacate para el pelo.
Rizador de pestañas a base de betún para limpiar zapatos.
Bronceador hecho con mantequilla y yodo (si hubiese mantequilla o yodo).
Bistec de toronjas para sustituir la carne.
Chícharo tostado para aumentar el escaso grano de café.
Vestidos hechos con forros de trajes reciclados, refajos convertidos en minifaldas.
(La lista sería interminable)

LITERACUBA

Pasé mi adolescencia en un albergue (mixto) de hembras y varones en la escuela de arte. Los ciclones o el mal tiempo tumbaban los tabiques o compartimentos que servían para dividirnos, y era entonces cuando los cánones sexuales se desvanecían. El mapa de las diferencias de género se fue borrando poco a poco y nuestra promiscuidad se volvió parte fundamental, ingrediente primordial de la memoria colectiva.

En Cuba les llamamos «blúmer» a las bragas, bombachas o pantis.

Recuerdo la tendedera suspendida en el cielo del albergue, ese lugar donde dormir o ducharse era una verdadera apuesta colectiva con ciertos toques de drama, relajo, delirio creativo y una inconsciencia absoluta de la situación de desamparo a la que nos exponíamos. Ese sentimiento de resistencia es el que hasta hoy nos conserva unidos a sus protagonistas, ahora primeros bailarines del Royal Ballet, artistas visuales con obras en las colecciones permanentes del MoMa o el Reina Sofía o connotados actores y dramaturgos cubanos, pues todos crecimos juntos en un estado de hacinamiento absoluto.

Los blúmer expuestos sobre las literas. Intervención pública sobre nuestros pocos, breves asuntos privados delatando nuestras biografías.

¿Tenemos vida privada los cubanos? No. Lo privado aquí sigue siendo sospechoso.

Cada uno de esos blúmer cuenta una historia, narra un estatus. Se decía que en Cuba nunca hubo clases sociales, pero las bragas cuentan lo contrario.

Crecimos en un país donde podías comprar un solo juego de ropa interior al año. Se hacía mediante la libreta de abastecimiento por los cupones O-22, E-13 o A-12. Dichos cupones también servían para adquirir telas, agujas, hilo y sábanas de algodón; así que debías elegir entre ropa interior o sábana para taparte. Si deseabas obtener un poco más de cada uno de los artículos tenías que contraer matrimonio. El Estado ofrecía una serie de artículos de primera necesidad, bebidas o dulces para aquellos que querían celebrar su boda en medio de estas circunstancias económicas. ¿Cuántos amigos se casaban para poder comprar una plancha, una caja de cerveza, un pastel de bodas, el famoso *cake* cubano, frazadas, sobrecamas y ropa interior? Era justamente el palacio de los matrimonios quien te otorgaba esa concesión especial. Muchos me pidieron matrimonio solo para adquirir algunos de estos artículos de primera necesidad. Yo siempre me negaba.

Blúmer rotos, gastados, remendados «tos tenemos»: piezas de nailon con elásticos vencidos, calurosos, descoloridos y amorfos. Pieza perteneciente con certeza a quien nunca tuvo familia en el extranjero. Los padres de esta chica vivían únicamente de su sueldo. Eran obreros, campesinos, revolucionarios convencidos, seres austeros que muy poco tenían para dar a sus hijos.

Blúmer «matapasiones socialistas»: lencería de algodón, siempre enorme, muy poco sexi, repleta de ositos Misha con florecitas azules o moradas y fondo blanco, caprichosos copos de nieve y matrioska sonriente. En esta familia había sin dudas un estudiante en la antigua Unión Soviética o un diplomático en el otrora campo socialista; tal vez una hermana casada con un alemán democrático «técnico extranjero».

Blúmer de encaje nuevo y colores brillantes «de afuera» o los famosos semanarios que reflejaban los días para usarlos: de esta compañera había que irse despidiendo pues con certeza muy pronto desertaría. Tenía a su abuela, tía o hermana en Miami o Madrid, alguien que seleccionaba a distancia prendas sexis para «salvar» a esa adolescente de la cruda estética socialista. Ella siempre prestó sus prendas para que el resto saliera con el novio de turno. ¿Dónde vivirá hoy esta «compañerita»? ¿Cuántas perdieron la virginidad con ese blúmer prestado?

Existe una filosofía de la escasez escrita desde las literas de nuestros albergues. Narrativa que desecha el pudor y asume el gregarismo como herramienta de resistencia. Varias de nuestras novelas parten de este canon, es evidente.

Hija de una humilde intelectual de izquierda, transité mi adolescencia sin ropa interior.

La cultura del albergue, el puesto de arriba en la litera del internado, es un lugar de privilegio para el escritor, el paisaje después de la batalla, una verdadera clase de litera-cuba: autoficción descarnada y al desnudo.

LA LIBERACIÓN DE LA MUJER EN CUBA

Mi madre decía que la liberación de la mujer no era una consigna, sino tener una lavadora eléctrica y una lata de conservas para sacar urgente un plato de comida tras sus largas jornadas en la emisora de radio donde trabajaba. La liberación de la mujer, en su caso, consistía en encontrar cosas prácticas que le facilitaran la vida y así continuar ocupándose de las tareas sociales y de mí. Pasaba doce horas esperando en el carro de transmisiones para transmitir al pueblo la llegada de varios presidentes del antiguo campo socialista: Erich Honecker, Nicolae Ceausescu, Leonid Ilich Brézhnev. Las presiones ideológicas, las medidas de seguridad, las multitudes la ponían muy nerviosa. Al llegar a casa ¿qué le esperaba? Una niña pequeña, nada o muy poco para cocinar, un montón de ropa sucia y loza por fregar sin apenas detergente.

Si bien es cierto que Haydée Santamaría y Celia Sánchez fueron figuras indiscutiblemente populares y queridas por los cubanos, siempre conservaron una discreción política que les permitió trabajar en segundo plano sus proyectos sin afectar al protagonismo de la jefatura de los hombres.

Hoy, sin embargo, las cosas han cambiado. Es común ver enfrentamientos entre mujeres y policías. Ellas quieren marchar y ellos impiden la marcha. Las Damas de Blanco, por ejemplo, reclaman el derecho a marchar pacíficamente por la liberación de sus hermanos o esposos, detenidos por motivos políticos y son a menudo reprimidas. También leemos textos de blogueras que, desde Cuba, describen con independencia su realidad. Además, las mujeres cubanas abren poco a poco sus negocios privados, desertan del llamado «sector estatal», buscan su autonomía y la defienden de los obstáculos del poder.

Mi madre murió demasiado joven, pero me gustaría preguntarle: ¿será todo esto parte de una nueva liberación de la mujer?; ¿tendremos algún día una presidente cubana?

Sin embargo, a pesar del machismo-leninismo de nuestros líderes, después de 1959 la mujer se alejó del concepto hogareño tradicional (la cubana se volcó con devoción a las tareas revolucionarias y la familia pasó a un segundo o tercer plano), y son incontables las leyes instituidas en Cuba para garantizar la igualdad de la mujer. Por ejemplo, pocos países tienen tan largas licencias de maternidad obligatoria: aquí comienza a las 34 semanas de embarazo, y luego del parto hay 18 semanas más de licencia con goce de sueldo. Más tarde, si así lo desean, las madres pueden optar por una licencia mayor, hasta de un año, pero solo con el pago del 60 por ciento de su salario habitual. Por otra parte, aquí el divorcio es un proceso muy rápido y permite salir de modo expedito de un matrimonio.

Aunque no todo ha sido parte de la saga revolucionaria. La Ley de Aborto, por ejemplo, existe en Cuba desde 1936. Podía realizarse si el embarazo era producto de una violación o causaba trastornos a la madre, y luego, en los primeros años revolucionarios, este derecho se fue relajando hasta que mi generación ve el aborto como un método anticonceptivo. En verdad, los métodos anticonceptivos se hicieron cada vez más escasos, por un lado, y la promiscuidad como parte de nuestra conducta sexual, el hacinamiento, las movilizaciones y las privaciones económicas hicieron que aumentaran considerablemente los embarazos no deseados en la isla.

Monseñor Antonio Rodríguez, rector del Seminario de San Carlos y San Ambrosio, explica que la tolerancia al aborto no debe verse como un fenómeno post-Revolución comunista de 1959. «El catolicismo en Cuba nunca fue muy profundo, siempre fue de minorías. En Cuba hubo una conciencia de que se podía abortar desde antes de la Revolución.»

Tal vez por ello las libertades introducidas por el Gobierno revolucionario fueron adoptadas velozmente por la mayoría y los cambios sociales se asumieron de modo natural, sin culpas, resentimientos ni vigilancia por parte de una Iglesia cada vez más clandestina dentro de la Sociedad Socialista. Ir a la iglesia era una traición, pero hacerse un legrado era un procedimiento médico de rutina. Una cubana puede hacerse un legrado o regulación menstrual y seguir hacia su centro de estudio o trabajo sin que se instale en ella la idea de haber cometido un hecho físico o psicológico traumático.

Hacerse un legrado en Cuba es muchísimo más común que acudir a una cita con el dentista. Cada policlínico de la zona donde vives posee una moderna instalación para las regulaciones menstruales. Por esto puedo afirmar que Cuba es el país del mundo donde más interrupciones de embarazo se producen legalmente. Cuando vamos a una consulta médica y se detecta que estamos embarazadas, el doctor siempre hace la misma pregunta: «¿Te lo vas a dejar o te lo vas a sacar?». Casi siempre se trata del segundo caso, y no en todas las oportunidades informamos o damos participación a los hombres de este proceso. Nosotras somos quienes decidimos.

Sin embargo, más allá de la ley y de cualquier posible empoderamiento, hay en la isla muchas mujeres que deben enfrentar la vida solas. Una de cada cinco cubanas es abandonada a causa del exilio político o económico. Uno de cada tres matrimonios o uniones libres termina antes de los cinco años. Y somos las cubanas, domésticamente, quienes negociamos entre la realidad y la fantasía para poder sobrevivir: todos sabemos que con cuarenta pesos cubanos al mes (menos de dos dólares estadounidenses) no vive un niño en Cuba. Pero eso es lo que aportan legalmente, al mes, los padres divorciados a las madres que conservan la custodia de los hijos.

En mi caso, por contar realidades femeninas como la mía he sido censurada en mi país. Así, en Cuba he publicado muy poco de mi trabajo. Cada vez que pongo el punto final a algo rememoro los nombres de poetas y narradoras también confinadas al denso silencio editorial. Me encomiendo entonces a la suerte y envío lo que escribo a editoriales o medios del resto mundo pensando siempre: «¿Me ocurrirá algo en Cuba por escribir y publicar este texto?».

ENTRE FIDEL Y UNA MUJER DESNUDA

¿Dónde vivió Fidel? ¿Quiénes fueron sus compañeras o sus parejas durante estos cincuenta y siete años? ¿Cómo son sus hijos?

Los héroes, los mártires, ¿tienen familia, se casan, se divorcian, se comportan como humanos?

La única alusión física que he leído sobre dos figuras de relevancia dentro de la Revolución cubana, la única mención a las tallas de su cuerpo, su gestualidad y hasta el modo en que llevaban su ropa tanto Fidel como Celia Sánchez, secretaria del Consejo de Estado y heroína de la Revolución, la pude localizar durante mi investigación para la novela *Nunca fui primera dama* en un número de la revista *Bohemia*, e irónicamente está firmada por el actor estadounidense Errol Flynn a propósito de su visita a la zona más secreta de Fidel en la Sierra Maestra, su escondite junto a Celia Sánchez, aquel nido que ella acondicionara para ambos.

La intimidad de Fidel es un asunto lacrado. Los detalles de su vida personal se han conservado en el terreno de lo desconocido. Mucho más sus nexos con Celia Sánchez. Los rituales y las costumbres de ambos, así como el modo de ella de conducirse ante la presencia del Comandante, no habían salido a la luz. He aquí la descripción de este momento de mano de Errol Flynn:

CASTRO Y YO

[Fidel] tenía los oídos pegados a la pequeña bocina de un receptor de radio. Sobre una mesa, a menos de medio metro de él, un revólver belga: un arma de pavoroso aspecto. Durante un momento no nos prestó atención, al cabo del cual paseó la vista por la habitación. Era de mediano tamaño, ligeramente amueblada con aspecto de cosa preparada deprisa pero dando la impresión de ajetreo constante; de gente entrando y saliendo cada minuto. Celia Sánchez tenía una orquídea rosada prendida al hombro derecho. Le di la mano y bajé la vista a la altura de su cintura. Colgando allí de su delgada silueta, un revólver calibre 32.

Mi ligero desconcierto no impidió que mi ojo clínico hollywoodiense entrara en acción. Me di cuenta al instante de que no estaba conformada como la generalidad de las cubanas y que era más bien más delgada. Vi su cuerpo bellamente formado y calculo que sus medidas son 36-24-35. Estas no son dimensiones de la cubana por regla general. Los cubanos, en su mayoría, prefieren dimensiones como estas: 38-28-40. Cabellos muy negros, tez morena y ojos luminosos que no perdían detalle, que nada perdían y constantemente en viaje de retorno hacia el lugar donde se hallaba el Comandante. Terminada la transmisión, Castro alzó la cabeza, nos vio y se puso en pie.

Tiene mi altura, poco más o menos; es decir, seis pies y media pulgada. Tiene una gracia y simplicidad de movimiento y una sencillez de maneras que, lo confieso, no había esperado encontrar. No era, en una palabra, la figura imperiosa que había creído encontrarme; la figura y el gesto de un hombre con mando.

Mi primera impresión fue la de su natural compostura, subrayada por reservas de energía y de fuerza. No tiene el aspecto del que se ha tostado al sol. No daba indicios de haber vivido cinco años y medio en junglas, montañas a la intemperie, que era lo que yo creía encontrar. El rostro suave, lo mismo que las manos. En realidad no son suaves sus manos ni mucho menos, pero daban esa sensación de casi delicadeza, sin venas a flor de piel. Lucían más las manos de un hombre que ha estado detrás de un escritorio y no detrás de una ametralladora. Su apretón de manos fue fuerte pero no vigoroso en extremo. En cierta forma esperaba encontrar nervios de acero entre mis manos, pero nada era sobrenatural en su composición física.

Tenía los espejuelos puestos y observé, al comenzar a hablar conmigo, que su secretaria, Celia, lo atendía con su mayor consideración. Mientras hablaba, le quitó los espejuelos, sin aparentar él que se diera cuenta. Se los limpió y se los volvió a poner afable, pero sutilmente como para no molestarle. Un intérprete nos ayudó en la conversación.

—Le sugiero —me dijo— que vaya al pueblo de Palma Soriano. Ese lugar acaba de ser liberado por las fuerzas de la libertad y la gente de allí se alegrará de verlo, y podrá observar cómo se sienten los cubanos después de salir de las manos de Batista…

Fue entonces cuando le pregunté cómo debía llamarle y allí fue como entramos en lo de Fidel y Errol.

Para los servicios secretos cubanos es muy importante el continuo acceso a nuestra intimidad. Al calor de esta idea nació el CDR (Comité de Defensa de la Revolución), órgano encargado de la vigilancia permanente en cada uno de nuestros barrios. Para los vecinos que levanten amplios muros en sus casas existe una ley de vivienda que los multa y obliga a dejar visible su universo interior. Un cubano con privacidad es un elemento sospechoso, un foco problemático.

Y los líderes no se permiten mostrarse con normalidad en un entorno de hogar y de familia. Entre Fidel y una mujer desnuda hay un abismo, el vértigo que produce el amor lo desconcierta. Nuestros líderes no se proyectan como mortales, no les gusta mostrar esa cualidad que poseemos los criollos, seres apasionados que perdemos el paso por amor. Los héroes cubanos en apariencia no sufren ni se divorcian, no son débiles ante el deseo, no gozan. La leyenda cuenta que Fidel Castro no sabe bailar, que no es amante de la música o las fiestas y que le ha costado mucho dedicar tiempo a la familia. También se dice que Fidel ha tenido múltiples amores que, a causa de su obsesión por mantenerse activo día y noche al mando del país, desaparecen con rapidez de su vida. También que tiene una esposa de nombre Delia Soto del Valle y varios hijos de matrimonios o uniones diversas. Por razones de estricta seguridad, muy pocos saben exactamente dónde está ese *Punto Cero* del que se dice puede ser su verdadero hogar.

La vida privada de los cubanos debe ser oficialmente pública, pero la vida de los políticos que lideran el país es misteriosamente privada.

El actual presidente de Cuba, Raúl Castro Ruz, es viudo de la también luchadora revolucionaria Vilma Espín. Sobre él se cuenta que es un hombre de familia, pero nadie sabe nada en absoluto de su vida actual. La figura femenina frente a los próceres, líderes o gobernantes cubanos no está en segundo plano. Simplemente no existe.

LA MODA HOY EN CUBA

Antes del triunfo revolucionario, fuimos un país de cuello y corbata, trajes de dril, sombreros de pajilla y collares de perlas. Éramos también un país de discreta elegancia, pobre pero acicalado. La gente se presentaba en el trabajo con su mejor atuendo, planchado, almidonado; bien zurcido; todo esto puede verse en innumerables películas o imágenes de archivo.

Luego llegaron décadas de mucho sacrificio y reciclamos la moda, nos hicimos vestidos fabricados con forros de antiguos trajes, nos sombreamos con lápices de maquillaje una línea en la pierna para crear el efecto de una media fina arropando el tramo que viaja de la pantorrilla al muslo. Entraron los años duros con sus pantalones de caqui, los uniformes y las botas de trabajo. Los que se fueron o los que murieron nos heredaron sus pertenencias, y desde 1980, con los llamados Viajes de La Comunidad, primeros intentos de acercamiento entre el exilio y los cubanos de la isla tolerados por el Gobierno revolucionario, empezamos a recibir paquetes con una moda importada que sustituyó las necesidades básicas con diseños pocas veces adecuados a nuestro clima y estilo de vida.

El servicio secreto se apropió de las guayaberas, y las mujeres empezaron a salir a la calle con rolos y ropa de andar en casa. Siempre hubo un grupo de personas que luchó por que la moda tuviera cierta coherencia, pero contra estos diseñadores se alistó un ejército de mal gusto armado hasta los dientes con escudos creados por la realidad económica de nuestro país.

Vestir bien, para los pocos que podían, era un problema ideológico, una conducta pequeño burguesa. Solo era posible ver a los cubanos uniformados o, en cualquier caso, con pantalones caqui grisáceo, anodinas camisas marca Yumurí y toscos, pesados pantalones de marca Jiqui.

A fines de los años setenta, desde su cargo de secretaria de los Consejos de Estado y de Ministros, Celia Sánchez Manduley creó el Taller Experimental de la Moda, empresa destinada a la fabricación de una moda cubana, basada de telas y diseños frescos y modernos con precios asequibles. Entrados los ochenta, Caridad Abrahantes (Cachita) inauguró Contex. Allí, el diseñador cubano Lorenzo Urbistondo, responsable del departamento de diseños masculinos, renovó con mucho ingenio y creatividad la sagrada guayabera cubana, planteó la posibilidad de fundar una moda basada en nuestras raíces, aligeró los camiseros femeninos y desapareció los horribles trajes Safari que tanto les gustaba llevar a los dirigentes cubanos cuando no estaban uniformados. En 1987, Cachita inauguró la casa de moda La Maison, con sede en una exuberante casona de la elegante barriada de Miramar. El objetivo era ofrecer al turismo —y a ciertos cubanos de estratos o formación diferentes— una pasarela compuesta de hermosos modelos criollos con lo mejor de la moda confeccionada en una isla rodeada de la profunda crisis y el aislamiento al que nos sometían tanto el embargo económico impuesto por Estados Unidos como el autobloqueo impuesto por la directiva revolucionaria.

En este universo de plaza sitiada que duró más de tres décadas poco supimos de lo que el mundo conocía como tendencia, moda o estilo. Solo algunos intercambios con el llamado campo socialista nos permitieron vestirnos y calzarnos con ropas que, francamente, no parecían muy tropicales y mucho menos ajustadas a las curvas y los tamaños de los cubanos y las cubanas. Por entonces, aparecieron los catarritos, unos horribles zapatos rusos que terminaban rompiéndose tras los frecuentes aguaceros tropicales.

En esos años, abrió sus puertas la casa de préstamo o ventas El Louvre, con abrigos o ropas «elegantes» para viajar a países de la Europa del Este o América Latina. Pero allí compraban solo los pocos privilegiados que salían al exterior de manera excepcional. Las quinceañeras tuvieron, desde mediados de los años ochenta, un sitio para adquirir zapatos el día en que cumplieran sus quince: la tienda se llamaba Primor y ofrecía tacones que habían sido muy visibles en los años cincuenta en La Habana. Durante un tiempo breve, se permitió que se montara el mercado artesanal de la plaza de la Catedral. Allí, compramos guaraches, sandalias y zapatos más adecuados para nuestro clima tropical, pero una operación policial desmesurada, producto del resquemor del Estado al enriquecimiento de quienes confeccionaban estos artículos, acabó con él.

Telarte fue una de las mejores iniciativas aparecidas en Cuba. Se creó en 1974 y pudimos disfrutar sus productos textiles desde 1983 hasta 1991. Se trataba de un maridaje entre la industria textil y los artistas visuales, auspiciado por el Ministerio de Cultura con la colaboración del Fondo de Bienes Culturales y Contex. A este experimento sin precedentes le debemos los cubanos la confección de telas diseñadas por importantes artistas locales e internacionales, personalidades como Mariano Rodríguez, Robert Rauschenberg, Raúl Martínez, Luis Camnizer o Manuel Mendive. Durante ese tiempo, ellos vistieron nuestros cuerpos ansiosos por alejarse de la masa uniformada.

Pero el Periodo Especial comenzó a principios de los años noventa, tras la caída del Muro de Berlín, y durante esta terrible fase, que nadie aquí aún ha declarado oficialmente extinta, vivimos una precariedad que daba miedo. Escaseaba todo: el jabón, el aceite, la pasta de dientes. Dejamos de recibir ropa interior de la Europa del Este. La industria cubana no fabricó una sola pieza que nos pudiera abrigar, vestir. Nos quedamos desnudos frente al espejo. Los zapatos se fueron agotando. Andar limpio y calzado se convirtió en una odisea. Algunas familias decidieron cambiar las joyas heredadas de sus antepasados en las llamadas «casas del oro y la plata», pertenecientes al departamento CIMEX del Ministerio del Interior (MININT). Las joyas se cambiaban por alimentos, electrodomésticos, zapatos y ropa casual llegada, sobre todo, desde Panamá. El Estado cubano necesitaba una inyección de oro, plata y piedras preciosas, y para la recogida de estos valores abrió casas de cambio y tiendas especializadas en el trueque desigual. Dentro de estas piezas se encontraban los pantalones «prelavados», las blusas y camisas llamadas «bacterias» —una alegoría a su estampado—, jeans, trajes de baño y ropa interior barata. A cambio de la memoria de la familia, el pueblo cubano se empezó a vestir de modo diferente: el buen gusto no caracterizaba a estos diseños, pero las amplias gamas de colores penetraron el escenario.

¿Cómo y con qué se viste hoy el cubano? Con muy poca referencia sobre la moda internacional, sin una clara idea de lo que es correcto usar en sitios como hospitales, oficinas, iglesias o teatros, es muy común ver en La Habana a personas usando pantalones cortos, chancletas y tops en sitios que en otras partes merecen cierta sobriedad o recato. Se ha perdido el límite entre la ropa de estar en casa y la de salir a la calle. En esas tiendas improvisadas, poco a poco desaparece nuestra identidad. La ropa reciclada y el mimetismo invadieron nuestros cuerpos. ¿Qué se lleva hoy en Cuba? De Miami o Panamá llega de contrabando todo lo peor. De Ecuador o de los mercados chinos de las afueras de Madrid, colándose clandestinos por la aduana de Cuba, recibimos jeans bordados con pedrería, licras fosforescentes, unos raros pañuelos que se amarran al cuello luciendo estampados diversos, zapatos de madera que suenan, horribles bolsos que agreden la vista y las falsas imitaciones de carteras clásicas. En La Habana, como en muchos otros lugares, no resulta nada caro llevar una cartera de Vuitton, llevar un bolso de ese nombre.

Veo a las personas caminar en la ciudad que amo, pero no las reconozco ni reconozco esta confusión de cuerpos y colores. Fuimos distintos, teníamos un modo de expresar la historia de nuestras vidas con el vestuario. ¿Qué pasó con los años de instrucción, con la educación estética y los museos, aún abiertos, con el mejor arte cubano que nos enorgullece y eleva? ¿Qué ha pasado con nuestro cuerpo luciendo un estandarte… equivocado?

EDUCACIÓN FÍSICA

Nacimos en un Estado laico, no confesional, donde la Iglesia no ha sido parte de la ilustración de estas cuatro últimas generaciones de cubanos. Crecimos en un país donde las becas (internados para alumnos necesitados o de otras zonas del país que reciben ayudas otorgadas por el Gobierno), las escuelas al campo (sitios donde se realizan periodos de trabajo agrícola obligatorio que se combina con el estudio de las asignaturas normales) y el hacinamiento forman parte de la vida.

Desde el quinto grado de primaria hasta los años de secundaria básica comienzan a introducirnos en el estudio de pequeños textos sobre educación sexual. La asignatura ciencias naturales posee un programa que abarca tanto las formas de relacionamiento en pareja como los órganos de reproducción sexual, las diferencias de identidad en ambos sexos e incluso el peligro de la promiscuidad y sus consecuencias en nuestra salud. Lo contrastante es que cuando estudiamos estas materias ya sabemos de qué se trata. No conozco una pionera de quinto grado que no pueda recitar de memoria muchos de esos tópicos que nos dicta la maestra desde el pizarrón.

Conocemos a los primeros «noviecitos» en el Círculo Infantil. En la primaria damos nuestro primer beso, y en la secundaria básica y el preuniversitario o bachillerato, donde casi tenemos la edad de nuestros maestros, es probable que intercambiemos con ellos conocimientos teóricos y prácticos, fuera y dentro de la institución escolar. Aquí, al decir del poeta Sigfredo Ariel, «la inocencia solo se pierde una vez y la vida es muy larga». La vida sexual en Cuba es un libro abierto que cada cual interpreta a su manera.

Nuestros padres dieron por sentado una intimidad poblada, compartida, crearon lazos generalmente breves, matrimonios fugaces que fenecían en el mismo punto de declive del enamoramiento o el deseo. No tenían nada material que proteger, las normas sociales anteriores fueron lanzadas a la hoguera socialista, nos cambiaron los esquemas y la familia dejó de ser ese núcleo fundamental por el cual sacrificarse. Perdió valor el estoicismo de aguantar un matrimonio decadente por los hijos, los padres o «el qué dirán».

Así crecimos, con las llaves de la casa colgadas al cuello, para que pudiéramos entrar porque nuestros padres llegarían tarde. Nuestro mundo paralelo no era del todo conocido por los adultos, y los adultos tenían una vida muy parecida a la nuestra, bordada de emociones adolescentes y con encuentros sexuales semejantes a los nuestros. Hubo una fusión generacional que bajó los tonos jerárquicos hasta fundirlos. En el ensayo «Tener veinte años toda la vida», de Antonio José Ponte, puede encontrarse este esquema de eterna pubertad y poco compromiso que padecemos los cubanos.

Cuando llegan los cuarenta, empiezan los divorcios y saltan al ruedo los jóvenes amantes que entran y salen de madrugada a las casas antes de familia y hoy nidos de solteras que siguen sintiéndose adolescentes. A las camas de las mujeres nacidas en los años setenta y ochenta penetran los jóvenes nacidos durante el Periodo Especial y, ¡oh, sorpresa!, mi generación ha sustituido el noble *«Peace and Love»* de nuestros padres por una conducta generalmente machista, dura, correctiva, a veces grosera y casi ortopédica de lo que puede ser el sexo casual: los golpes dentro de lo que puede ser el lúdico lenguaje erótico van sustituyendo a la ternura, y pasamos gestualmente de la caricia al gaznatón en una noche.

1. «Mami, vírate de espaldas.»
2. «Chica, súbete y muévete, dale, no seas vaga.»
3. «De espaldas o me voy y te dejo en eso.»
4. «Salta, que voy en pira.»

La vulgaridad, el gregarismo y la cultura del reguetón invaden el encuentro sexual en un país que parece ser otro en la corta distancia de una década. Esto ocurre entre intelectuales, científicos, ingenieros, obreros, músicos o teóricos a punto de obtener un doctorado. La violencia física va ganándole a la caricia y la vulgaridad, al simple acto de galantería, coqueteo o enamoramiento. Emerge la guerra a cuartel entre los cuerpos, los castigos eróticos con atributos militares y el dolor físico como vehículo de placer.

Lo que pudo ser un hábito de un sector marginal es ya una norma imperativa que nos marca y que amordaza el espíritu sexual de un país donde el cuerpo es y ha sido siempre una bandera blanca.

EL MACHISMO EN CUBA

El machismo en Cuba no se proyecta de modo semejante al del resto de América Latina. El hombre cubano ha tenido que asumir la crianza de sus hijos al encontrarse muchas veces solo y al frente de las tareas domésticas debido a las múltiples funciones que la Revolución ha destinado a las mujeres. Es bien frecuente ver a un padre cubano haciendo trenzas a sus hijas pequeñas al amanecer, pegando botones, planchando, lavando y llevando al colegio a sus hijos perfectamente acicalados. Estas familias, por diversas circunstancias políticas y sociales, han sido divididas, y es muchas veces el padre quien hace la labor de ambos dentro de un hogar muy poco tradicional para las normas del tercer mundo latinoamericano.

Los modelos de vida en Cuba y el desempeño de los roles domésticos de género están muy lejos de lo que se conoce como normal en los parámetros occidentales.

Los cubanos no podemos acceder con libertad a las cifras de fallecimiento o separación por maltrato doméstico. Lo que se puede observar en la vida diaria, custodiada y vigilada por una larga lista de organizaciones de masas, desde los Comités de Defensa de la Revolución de los barrios hasta los centros de estudio y trabajo, es una perenne lucha por la igualdad entre los ciudadanos. Las mujeres y los hombres cubanos de mi generación aprendimos desde la adolescencia a disparar con armas de fuego, por lo general rusas, en las clases obligatorias de Preparación Militar, y sería extraño que una mujer entrenada para la «defensa de la patria» para «vencer o morir» desde su etapa formativa se dejara golpear por un hombre sin responder de manera enfática. Bajo el lema «Cada cubano debe saber tirar y tirar bien» forjamos nuestro carácter.

La infidelidad en Cuba parte del carácter casual de las relaciones humanas dentro de una vida de resistencia. Las guerrillas, las movilizaciones, la convivencia en internados lejos de nuestras casas, nos han hecho inconstantes y fugaces en nuestros compromisos sentimentales. Por eso, tanto mujeres como hombres deciden terminar bruscamente sus matrimonios por haber encontrado en otra parte el amor, el deseo, la admiración. En muchos casos, las mujeres mantienen largas relaciones paralelas que pueden permanecer así por tiempo indefinido. Aquí una mujer puede ser tan infiel como un hombre, puede abandonar un hogar y recomenzar su vida tal como lo hace un hombre, tenga o no tenga hijos.

Pero, una vez más, el empoderamiento femenino ha ocurrido en varios ámbitos excepto en el plano político e ideológico. El liderazgo político femenino hoy es impensable. Sería impensable tener una mujer presidente —el machismo-leninismo de nuestros líderes históricos lo impide—, pero sí hay mujeres en muchos sectores donde antes de la Revolución no tenían lugar. Hay damas zapadoras, artilleras, torneras y paracaidistas. Claro que los cubanos quisiéramos encontrar ministras, directoras de periódicos alternativos y jefas del ejército. Pero la igualdad en ese sentido no ha sido posible: estos cargos los desempeñan siempre hombres entrenados en una tradición de género anterior a los cánones aprendidos en 1960.

Si tratas de recordar la jefatura política cubana ubicada en la plaza de la Revolución observarás, en su mayoría, hombres vestidos de verde olivo emplazados debajo del monumento a José Martí pasando revista a un desfile militar, generalmente compuesto por soldados viriles.

¿Por qué en el mundo socialista nunca hubo presidentas mujeres? ¿Por qué no hay un movimiento feminista en Cuba? ¿Es acaso el feminismo contrario a los preceptos revolucionarios, marxistas, socialistas?

Para una autora cubana es complejo traducir las claves de una sociedad tan particular como la nuestra. La verosimilitud de las acciones y los personajes no tiene base en los códigos tradicionales a los que los lectores occidentales están acostumbrados. Lo que aquí se vive no solo tiene bases ancladas en el realismo mágico o en lo real maravilloso: nuestra existencia ha estado acosada por el aislamiento y la autofagia. Nuestras acciones, vistas desde afuera, resultan absurdas, desproporcionadas, indescifrables o exóticas. El cuerpo como único espacio de libertad, la sexualidad, la relación conflictiva con nuestras costumbres, la brujería, la vigilancia, la escasez, la delación, el desapego, nuestra relación complicada con el poder, la política decidiendo tu vida entera, la censura, la música y el ron como droga cotidiana para aguantar la imposibilidad de tomar las riendas de tu existencia, la conciencia de ser una criatura propiedad del Estado y las relaciones interpersonales fundidas en estos años de resistencia son cosas complejas de narrar. Mantener el sentido común en un contexto tan absurdo y único es el ejercicio más difícil que atravesamos los cubanos diariamente. En medio de esta guerra, una mujer cubana desnuda, con sombrero, sudando en el tropidrama de su isla, escribe sobre la arena.

El cazador

El jinetero Ernesto

ABRAHAM JIMÉNEZ ENOA

Llovía a cántaros en Viñales, a 183 kilómetros de La Habana, y Ernesto tenía a la italiana desnuda y trepada en la meseta de la cocina en una casa de alquiler cuando su iPhone comenzó a vibrar. Era la francesa. Después del almuerzo, mientras la italiana fregaba, Ernesto se le había aparecido por detrás, le había pegado toda su musculatura, toda su hombría, todos sus pectorales desnudos, y había comenzado a besarle suavemente el cuello, los hombros, la espalda, hasta virarla y quitarle la ropa. Se le había olvidado que un día antes la francesa le había confirmado por mail que llegaría esa misma mañana y que ya había hablado con su familia —la francesa tenía familia cubana— para presentarlo en casa. De modo que Ernesto se las ingenió para dejar sola por unos segundos a la italiana, que burbujeaba de excitación, e ir al baño y contestar la llamada de la francesa.

ERNESTO: *Salut, mon amour, est-ce que tu es bien arrivée?*
FRANCESA: Sí, *mon amour.* ¿Cuándo llegas a La Habana?
ERNESTO: *Aujourd'hui, ma chérie.*

La italiana se marchaba a su país recién al día siguiente, en la tarde, y eso era un problema. Después de regresar del baño y hacer como si nada hubiera pasado, Ernesto se arrodilló en el piso de la cocina y empezó a subir a besos por las piernas de la italiana, como quien trepa un andamio, hasta regresar a su rostro y hacerle el amor por cuarta vez en el día. Luego, mintió: «Dice mi hermana que mi madre se ha vuelto a enfermar, voy a tener que irme ahora a Baracoa».

Eran las dos de la tarde cuando terminaron, extenuados, envueltos en una nata de sudor, y la italiana se estiró saciada de placer sobre las sartenes y los cubiertos como si estuviera sobre un colchón de agua.

Conocí a Ernesto en agosto de 2015 en las arenas tristes y duras de Guanabo, una de las playas del este de La Habana. Para entonces, era la segunda vez que la francesa, Fadih, venía a Cuba. Se habían conocido cuatro meses antes, cuando ella visitó la isla para la boda de una de sus primas cubanas. Coincidimos todos en una casa veraniega con piscina alquilada por la suegra de un amigo mío que viene una vez al año a ver a sus dos hijas y a su madre. Está casada con un congolés de familia francesa desde hace más de dos décadas y vive entre el Congo, Francia y Miami. Una de las sobrinas de ese señor congolés es Fadih. Fadih nació en el Congo Brazzaville y es gordísima, debe de pesar unas doscientas cincuenta libras. Su piel es negra como el carbón. A los treinta y tres años usa espejuelos y su familia no le conocía ningún enamorado hasta que apareció Ernesto.

«A Fadih la capturé en el aeropuerto cuando fui a despedir a una española. Llegaba por primera vez a Cuba y se topó conmigo nada más salir por la puerta. Una señal, ¿no? Todo nos va bien», me contó Ernesto aquella vez, en la casa de la playa, y luego se zambulló con estilo en el agua de Guanabo, con un *short* de nailon corto, ajustado a los muslos, de un amarillo fluorescente.

El viaje de Fadih para asistir a la boda de la prima iba a ser de solo cinco días y acabó en una estancia de dos meses. Su encuentro con Ernesto en la puerta de salida número 4 del aeropuerto internacional José Martí de La Habana terminó por cambiar su destino.

«En esto hay que ser un fiera. La vi medio perdida y le fui encima. Rápido me eché en el bolsillo la dirección donde se iba a quedar y el número del fijo de la casa. Y, claro, siempre saqué mi cara de seductor para ver si la enganchaba.»

Luego, durante todas las noches de esa semana, la llamó por teléfono o se le apareció en los bajos del edificio de la familia para invitarla a sentarse en el malecón. Fadih tomaba cerveza y él, jugo de frutas.

«Dio la casualidad que en ese tiempo no tenía a ninguna jeva aquí y entonces pude dedicarle bastante tiempo para convencerla.»

Fadih finalmente cambió su pasaje de regreso y se fue a conocer Cuba con él. Fueron a Viñales, a Trinidad, a Pesquero en Holguín y terminaron en Baracoa, donde conoció a la madre de Ernesto.

«Con todo ese tiempo pa' mí, no hay mujer que se me resista. Mueren. Cuando la llevé a mi casa fue un punto a mi favor. Yo sé trabajar a las *yumas*, le metí por la boca pa' adentro la belleza de Cuba más mi sabrosura, y ahí se convenció de que yo solo no quería vacacionar, que estaba pa' una talla formal.»

A principios de los años noventa del siglo pasado, con el derrumbe del campo socialista y la desintegración de la URSS, Cuba vivió la peor de sus épocas. De pronto, la economía nacional dejó de recibir las prebendas mercantiles que llegaban en toneladas desde las naciones hermanas para abastecer al país y la isla se hundió en un pantano, insospechado hasta para los peores augurios. La crisis económica comenzó a tragarse, poco a poco, los grandes logros sociales alcanzados por Fidel Castro y la revolución triunfante en 1959. La sociedad cubana empezó a experimentar una metamorfosis.

El hambre, el descontento y la escasez provocados por la contracción de un 36 por ciento del producto interno bruto (según datos del Centro de Estudios Económicos de Cuba, entre 1990 y 1995 cada cubano adulto perdió entre un 5 y un 25 por ciento de su peso), propiciaron el desenfreno y la ebullición de perversiones que permanecían ocultas. La prostitución fue la salida de emergencia a la crisis. Durante ese «Periodo Especial», unos decidieron aguantar el temporal a fuerza de convicciones. Otros se lanzaron a la lucha por la supervivencia. Así, en esa etapa de salvajismo, donde todo era válido para sobrevivir, y sin respuesta del Estado, nació el jineterismo.

El llamado «Periodo Especial» arrasó en casa de Ernesto. Su madre, que tenía un puesto en el Estado, perdió su trabajo por uno de los recortes masivos que se ejecutaron por entonces, y su padre falleció repentinamente de un infarto cuando él tenía solo once años. No le quedó más opción que salir a ganarse la vida siendo un niño, y así fue como se juntó con los muchachones del barrio que iban a la zona más turística de Baracoa a pedir dinero a los turistas. Dejó la escuela, pero al principio no le dijo nada a su madre. Permitió que ella lo despertara todas las mañanas a las seis y media y lo vistiera de pionerito de pañoleta roja. Salía con su mochila repleta de libros pero, en vez de ir a la escuela, escondía la mochila en una casa de dos plantas que estaba abandonada por peligro de derrumbe, se quitaba la pañoleta, se sacaba la camisa blanca por fuera y salía corriendo para la zona de los hoteles y la parte histórica de la ciudad.

«*Man*, mami se dio cuenta porque yo llegaba mascando chicles y le daba una jaba con panes con jamón y queso y refrescos de latas y monedas de dólares. ¿De dónde yo iba a sacar eso? Ella no me podía decir nada, porque si yo no llevaba esas cosas pa' la casa, nos moríamos de hambre.»

Un mes después de conocerlo en Guanabo, Ernesto me avisó que andaba por La Habana y nos encontramos para conversar. Nos sentamos en el café Mamainés, en El Vedado. Fadih estaba en París y él acababa de llegar de Varadero, donde había despachado a una alemana que se hacía llamar Judith y que había regresado a su país. Al día siguiente tenía que recoger en el aeropuerto a una inglesa. Esa noche dormiría solo en una habitación de alquiler en el barrio de Miramar y a la mañana siguiente saldría rumbo a un hotel en Varadero con la inglesa, el mismo del que había salido con la alemana menos de veinticuatro horas antes.

Ernesto solo pudo graduarse del nivel de secundaria básica, pero a los catorce años ya sabía comunicarse en inglés e italiano. Había pasado de cazar los ómnibus repletos de turistas para pedirles chicles y sándwiches a merodear por el casco histórico para recomendarles restaurantes y ganar algo de comisión. Pasó de limosnear monedas de veinticinco y cincuenta centavos o de un dólar a vender los billetes cubanos de José Martí y el Che Guevara. Hasta que se percató de que lo que podía darle mejores dividendos era enamorar extranjeras. «A fin de cuentas, ellas vienen buscándonos», me había dicho cuando lo conocí en la playa de Guanabo, dándole la espalda a la familia cubana de Fadih.

Se volvió un políglota de tanto interactuar con extranjeros, y a su repertorio sumó el alemán, el portugués y el francés. Empezó a hacer gimnasia y se montó una fachada de universitario: decía que estaba cursando la carrera de cultura física.

«*Man*, yo sé que estoy bonito y bueno, que tengo el color que vienen buscando las *yumas*, pero a nadie le gusta estar con un burro. Fíjate que a veces leo el periódico *Granma* y veo el noticiero de la televisión pa' poder hablar del mundo también.»

Un día se decidió y empezó a desayunar sistemáticamente en los cafés caros de la ciudad, a los que acuden los turistas, y en los lobbies y las cafeterías de los hoteles. Pero eso no tuvo más resultado que producirle pérdidas económicas.

«Me di cuenta que ese no era el lugar, que para poder conquistar a las *yumas* tendría que lucir como cubano: ron en la mano, mover la cintura y las caderas y piropear. Y eso solo se logra en algún lugar donde se baile de noche.»

La carestía imperante tras el Periodo Especial hizo que los cubanos vieran en los turistas a verdaderas minas de oro. Los visitantes extranjeros empezaron a ser, ante todo, una fuente de ingresos, una mercancía a la que se le podía sacar jugo. El Gobierno cubano intentó, por todos los medios, evitar la proliferación de esas conductas asociadas al turismo foráneo. Así, durante años, el Gobierno de Cuba impidió por ley a sus ciudadanos acceder a los hoteles y a los centros turísticos. Fue un blindaje autoritario digno de preescolar: como los cubanos no saben comportarse ante las visitas, entonces no podrán relacionarse con ellas. No fue hasta 2008 cuando una serie de nuevas legislaciones promovidas por Raúl Castro permitió a los cubanos disfrutar de muchos de esos derechos que tenían los extranjeros, pero aun así no se pudo eliminar ese roce crispado entre los que llegan de afuera a disfrutar de las cosas a las que no pueden acceder los de adentro. Sin percatarse, la misma Revolución se pegó un tiro en el pie; enclaustró a los cubanos pero convirtió a los extranjeros en seres superiores, en extraterrestres. De ahí que sea muy común ver, en cualquier sitio, parejas de cubanos y extranjeros descompensadas en amor y sustentadas en el interés económico. Parejas a las que solo hay que poner un ojo encima para saber que uno de los dos bolsillos, el de la mujer o el del hombre, es el único atractivo. Señoras mayores que intentan vestir a la moda y pasean de la mano exhibiendo su última captura: el moreno fortachón caribeño, veinteañero, carismático, de buen bailar, que lleva grelos o trenzas. O el señor lleno de canas que no para de fumar su puro cubano mientras le habla a la morenita delgada de pelo rizado y labios gruesos.

Los jineteros están por todas partes, sobre todo en las zonas turísticas y en los bares de moda, que proliferan en los últimos tiempos. Son verdaderos escuadrones armados a base de labia que han convertido su identidad cubana en una daga punzante que entierran en la carne de los extranjeros que aterrizan aquí en busca de ese ansiado dolor.

Hace más de un año que Ernesto no va a su casa en Baracoa, en el oriente del país. Dice que cuando vuelva será para despedirse de su familia y sus amigos, para irse del país y no regresar, porque ya no aguanta vivir en la miseria.

Es un nómada que vive por toda la isla, de un extremo al otro, sin paradero fijo, de casa de alquiler en casa de alquiler, de hotel en hotel, o en casa de los amigos de sus clientas. Su estancia siempre corre a cargo de ellas, y de allí proviene el dinero que todos los meses le manda a su madre. La madre de Ernesto tiene setenta y seis años y una salud de hierro, y el dinero que le manda su hijo lo utiliza para su negocio de dulce de coco rallado en Baracoa.

«Yo soy un profesional y este es mi trabajo —me decía Ernesto, sonriente, en el café Mamainés, y agregaba que, para triunfar y abrirse paso en este mercado tan grande, tuvo que enfocarse y marcar la diferencia—. Hay mucha competencia, mucha gente que se dedica a lo mismo que yo. Como sin grasas, si hay que beber prefiero el ron y el whisky y por todos los medios trato de evitar la cerveza, la tomo solo cuando es necesario y la clienta lo amerita, beso la esquinita del vaso sin tragar mucha levadura, solo me mojo los labios de espuma y eso me ayuda a ir excitando a las jevas. No soy vegetariano pero priorizo las verduras y los vegetales. Hay que mantener la forma.»

Cuando no tiene clientas que atender, trata de dedicarles tiempo a los ejercicios físicos. No hace pesas. Prefiere las planchas, la barra y la paralela, combinándolo todo con varios tipos de abdominales. También sale a correr, sin excederse para no adelgazar demasiado. El cuerpo de Ernesto parece hecho a mano. De la cabeza a los pies es una estatua romana. Su piel es color pardo. Tiene los ojos achinados y el pelo largo, en rizos, que le cae apenas sobre los hombros firmes. A sus treinta y cuatro años, tiene el físico de un gimnasta. Nada de grasa, todo músculo, pero sin exageraciones. Sabe que tiene que ser apetecible para todos los gustos: vive para servir y es un maniquí en exposición permanente. Su objetivo es llamar la atención de cualquier extranjera: rubia, trigueña, negra, china, gorda, flaca, enana, alta. Buscar que le claven los ojos y, a partir de eso, pasar unos días de disfrute, comiendo en restaurantes, en paladares, yendo a la playa y durmiendo en aire acondicionado, para después rasparles a las extranjeras algo de dinero bajo la forma de las comisiones que cobra en los lugares a los que las lleva, o gracias a jugarretas varias (les vende tabaco, ron o cualquier otra mercancía a un precio más alto que el normal). Cuando los días de ensueño llegan a su fin, cualquier cosa, desde unas chancletas hasta un iPhone, sirve como paga.

No hay tarifas. Solo prebendas. Un convenio sutil, casi intangible, que las extranjeras cumplen pero que nunca se menciona.

«De eso no se habla pero la mayoría de ellas lo conocen muy bien, no es necesario firmar un contrato. Hay otras, las pobres, que no se dan cuenta y se desayunan el cuento ya cuando están cogidas por el jamo.»

Si la clienta ha quedado satisfecha con el goce y el buen desempeño del servicio brindado, y si el amorío sigue floreciendo vía internet, hay posibilidad de que todo termine en boda. En este caso, con Ernesto fuera de esta isla. En el país que sea. Eso da igual.

En la parte izquierda del abdomen, Ernesto tiene un tajo que le hicieron con una cuchara afilada durante una pelea en la cárcel. Allí, en la cárcel, y hace más de diez años, fue la última vez que probó pan. Ahora incluso verlo le produce repulsión.

«*Man*, la última vez que devoré esa cosa ácida fue en prisión, cuando estuve tres años preso en Santiago de Cuba por prostitución y asedio al turismo.»

Vivió tres años en la cárcel de Boniato, en Santiago. En verano, tumbado en una litera, sintió que se derretía con el calor que desprendían las paredes angostas. En invierno sufrió la humedad y extrañó la luz clara y el viento.

—En Baracoa la policía me tenía advertido por estar cerca de los turistas pero yo no les temía. Hasta un día que me confié y saliendo de la casa de la música con un grupo de brasileños, me pararon y me metieron pa' la patrulla, *man*, sin hablar. Juicio y tres años por la cabeza. Perdí esa brasileñita, que la tenía loca, estaba frita conmigo. *Man*, imagínate hombres malos, malos de verdad, luchando por la supervivencia. Y yo era un chama, tenía veintiún años cuando aquello, tuve que ponerme duro, y aun así llevo esta marca en el cuerpo para toda la vida, quisieron hasta violarme entre dos.

—Pero ¿no escarmentaste?

—*Man*, todo lo contrario. Yo salí de ahí con más fuerzas, con más ganas de irles pa' arriba a todas las *yumas* que me pasaran por al lado, pa' ver si me sacaban de este país de mierda.

Aquel día, en Viñales, Ernesto dejó a la italiana y salió a buscar a su francesa.

«En definitiva, la italiana ya se iba al otro día y esa solo viene a fiestear, ahí no tengo opciones de casarme ni que me saque del país.»

Fue hasta la casa en la playa de Guanabo y, cuando abrió la puerta, encontró que toda la familia cubana de Fadih estaba allí. Y ese era un público al que él no estaba acostumbrado; Ernesto siempre monta sus obras para los extranjeros. Antes de entrar tuvo algo de temor, la idea de que su fachada podía quedar al desnudo. Y eso fue lo que pasó.

«Los cubanos saben distinguir perfectamente a un jinetero, pero yo no tengo lío con eso, en este pecho no hay miedo, ellos solitos me hicieron sacar mi repertorio de lujo.»

Aquel día, la familia cubana de Fadih no entendía cómo ella no se percataba del talaje de Ernesto. A sus espaldas, a mi lado, la tía de Fadih decía: «Déjala, que si lo saca de Cuba nada más a dar un paseo, ahí mismo lo pierde». La prima respondía: «Mami, dónde ella va a encontrar un mangón así». Mientras tanto, Fadih tenía marcado el placer en el rostro, como quien está viviendo un instante sublime. Ernesto se le acercó y le susurró algo al oído. Ella sonrió y le hizo un ademán que terminó en caricia alrededor del cuello.

Las miradas incrédulas seguían a Ernesto a todas partes; lo seguían cuando se levantaba para ir al baño, cuando se llevaba comida a la boca, cuando se quitó la camiseta y se lanzó a la piscina, cuando se le acercaba a Fadih y le hablaba bajito.

«Ese gardeo de la familia es normal porque son cubanos y saben oler. Pero no hay miedo. Cuando uno hace bien la pincha, el resto importa poco, ya esa jeva está enamorada, esto no empezó ni ayer ni hoy.»

Según el Ministerio del Turismo en Cuba, durante 2016 arribaron a la isla unos cuatro millones de visitantes extranjeros, una cifra récord que Ernesto aprovechó al máximo. Las veces que hemos conversado, nunca ha dejado de lado su teléfono móvil. Su lista de contactos es inmensa. «Son muchos años trabajando. Tengo que revisar el correo y Facebook a diario para planificarme y que las *yumas* no me caigan juntas, ya yo no salgo a cazar mucho, tengo lo mío garantizado y no compito con los demás, tengo mis piezas aseguradas. Para eso llevo años en esto», dijo alguna vez, sosteniendo su iPhone 4 y mostrándome todas las caritas femeninas de su chat de Whatsapp.

«Al principio me costó trabajo porque yo era un tipo tímido, pero mi timidez era verde y se la comió un chivo, *man* —decía Ernesto en el café Mamainés, antes de explicar con lujo de detalles todo el *modus operandi* que tiene montado para ser efectivo—. Lo primero es atacar con la mirada, taladrar fuerte con la vista para después ir al diálogo con base, con menos tierra por recorrer. Si una *yuma* te mira y te sostiene la mirada y luego en cuestión de segundos vuelve por tus ojos, es presa fácil, ya me la puedes ir anotando. Hay que ser bondadoso y empezar delante en la cuenta. Si ella acepta el diálogo, hay que invitar primero, sacar ventaja para luego uno pedir y pedir y pedir y, cuando venga el papel del consumo, tener suficiente confianza encima para dejar las manos abajo y no pagar ni un centavo.»

Entonces, una vez que la presa está encandilada, llega la verdadera exigencia.

«El trabajo es en la cama, lo otro es protocolo, un rigor que hay que cumplir.»

Según Ernesto, muchas vienen buscando el calor del Caribe y ese calor significa buenas dosis de sexo. Y hay que dárselas. Sin clemencia, sin piedad. En la noche, en la mañana, antes del almuerzo, después del almuerzo, en el baño, en la cocina, en la cama, en el piso, detrás de un árbol frondoso, de un arbusto, en una escalera.

«*Man*, hay que volverlas locas: seis, siete, ocho veces al día y se enganchan facilito. Nadie en el mundo hace eso, nada más los cubanos. ¿Que cómo puedo? A mente, *man*, me enfoco, me concentro, yo estoy teniendo sexo pero no estoy pensando ni mirando sus tetas sino en lo que ese cuerpo me va a reportar cuando ya no esté debajo de mí. Profesionalismo, *man*, profesionalismo. Lo poco que yo tengo se lo debo a mi pinga, a más nadie, *man*, a más nadie.»

Pero ninguna de las extranjeras de la larga lista de Ernesto imagina cómo fue que el hombre se volvió un experto en el arte del sexo.

—Después que uno coge una gallina y la clava hasta que cacaree bien alto, después que uno sofoca a una puerca o una chiva, ya uno está listo pa'l combate, *man*. Eso nada más se aprende de chamo en Oriente, en el campo. Los animales la tienen más caliente que las mujeres y ahí es cuando uno aprende a controlarse y a no venirse rápido.

—¿Llevas la cuenta de la cantidad de extranjeras con las que te has acostado?

—No, *man*, ojalá. Siempre me arrepiento de eso. El otro día un socio me preguntó eso mismo y no supe decirle. Pero el numerito debe estar bien alto porque no escatimo, todo lo que huela a *yuma* me la fumo, y mientras más fea y más gorda mejor, esas son las que más faltas de cariño están.

En julio de 2016, Ernesto viajó a Baracoa y estuvo una semana en su casa. Cuenta su madre que no salió ni siquiera una noche, y que cuando lo hizo fue solo para ir a conectarse a internet en la wifi del parque del casco histórico. Pasó esos siete días sentado en el butacón de la sala, mirando por la ventana, dándole vueltas a una alianza de oro que llevaba en el dedo anular de la mano derecha.

«Me dijo que venía a despedirse, que se había casado y que se iba del país con aquella francesa que me había presentado hace un año atrás. Yo realmente no recuerdo cuál de las francesas era.»

El Tropicana

Los pasos en las huellas

FRANCISCO GOLDMAN

Volver a entrar tras un cuarto de siglo en los dominios del cabaret Tropicana de Marianao, un barrio popular de La Habana, fue como regresar a una exuberante isla mítica primitiva (o como sentirse Peter Pan de vuelta en el País de Nunca Jamás). Durante ese lapso de tiempo, de vez en cuando había pensado en los ratos que había pasado en este lugar, que era tan incongruente con el resto de mi vida, pero ahora todo lo que veía me parecía nítido y cercano, pues lo recordaba a la perfección: las altísimas palmeras reales, los árboles frutales, las plantas selváticas, las ocho bailarinas desnudas esculpidas en mármol que conformaban la famosa Fuente de las Musas, la arquitectura de líneas elegantes y despejadas en cristal y hormigón con rebordes rojos del edificio principal, y delante de la entrada, en su propia islita, la escultura realizada por Rita Longa de la esbelta bailarina clásica en *demi-pointe*, que se balanceaba desde la cintura como un tallo de nenúfar en una corriente, con los brazos extendidos con gracia, esa figura que se ha convertido en la imagen emblemática del Tropicana. Nuestro destartalado taxi se detuvo en la caseta del portero que había junto a la calle. Dejé a Jovi, mi esposa, en el viejo taxi con el conductor y entré en una sala cuyas paredes estaban adornadas con fotografías en blanco y negro ampliadas de algunas de las estrellas del Tropicana de épocas pasadas. No podía retrasar más el momento: aunque no sabía ningún nombre por el que preguntar, tenía que explicarle lo que quería al hombre del mostrador. La última vez que había estado allí había sido en 1993, cuando había escrito un artículo sobre el Tropicana para *Harper's Bazaar*, la revista de moda femenina. Entonces había dedicado unos diez días a merodear por el Tropicana y había asistido a varios espectáculos y ensayos. Ahora quería escribir otro artículo acerca del Tropicana en la actualidad, en estos tiempos de cambios, y, además, me proponía seguir la pista de algunas de las bailarinas que había conocido en aquel entonces, para escuchar sus reflexiones sobre el paso del tiempo, tanto sobre su carrera de bailarinas como sobre Cuba en general. Tal vez alguien del Tropicana pudiese ayudarme a contactar con varias de esas personas.

El hombre que había detrás del mostrador me miró con escepticismo y contestó: «A estas alturas deben de estar todas muertas».

Me pregunté si el comentario era una indirecta a propósito de lo mucho que había envejecido yo en casi veinticinco años, aunque, por supuesto, en mi anterior visita no había visto a aquel hombre. Calculé que debía de tener unos cuarenta años como mucho. «Algunas de las chicas eran adolescentes —le respondí—. Ahora deben de rondar los cuarenta años, serán más jóvenes que usted.»

Sentía cierta presión, pues solo me quedaban tres días en La Habana para investigar cuanto me fuera posible para este artículo. Llamó por teléfono. Mientras tanto, me dediqué a estudiar las fotografías de la pared, deslumbrantes vestidos cortísimos, piernas, brazos, caderas, nalgas, tocados fabulosos, retratos de divas legendarias, uno de ellos de una mujer de ojos almendrados con aspecto pensativo y expresión sensual. Me quedé un poco desconcertado al sentirme atraído por una fotografía; era como si hubiese tenido un flechazo, y me dije que era la cara más hermosa que había visto en mi vida. El hombre del mostrador, que seguía al teléfono, describía con cierta fidelidad mi petición a su interlocutor, a pesar de que su tono de voz cáustico no parecía augurar que quisiera ayudarme demasiado.

Me tendió el teléfono para que pudiese hablar con una mujer

de la oficina de administración que se llamaba Sandra. Volví a contarle mi objetivo y le dije que tenía fotocopias de mi artículo para *Harper's Bazaar*, además de numerosas fotografías que había hecho entonces. Sandra accedió a quedar con nosotros en la entrada, pues le dije que Jovi, que aún esperaba en el taxi, vendría también. El taxista, un hombre de rostro eslavo grande y de ojos rasgados, accedió a esperarnos, pero no más de veinte minutos, nos dijo.

Lo que cautivó a Sandra fueron mis fotografías. Las había hecho todas con esas cámaras desechables de la marca Kodak; la era de las cámaras digitales de los teléfonos móviles todavía quedaba a años de distancia. Sandra, una mujer cálida y cordial, se sentó junto a mí en su oficina y las fue repasando una por una: imágenes de los ensayos y los espectáculos, de bailarinas entre bambalinas y de algunas en sus propias casas. De vez en cuando exclamaba admirada: «¡Estas fotografías son preciosas!». «Debería hacer algo con ellas, la gente que viene por aquí tendría que verlas. Era la época dorada del Tropicana», añadió. Durante mi visita en 1993, el director titular era el legendario Tomás Morales, pero el coreógrafo de la compañía y del espectáculo que mejor llegué a conocer era el también legendario Santiago Alfonso; palabras como «legendario», «mítico», «inmortal» y «diva» son una parte esencial e inevitable del vocabulario relacionado con el cabaret Tropicana. Al principio, había tratado de retomar el contacto con el Tropicana a través de Santiago Alfonso. Cuando le había telefoneado desde Ciudad de México y le había contado mis planes (por supuesto, no se acordaba de mí), me había hablado como si estuviese encantado de reunirse conmigo y ayudarme en la investigación, así que confié en que enseguida podría ponerme manos a la obra.

Sin embargo, una vez en Cuba, ya había desperdiciado dos días persiguiendo por teléfono a Santiago. Después de pedirme varias veces que volviese a llamar a otra hora, al final me había preguntado a regañadientes cuánto pensaba pagarle, y me dijo que su abogado le había aconsejado que no hablase conmigo a menos que le pagase. «Es para una antología que va a publicarse en Nueva York y en España», le expliqué. Le conté que varios escritores tenían que plasmar distintos aspectos de la vida en Cuba y yo... Santiago me abroncó: «¿Y usted cree que el mundo necesita que le hable del Tropicana?». «Bueno, no, claro. Es solo que...» Estoy casi seguro de que entonces me entró la risa floja a causa de los nervios, pero también porque ese arrebato de Santiago me resultaba muy divertido. A decir verdad, incluso podía entender que quisiera que le pagase por dedicar tiempo de su ajetreada agenda a concederme una entrevista y proporcionarme información; incluso se me ocurrió que era sorprendente que no me lo pidieran más a menudo. Sin embargo, no tenía presupuesto para pagar a Santiago Alfonso. Y él no tenía la intención de ayudarme. Por eso me había presentado directamente en el Tropicana ese día, sin saber por quién preguntar.

Tuve suerte de toparme con Sandra. Telefoneó al actual director de coreografía, Armando Pérez, al que llaman el Jimagua («el Gemelo»); su hermano gemelo, Alberto, también lleva décadas vinculado a la gran familia del Tropicana. Ambos habían empezado como bailarines. Mis posibilidades de poder escribir otro artículo sobre el Tropicana dependían de esa llamada. Si no salía bien, Jovi y yo tendríamos que contentarnos con unas breves vacaciones en Cuba. Bueno, en realidad tampoco habría sido tan mal plan, pues, al fin y al cabo, había sido aquí, en La Habana, tres años antes y en el Malecón, donde le había pedido matrimonio. No obstante, hacía frío y viento, y llovía; habíamos pillado la semana más fría de enero que la gente recordase. Habían cerrado el Malecón a los peatones y al tráfico por las olas, que superaban el dique de contención. No podríamos escaparnos a la playa ni relajarnos en la piscina por la tarde. El antiguo encanto de La Habana Vieja había quedado casi dinamitado por las hordas de turistas estadounidenses y europeos que llegaban en crucero y abarrotaban las calles antiguas. Entre todos hacían subir tanto los precios de los restaurantes que incluso un plato de arroz con frijoles y un huevo frito encima costaba ahora el equivalente a doce dólares. La mejor experiencia de los días que llevábamos hasta el momento en la isla había sido ir a comprar algo de comida a un puesto callejero regentado por un bullicioso grupo de mujeres en una calleja de El Vedado, donde los clientes pagaban en pesos cubanos y después se llevaban los platos de deliciosos congrí y pollo asado al parquecillo que había enfrente. Me percaté de que Sandra hablaba de mí con sumo entusiasmo. A continuación le oí decir, como si repitiera instrucciones: «De acuerdo. Entonces pueden ver el espectáculo, pero no pueden sentarse a la mesa del director». Y, después de colgar, nos dijo que fuésemos a la entrada de los artistas situada en la parte de atrás del Tropicana la noche siguiente a las ocho. El Jimagua hablaría con nosotros antes de que empezara la función.

Mientras salíamos del local, antes de volver al taxi, eché un vistazo rápido. Ahí estaba el teatro interior, los Arcos de Cristal, un clásico modernista del arquitecto cubano Max Borges, construido en 1951, que encaja en su escenario coronado de árboles como si fuese un claro tropical. Borges se exilió después de la Revolución y a partir de ahí desarrolló una carrera como arquitecto larga aunque discreta (comparada con su fama en Cuba) en Washington D.C. y en Virginia, donde murió en 2009. Pasé por el salón abierto para encontrar Bajo las Estrellas, el famoso paraíso en el que se ofrece el espectáculo casi todas las noches, a menos que el mal tiempo obligue a hacerlo dentro: varias filas de mesas miran el escenario, que está resguardado entre unos árboles, con un muro de frondoso follaje del que salen varias pasarelas metálicas de aspecto delicado y distintos puentes en los que por la noche, bajo unos focos coloridos que destellan, las bailarinas ataviadas con increíbles tocados en el pelo se contonean por encima del público. En la época gloriosa previa a la Revolución, en ese escenario habían actuado las mayores estrellas de la música cubana: Rita Montaner, Bola de Nieve, Olga Guillot, Benny Moré, Celia Cruz; y abrió las puertas a artistas internacionales, incluso Nat King Cole había actuado en el Tropicana. Entre el público nocturno había infames mafiosos y casi todas las estrellas del cine de esa época que se nos ocurra, desde Ava Gardner hasta Marlon Brando. A pesar de que después de la Revolución los famosos que asistían estaban más en la línea del astronauta soviético Yuri Gagarin o, muy de vez en cuando, incluso el propio Fidel, el Tropicana siempre ha sido uno de los espectáculos nocturnos más llamativos, efervescentes y llenos de talento de La Habana. Ahora, al mediodía, todo estaba en calma. En la parte posterior del escenario había una escultura de tubos geométricos desde la que, me acordé de repente, la estrella solista Lupe Guzmán solía lanzarse con su famosa caída en picado en el clímax de uno de los números más icónicos del espectáculo. Antes de dejar a la fantástica Sandra en la planta de arriba, le pregunté si sabía cómo podía contactar con Lupe, quien aparecía en varias de las instantáneas que acababa de enseñarle y a la que había reservado un lugar destacado en el artículo de *Harper's Bazaar*, en el que aparecía en una fotografía con su hija Lianette Beltrán, entonces adolescente pero que ya era una modelo relevante. En la foto, ambas sacaban la parte superior del torso, la cabeza y una melena dorada a lo Rapunzel por las ventanillas de un coche antiguo de los años cincuenta. Ya en aquella época, cuando todavía actuaba, a Lupe se la consideraba una de las mejores artistas del Tropicana de todos los tiempos. Sandra no estaba segura de dónde podía encontrarse ahora, tal vez en Miami, adonde su hija se había mudado hacía varias décadas para seguir con su carrera de modelo y actriz. Era muy probable que Santiago Alfonso lo supiera, pero su gruñonismo me intimidaba tanto que no quise preguntárselo.

Nuestro taxista llevaba cerca de una hora esperando. Por supuesto, accedimos a pagarle más. Se supone que pocos «cubanos normales» (es decir, casi todos los cubanos que viven en Cuba) tienen la oportunidad de ir alguna vez al Tropicana a ver el espectáculo porque el precio de las entradas, que ha proporcionado al Gobierno de Cuba esos dólares de los turistas que necesitaba de modo tan imperioso, es demasiado desorbitado. Sin embargo, nuestro taxista había ido hacía poco, ya que había ahorrado para poder llevar a su mujer al cabaret para su aniversario de bodas. Hoy en día los taxistas de La Habana se ganan relativamente bien la vida al haber muchísimos turistas de Estados Unidos y de otros países, sobre todo después de que Raúl Castro y Barack Obama decidieran abrir la isla y suavizar las restricciones de viaje, respectivamente. Para su esposa, tal como nos explicó el taxista, había sido un sueño hecho realidad el poder ver en persona el cabaret del que había oído hablar toda su vida, y que había vislumbrado en la televisión y en el cine. Según nos dijo: «Los cuerpos de esas bailarinas son de infarto».

Ya no me acuerdo de cómo surgió la invitación para ir a Cuba a escribir acerca del Tropicana. En la facultad había cursado una asignatura de traducción con una joven traductora, ya entonces célebre, llamada Suzanne Jill Levine (recuerdo que me enamoré de ella de forma casi enfermiza), y, aparte de al leer su traducción de esas memorables páginas con que se inicia la novela *Tres tristes tigres* de Guillermo Cabrera Infante —«*Showtime!* Señoras y señores. *Ladies and gentlemen.* Muy buenas noches, damas y caballeros, tengan todos ustedes. *Good-evening, ladies & gentlemen.* Tropicana, el cabaret MÁS fabuloso del mundo… «*Tropicana», the most fabulous night-club in the WORLD*»—,* creo que nunca me había preguntado si el Tropicana aún existía, y mucho menos me había planteado si quería ir a verlo. Vivía en Ciudad de México con mi novia de entonces, Tina (de Cristina), que era medio cubana, cuando, de pronto, me llegó la propuesta de ir a La Habana para escribir un artículo sobre el Tropicana para la revista *Harper's Bazaar.* Me parece que la idea del artículo en sí había sido de Enrique Badulescu, un mexicano que en aquella época era una estrella cada vez más famosa de la fotografía de moda. Los editores de la revista pensaron que me sería fácil volar desde México hasta Cuba y burlar las restricciones de viaje desde Estados Unidos si me aseguraba de pedirles a los cubanos que no me sellaran el pasaporte. La madre de Tina, Margarita, junto con sus propios padres, sus hermanos mayores y algunos de sus hijos pequeños, habían huido de Cuba para instalarse en Estados Unidos (en Nueva York y New Jersey) después de que la Revolución de Fidel Castro se decantara cada vez más por el comunismo. Su madre se había casado con un inglés a quien había conocido en Nueva York, de modo que Tina y sus hermanos habían nacido y se habían criado en Londres.

---

* Guillermo Cabrera Infante, Tres tristes tigres, Barcelona, Seix-Barral, 2003 (1967), p. 19.

Yo sabía que Tina se moría por visitar Cuba por primera vez en su vida, así que fue por ella sobre todo por lo que aproveché la oportunidad de ir a la isla.

Lo que siguió a esa decisión fue una de las experiencias más extrañas, más divertidas y desde luego más inesperadas de mi vida. Durante casi dos semanas, me convertí en una especie de Toulouse-Lautrec del Tropicana. Me facilitaron un acceso de otro modo improbable a los ensayos, a las clases, a los bastidores durante los espectáculos… Incluso me permitían entrar y salir de los camerinos. Todavía hoy en día, sigo sin comprender cómo ocurrió en realidad. Mientras tanto, Tina se zambulló en La Habana y vivió sus propias aventuras. Aunque disfrutó mucho con la experiencia, no siempre fue fácil, porque tenía las facciones de una joven belleza cubana de piel morena en una época en que La Habana se había convertido en el destino principal del turismo sexual de Europa. Recuerdo su furiosa exasperación al ver que no podía bajar siquiera a la cafetería de nuestro hotel a tomar un bocadillo sin que algún alemán frunciera los labios para lanzarle un beso mientras la miraba. Cuba estaba experimentando las famosas estrecheces de su Periodo Especial, cuando el derrumbe de la Unión Soviética había dejado a la isla tan aislada y desprovista de su fuente principal de apoyo económico. Recuerdo que las cosas iban tan mal que en la televisión cubana había programas sobre cocina que enseñaban a la gente a guardar y secar las peladuras de pomelo para freírlas como si fuesen ternera o pollo, en el supuesto de que pudieran acceder por lo menos a las peladuras de pomelo. Un día, cuando estábamos en la calle embarrada que había detrás del complejo del Tropicana, a las puertas de la entrada del personal y los artistas del club, durante un descanso entre las clases y los ensayos, Toni Suárez, un joven rubio de pelo rizado y voz melosa que entonces era *regisseur* de la compañía, me preguntó si me había fijado en que ya no se veían gatos sueltos por La Habana. Antes, solía haber por todas partes, me dijo, pero ahora no se veía ni uno, porque la gente se los había comido todos. (Bueno, por lo menos ahora, en 2017, La Habana vuelve a ser una ciudad llena de gatos.) Toni me contó que los emblemáticos tocados del Tropicana, a los que llamaban simplemente gorros (como el «gorro de la estrella», el «gorro del gallo» o el «gorro de candelabro» de diez kilos), eran tan grandes a causa de los árboles. «Aquí los gorros son más grandes que en ningún otro cabaret porque no hay techo, así que no hay límite —me contó—. Si los gorros fuesen más pequeños, las mujeres parecerían más pequeñas; no se vería su esplendor. Así que los gorros se han vuelto inmensos, porque hemos buscado distintas maneras de que las mujeres complementen este escenario o compitan con él.» Fue Toni quien me dijo que consideraba a Lupe Guzmán, que entonces tenía cuarenta años y a quien él conocía desde hacía treinta y cuatro, la bailarina «más carismática» que había tenido jamás el Tropicana. A esas alturas yo había hecho muy buenas migas con Lupe, tanto que me había invitado a ir a su casa, que, a pesar de su estatus de estrella, era un apartamento modesto en un bloque de pisos bastante funcionales.

Probablemente, la mujer con la que más amistad entablé fuese María Elena, una esbelta mulata de conducta y sonrisa cálidas y tiernas cuyo marido, Miguel, un hombre delgado y apuesto que trabajaba de soldador, la había conocido un día por la calle y la había invitado a un helado en Coppelia. En su audición para el Tropicana, Santiago Alfonso se había fijado en ella entre los cientos de chicas que intentaban que las seleccionaran como posibles figurantes (la compañía se divide en unas cuantas solistas, un grupo más numeroso de bailarines y las figurantes, que es como llaman a las mujeres con aspecto de estatua que lucen los gorros) y le dijo que fuera a probarse un tanga; era la primera vez en su vida que María Elena se ponía un biquini. Alfonso le pidió que hiciera unos pasos de baile y unas pruebas de flexibilidad, y luego le dijo que tenía quince días para perder nueve kilos. María Elena lo logró y de inmediato empezaron a impartirle clases de baile y participó en los ensayos. Poco antes la habían llevado a Europa para que actuase allí con la compañía. Todos los días se marchaba en bicicleta de su pequeño bungaló, en el que vivía con su suegra y con Miguel, y todas las noches, cuando regresaba junto a Miguel, sin falta, él la recibía con un baño caliente.

Entre mis recuerdos favoritos está el de asistir a las clases de baile diarias, en las que Santiago Alfonso rondaba por la sala caldeada por el sudor sin parar de dar caladas al cigarrillo, gritando instrucciones, mientras en un rincón varios bateristas aporreaban con furia el tambor. Me encantaba observar los espectáculos entre bastidores, junto al mugriento laberinto de camerinos y vestidores. Incluso me subía a las pasarelas, aunque, como es lógico, no llegaba a salir lo suficiente para que el público pudiera verme. Recuerdo que una vez esperé en una de esas pasarelas junto a una de las figurantes, una mujer más formada y algo mayor que mi amiga María Elena, que aún tenía un cuerpo juvenil. Llevaba un atuendo mínimo y tenía el enorme gorro apoyado en el suelo a su lado, y se había sentado medio encorvada, mientras los dos fumábamos y hablábamos en voz baja. Cuando le tocó el turno de salir, recuerdo con qué gracia espectacular y con qué vigor se desplegó su cuerpo hacia arriba y se alzó como una torre sobre mí mientras levantaba el *gorro* para ponérselo en la cabeza; también recuerdo el paso rítmico y regio con el que sus hermosas piernas largas y sus caderas la empujaban a avanzar por la pasarela y salir entre las ramas de los árboles por encima del escenario iluminado.

Nos costó encontrar un taxi desde Playa, donde nos alojábamos en el apartamento de un amigo, y llegamos un poco tarde a la entrada posterior, en ese callejón embarrado y oscuro, rodeado de viviendas, que, cuando volví a verlo después de tantos años, me pareció tan familiar y parecido al de antaño. Resultó que Armando Pérez no había llegado todavía. Estaba en una actuación benéfica en un teatro de La Habana con algunas de sus bailarinas. O bien se había olvidado de nuestra cita, o bien se había olvidado de que tenía el acto benéfico cuando acordó quedar con nosotros. No nos quedaba otra opción que esperar, algo que en cierto modo fue entretenido y, para mí, también un poco nostálgico. De vez en cuando, algunas bailarinas jóvenes surgían de la oscuridad como si salieran del pasado, solo que ahora algunas llevaban sudaderas con capucha, jerséis deportivos, pantalones de chándal o vaqueros, y varias comían cucuruchos de helado del pequeño puesto que había al doblar la esquina. Sin embargo, la mayor parte de la *troupe* ya estaba dentro, preparándose para el espectáculo después de los largos días de clases y ensayos. También llegaron unos cuantos músicos y otros artistas, cantantes, acróbatas... Todos tenían que abrir las bolsas y las fundas de los instrumentos musicales encima de la mesa que había en la entrada para que las inspeccionara el vigilante.

Había un par de personas apiñadas fuera, en la oscuridad, que prestaban atención a un joven de Croacia. Llevaba gafas y un jersey de lana metido por dentro de los pantalones con cinturón. Su voz sonaba suplicante y sincera. Según decía, la noche anterior había conocido a una bailarina del Tropicana que le había dicho que fuese a la entrada de los artistas y preguntase por ella antes del espectáculo. Sabía cómo se llamaba la chica, pero las dos personas que lo escuchaban, y que parecían querer ayudarlo, tal vez un tramoyista y una maquilladora o una encargada del vestuario, no reconocían el nombre. El croata era incapaz de describirla con algo más específico salvo el dato de que era morena. «¿Cómo de morena? —le preguntó el tramoyista, que empezaba a sonar exasperado—. ¿Igual de negra que yo o de piel más clara?» «Negra», contestó el croata con tono lastimero. Entonces recordé que, en 1993, la gente solía decir que una treta habitual entre las jineteras cubanas, mujeres que vendían sexo a los turistas a cambio de dinero o incluso de productos codiciados, como ropa interior de Calvin Klein, una cena de lujo o una entrada a una discoteca, era decirles a los hombres que eran bailarinas del Tropicana. Es una reputación que ha acompañado a las cabareteras desde los escandalosos días previos a la Revolución, y que es posible que ya fuese un mito incluso entonces; las bailarinas del Tropicana que yo había visto, que pasaban por lo menos doce horas al día dentro del complejo del cabaret, entre clases, ensayos y espectáculos que empezaban a primera hora de la tarde, prácticamente todos los días y todas las noches de la semana, no tenían mucho tiempo para salir de noche con la intención de conocer hombres, por no hablar de tener tiempo de ofrecer citas a cambio de dinero. Era evidente que esa estratagema seguía siendo habitual entre el turismo sexual de La Habana. Al final, los cubanos se impacientaron y perdieron el interés en el croata, y sus voces, que al principio eran amables, se volvieron más secas, hasta que regresaron al interior del edificio y el croata, al ver desvanecerse su fantasía romántica o erótica, tuvo que adentrarse en solitario y a regañadientes en la noche, tal vez para volver a intentar conocer a otra bailarina del Tropicana.

Por fin salió alguien a buscarnos y nos condujo por unas escaleras hasta un despacho trasero. Allí nos presentaron a la *regisseur* de la compañía de baile, Lourdes Hernández Domínguez, quien nos indicó que nos sentásemos. De todos modos, estaba un poco histérica, porque no sabía si Armando Pérez y las bailarinas que se había llevado llegarían a tiempo para el número que abría el espectáculo de esa noche, en cuyo caso ella tendría que montar un cuerpo de bailarines distinto; intentaba seguirles los pasos llamándolos por teléfono. Les iría de un pelo, porque en ese preciso momento, según nos dijo a Jovi y a mí, les estaban dando una calurosa ovación y pidiéndoles bises en el teatro donde se celebraba el acto benéfico. Lourdes había pasado doce años de su vida bailando en el Tropicana y ahora había ascendido de puesto, justo por debajo de Pérez. Calculé que debía de rondar los cincuenta años, era una mujer de color robusta y guapa, con unos ojos miel oscuro que parecían atentos y penetrantes, y respondía las preguntas a conciencia. Gracias a su talante, la conversación fue cada vez más cálida. Igual que había ocurrido el día anterior con Sandra, Lourdes se sintió especialmente conmovida ante mi taco de fotografías antiguas tomadas hacía veinticuatro años. Reconoció a la mayoría de las bailarinas. Esta de aquí vivía ahora en Italia, me dijo, y esta también, sí, abrió su propia escuela de baile en Italia, y esta otra estaba en Miami, y esta, pobre mujer, se había vuelto loca... Estoy casi seguro de que era la mujer con la que me había fumado un cigarrillo en una de las pasarelas aquella noche de tanto tiempo atrás. La tierna María Elena, pensaba Lourdes, estaba en Monterrey (México), donde también había abierto una escuela de baile. Muchas de las antiguas bailarinas del Tropicana hacían eso cuando se establecían en el extranjero: ¿quién mejor que ellas para enseñar todo tipo de estilos de baile del Caribe latinoamericano? El bailarín que había junto a ella en mi fotografía había muerto de cáncer con apenas cuarenta años. Yo también salía en esa instantánea con treinta y tantos años y aspecto de ser todavía más joven; tenía el pelo totalmente moreno y rizado, la cara sin una arruga y radiante de felicidad. El predecesor de Lourdes en el puesto de maestro de baile, Toni Suárez, tan esbelto cuando lo conocí, se había puesto obeso, según me contó, y había muerto de un ataque al corazón. Creía que Lupe Guzmán vivía ahora en México, aunque volvía con frecuencia a La Habana.

«Todas se marchan», dijo Lourdes con voz ronca. Aunque también había muchas, como ella, que se quedaban. Según me dijo, unas cuantas bailarinas veteranas del Tropicana, mujeres de cuarenta y cincuenta y tantos años, acababan de formar una nueva compañía de baile por su cuenta que había realizado varios espectáculos muy bien recibidos por el público.

Luego habló de su época de bailarina. «Todas las personalidades famosas que visitan Cuba vienen al Tropicana», me dijo. Había actuado delante de Salvador Allende y de Pinochet, aunque en momentos distintos, claro; también había actuado para Brézhnev y, en 1974, para Fidel, cuando hizo subir al escenario con él a los ganadores de los Mundiales de Boxeo de ese año, porque Cuba era anfitriona de los campeonatos.

«Yo era una jovencita cuando empecé aquí —recordó Lourdes—. La vida pasa, nada más, y el tiempo pasa; cuando te diviertes no te das ni cuenta de cómo pasa el tiempo. Aquí he visto satisfechos todos mis deseos.» Lourdes se casó con un atleta, un campeón de judo cubano. Después de dejar los escenarios del Tropicana, trabajó como profesora de baile y coreógrafa para otras de las compañías, cabarets y programas de baile de televisión de La Habana. El cabaret no solo ha sido esencial para la industria turística de Cuba, sino que además es una forma de arte popular rica en tradiciones que expresa una parte de la identidad cubana. Si el baile afrocubano y la música pueden considerarse las contribuciones más gloriosas e influyentes de Cuba a las Américas y al mundo, el Tropicana, desde su fundación en 1939, ha sido un escaparate y un laboratorio inigualable para ambas cosas. La sensualidad y el erotismo cubanos son expresiones esenciales de esa identidad, por supuesto, algo que tal vez les pase inadvertido o les resulte incomprensible a las personas que se preguntan cómo es posible que la ideología a menudo tan puritana de la Revolución hubiese permitido la supervivencia de un lugar semejante, en apariencia tan libertino y superficial, como el Tropicana. Cuando Lourdes indicó que el Tropicana era una parte de la «idiosincrasia» de Cuba (una palabra que siempre parece salir a colación cuando se habla a los cubanos del Tropicana), era a eso a lo que se refería.

Ahora Lourdes es la encargada de los ensayos y la formación de los bailarines del Tropicana, que son tan jóvenes como lo era ella cuando se unió a la compañía. Estudiantes de las escuelas de baile clásico, moderno y folclórico más prestigiosas de Cuba, de sus escuelas para gimnastas y acróbatas, incluso cada vez más de las academias atléticas, se presentan a las audiciones de la escuela en la que el Tropicana forma a sus propias compañías de baile en ciernes, tanto la que actúa en el cabaret, que consta de más de cien bailarines y artistas, como las compañías más pequeñas que dan giras por todo el mundo. El curso dura diez meses; no obstante, después de los primeros tres, muchos lo dejan. El Tropicana de La Habana ofrece espectáculos todas las noches, trescientas sesenta y cinco actuaciones al año. Los bailarines llegan alrededor de las dos del mediodía para asistir a las primeras clases, a las que siguen los ensayos, y el espectáculo comienza a las diez de la noche. Así, el Tropicana se convierte en la vida del bailarín; tiene que serlo, no hay alternativa.

Lourdes me contó que ahora era más duro para los jóvenes bailarines. Hay tantas cosas que han cambiado y están cambiando en La Habana... «Los jóvenes buscan otras cosas. A veces están menos dedicados al arte que nosotros en nuestra época.» Su labor es enseñarles a ser «artistas disciplinados y a estar preparados para ofrecer el espectáculo cada noche. Tienes que estar listo para darlo todo a diario. Al fin y al cabo, es nuestro sustento. Tanto si diluvia como si hay un vendaval, tenemos que mantener nuestra calidad. Tenemos que entregarnos en cuerpo y alma».

Entre bastidores, en uno de los pasillos abiertos que hay entre los camerinos, han colocado los gorros de candelabro de diez kilos en una larga fila. Veinticuatro años después de que los viera por primera vez, siguen teniendo el mismo lugar destacado dentro del espectáculo, que empezará en cuestión de minutos. Al ver esos enormes tocados de cristales resplandecientes, sonrío como si acabase de encontrarme por casualidad a un viejo amigo.

«Señoras y señores... ¡Bienvenidos al PARAÍSO bajo las ESTRELLAS!...», y empieza el espectáculo. Jovi y yo tenemos una mesa reservada desde la que se ven el escenario y el abundante público congregado, con una de las pequeñas plataformas en las que actúan los bailarines y los cantantes colocada justo delante de nosotros. Ahora el escenario está iluminado por focos todavía más coloridos y brillantes, con un toque de más alta tecnología —es inevitable—, que la última vez que estuve aquí. Pero ahora, igual que entonces, tanto la primera actuación (uno de los números más espectaculares de la noche, en el que los laterales del escenario y los árboles altos como torres se llenan de mujeres de vestidos despampanantes) como el resto del espectáculo, que se prolonga durante las dos horas siguientes más o menos, saturan nuestros sentidos de belleza, movimiento, música, color, erotismo exuberante y baile, baile y más baile; de biquinis de lentejuelas, botas de lamé dorado, vaporosos vestidos cubanos de volantes y biquinis con largas capas de gasa; de torsos y extremidades finos y perfectamente tonificados, de muslos largos, espaldas torneadas, de todos esos distintos estilos de *gorros* resplandecientes que trepan hacia las estrellas. Nos cautivan los *gorros* de candelabro que llevan las mujeres ataviadas con un miniesmoquin negro para un número elegante que evoca a Gershwin o Ellington; las cantantes con vestidos de fiesta; los mambos, los chachachás, las guarachas, los boleros; el baile moderno afrocubano. Un cantante mayor con un traje blanco suelto se encarama a la plataforma que tenemos delante para actuar y después, cuando baja, con las perlas de sudor de la frente brillando por los focos, nos dedica una sonrisa bellísima a lo Louis Armstrong. También hay distintos números acrobáticos asombrosos; el joven marido de una de las acróbatas se acerca para sentarse a nuestra mesa solo lo que dura su número; durante la breve conversación que mantenemos con él, nos cuenta que es profesor universitario. Lo que más me impresiona es lo fresco y jovial que parece el espectáculo, no solo fruto de la belleza de los bailarines, de sus trajes y de la música, sino también de su precisión y habilidad, todos esos pasos y gestos exuberantes con una sincronía perfecta; nada se deja al azar. Da la impresión de que el público está embelesado. El número central del espectáculo, de origen afrocubano, con su repicar de tambores cada vez más alto, ilustra una rebelión de esclavos y un triángulo amoroso, en cuyo clímax la solista de piel clara huye del amo de los esclavos que desea poseerla arrojándose al vacío desde lo alto de la escultura del escenario, compuesta de arcos entrelazados que, en la época en que Lupe Guzmán hacía el número, era un símbolo del salto suicida al vacío. Ahora el número termina de otro modo, cuando la solista de la noche (se llama Sojuila) se lanza en brazos de su guapo y musculado amante esclavo y ambos logran escapar juntos.

Es uno de los puntos en los que Armando Pérez, el Jimagua, ha renovado el espectáculo para dejar su huella. Al fin y al cabo, tal como nos dijo a Jovi y a mí, ese número forma parte de un cabaret espectacular, así que, ¿por qué habría de ser triste? ¿Por qué no podía triunfar el amor? «Decidí que la tristeza no estaba invitada.»

Era la tarde siguiente y estábamos viendo el ensayo que dirigía Lourdes en el escenario del Tropicana al tiempo que charlábamos con Armando en una de las mesas. Mientras algunos jóvenes bailarines, con sudaderas y pantalones cortos, con camisetas y calentadores, se desplazaban por el escenario, siguiendo las indicaciones de Lourdes para los pasos, otros se habían sentado en las primeras filas a mirar, y hablaban en voz baja con sus compañeros o estaban inmersos en las pantallitas de sus teléfonos móviles.

Armando es un hombre apuesto, alegre y larguirucho que sin duda aparenta como mínimo un decenio menos de los sesenta y cuatro años que tiene. Como director del cabaret del Tropicana, se apoya en un rico linaje de predecesores y en una tradición que salta a la vista que venera y con la que siente una profunda conexión. Nada menos que en 1941, solo dos años después de comprar el jardín tropical de dos hectáreas y media para montar su casino y cabaret Tropicana, el brasileño Victor de Correa había contratado a David Lichine, el bailarín y coreógrafo estadounidense de origen ruso del Ballet Ruso de Montecarlo, para que colaborase con el coreógrafo Julio Richards con el fin de crear un ballet afrocubano, Congo Pantera, en el que actuasen los cantantes Rita Montaner y Bola de Nieve, y que también contase con un número de bateristas subidos en plataformas entre los árboles, mezclado todo ello con el sentido del espectáculo de Busby Berkeley. Fue Montaner quien rescató al extremadamente legendario Rodney (Roderico Neyra) —Cabrera Infante le menciona en la primera página de *Tres tristes tigres*—, un hombre menudo de origen pobre que sufría lepra, y lo introdujo en la compañía tras salvarlo de que lo enviaran a la leprosería. Rodney fue el coreógrafo del Tropicana durante años, después de que el cabaret cambiase de manos en 1949 y pasara de Correa al también admirado Martin Fox, su último dueño capitalista. A Rodney podría considerársele la personificación de lo que Ned Sublette quería decir cuando, en su emblemático libro *The Music of Cuba*, escribió: «Cualquier cosa que ocurriera en el escenario era mejor en el barrio». Y él era un maestro en saber llevar este último al primero. Rodney fundó la compañía de danza satélite para las jóvenes artistas, en su mayoría sin estudios, que se dieron a conocer como «Las Mulatas de Rodney» y más adelante como «Las Mulatas de Fuego». Después de que las enviara a México, estas jóvenes se convirtieron en una sensación internacional que rompía tabúes raciales y sexuales. Eran mujeres de piel morena que bailaban el mambo en biquini (en las fotografías están tan radiantes y atractivas y tienen un aspecto tan pícaro que quitan el hipo), y entre ellas actuó la joven cantante guarachera Celia Cruz. Cuando de niño Armando Pérez vio a Gene Kelly en *Cantando bajo la lluvia*, supo que quería ser bailarín. Tanto su hermano gemelo como él estudiaron en la Escuela Profesional de Danza Moderna, y empezaron su carrera artística como bailarines en televisión. Una vez que entraron en el Tropicana, ensayaron y actuaron bajo la tutela de Santiago Alfonso, a quien Armando describe como alguien «tocado por la mano de Dios». Estudiar con Santiago, decía, inculcaba «una disciplina y un rigor exigentes, y te formaba como artista».

En más de una ocasión, Armando hizo una pausa abrupta en nuestra conversación para gritarles indicaciones a Lourdes y a los bailarines del escenario, que ahora ensayaban entre las sombras aterciopeladas de los árboles gigantescos al atardecer. «¡La nueva separa demasiado los pies! —gritó. Y un momento después—: Lo hace mal. ¡Dile que se abra para que el talón mire hacia fuera!»

Yo no paraba de mirar de reojo el ensayo y descubrí, igual que había hecho veinticuatro años antes, que el aspecto atlético y flexible de los jóvenes bailarines era todavía más notable, la gracia con la que ejecutaban incluso los gestos más simples de las manos y los brazos, la sincronía ligera, rápida y precisa de sus pasos, eran todavía más bellas y cautivadoras si se observaban en la intimidad y la sencillez de un ensayo que en medio del espectáculo con toda la parafernalia.

«Cuando haga el *demi-plié* gírale el talón, para que se le vea mejor la forma del pie», indicó Armando. Al instante, volviendo al tema de sus años como bailarín del Tropicana, dijo: «Lo único que tenía que hacer era bailar y la gente me aplaudía; me sentía en mi salsa. Y luego me levantaba al día siguiente, venía aquí y era incapaz de marcharme. Absorbe tu vida entera. Pierdes a tus amigos, tus relaciones». Recordaba con especial cariño los preparativos para la inauguración de un espectáculo nuevo, los intensos ensayos que se realizaban tanto antes de la función de esa noche como después, ya que continuaban ensayando hasta el amanecer. Su hermano gemelo y él trabajaron de bailarines durante diecisiete años y se hicieron famosos porque actuaban con un par de bailarinas que también eran gemelas, Mery y Ketty, que ahora viven en Tampa. «Te machaca el cuerpo, los músculos y los huesos se desgastan», dijo Armando a propósito de su larga carrera de bailarín. Por las mañanas le duelen todas las articulaciones (le dije que a mí también). «El movimiento te mantiene vivo», agregó. No habría querido dejar de bailar jamás, pero ahora ve su deseo de seguir bailando reflejado en los bailes que dirige y coreografía. Siempre está pensando en movimientos y bailes nuevos, y se esfuerza por modificar y perfeccionar los existentes.

«La vida es un aprendizaje constante», me dijo. De las nuevas generaciones aprende ritmos nuevos, muchos de ellos procedentes de Estados Unidos, y los incorpora. Armando también habló de esa idiosincrasia cubana que sabe ver en el corazón del cabaret cubano, y que define como júbilo, baile, ritmo, la catarsis cultural del carnaval caribeño fusionada con una especie de vodevil. «Tomas un *Sole Mio* del bel canto —expuso—, y le añades arreglos de bachata. Entonces se convierte en universal pero de una forma nueva.» «La mujer cubana, su sensualidad, sigue siendo el símbolo del espectáculo, hasta en el ritmo y la musicalidad de su manera de andar.» Contó la historia de lo cerca que estuvo de desaparecer este mundo cubano de los cabarets fastuosos en la etapa posterior a la Revolución. Dos de los grandes cabarets, el Sans Souci y el Montmartre, ya habían sido demolidos cuando los bulldozers se dirigieron al Tropicana. Pero a este lo salvó, tal como relató Armando, un joven militante llamado Miliki, que, igual que su madre antes que él, trabajaba en el local, pero en la cocina; se plantó delante de los bulldozers ataviado con su uniforme miliciano. Lo que defendía Miliki no era solo la interiorización de todo lo que significaba el cabaret para la cultura popular cubana, sino también su propia sensación de pertenencia, dijo Armando. El muchacho tuvo la oportunidad de exponerle sus argumentos a Raúl Castro. A partir de entonces, Miliki fue durante muchos años el administrador del Tropicana.

Y es esa sensación de pertenencia, continuó Armando, lo que la mayor parte de los jóvenes bailarines de hoy en día no tienen, así que el mayor reto que él debe afrontar es intentar insuflarles ese espíritu y hacer que se comprometan. Cada bailarín, dijo, es un individuo diferente, por supuesto, pero en conjunto todos se han visto afectados por cómo han cambiado los tiempos. Muchos nacieron en el Periodo Especial. Crecieron en una era de gran incertidumbre en la isla (todavía perdura un grado similar de incertidumbre) y de «pérdida de valores». Armando añadió que «la idea de que la Revolución iba a modelar al hombre (y la mujer) nuevos» había perdido el sentido que tenía antes.

¿Se refería a que intentaba reavivar en ellos la sensación de pertenecer a la Revolución?, le pregunté.

«No, no, qué va —contestó Armando—. Quiero conseguir que amen este lugar y que se entreguen a esta vida. Lograr que amen este lugar y que sientan que pertenecen a él es el reto más difícil, pero logramos superarlo.»

El espectáculo no tardará en empezar. Pero, antes de marcharnos, volvemos al despacho de Lourdes para despedirnos de ella. Está junto al escritorio, repasando la lista de los artistas que actuarán esa noche. Por casualidad, una de las jóvenes bailarinas, Anaelys Martin, está en el despacho, y tenemos la oportunidad de charlar con ella un momento. Nos cuenta los pasos de su larga formación en el baile: las primeras lecciones cuando tenía cuatro años, la temprana escolarización en la Casa de Cultura, cuando ingresó en la Escuela Nacional de Arte a los doce años, la Escuela Profesional de Baile Moderno a los quince y, luego, tres años más en la Escuela de Artes Escénicas para estudiar danza y ballet.

Lourdes interviene para apuntar que los últimos cursos de formación de Anaelys en la Escuela de Artes Escénicas estuvieron dedicados a estudiar el repertorio y las técnicas de aquello sobre lo que habíamos hablado el otro día, la cubanidad, esa idiosincrasia que se expresa, según nos dijo, «con tanta gestualidad». Lourdes comentó que ya entonces «supe ver su talento. No se tarda mucho en constatar que alguien vive para bailar».

Anaelys hizo audiciones para todas las compañías de danza, para la televisión, para la compañía de Santiago Alfonso, la del Tropicana y la de los demás cabarets. La aceptaron en la escuela del Tropicana. Su sueño era llegar a ser algún día bailarina de este último, pero no se sentía preparada. «Todavía era una niña, nada más», comentó. Dedicó seis años a bailar como solista en el cabaret Parisien de La Habana antes de entrar en la compañía del Tropicana hace algo más de un año. Ahora tiene veinticinco. «Este lugar te roba la vida. Tu vida social está aquí dentro», reconoce. También nos dijo: «Pensaba que lo había aprendido todo», pero desde que asistió a las primeras clases en el Tropicana, tanto a las de ballet como a las de danza contemporánea y folclórica, se dio cuenta de que aprende constantemente. «Es técnica, y es una manera de sentir la danza: aquí tienes que bailar de una forma más exagerada.»

Al final, resultó fácil encontrar a Lupe Guzmán. Armando tampoco sabía cómo contactar con ella y me sugirió que le preguntase a Santiago Alfonso, pero, aunque hubiese seguido intentando contactar con él, se nos acababa el tiempo en La Habana. Sin embargo, resultó que lo único que hacía falta era teclear «Lupe Guzmán» y «Tropicana» en Facebook, y apareció al instante. Una vez de vuelta en Ciudad de México, fui a ver a Lupe al apartamento que comparte con su hija Linette y su nieta de cuatro años, Mimi (la niña ya es modelo también, pues ha salido en anuncios mexicanos de pañales), en Colonia Nápoles. Me contó que su hija y ella tienen otro apartamento en Miami y que, además, conserva el piso de La Habana, adonde regresa siempre que puede, pero que ahora la dedicación a su nieta es lo que rige su vida.

Todavía tiene el pelo rubio, quizá no sea tan esbelta como antaño y su rostro presenta algunas arrugas más (¿y el de quién no?), pero sigue siendo indiscutiblemente Lupe, a la vez nerviosa y cálida, efusiva. Lupe actuó hasta que cumplió los cuarenta y ocho años. Su carrera artística no terminó hasta que una noche de 2001, cuando salió al escenario a bailar, de repente descubrió que no podía moverse porque el nervio ciático le dolía horrores. Ya no podía seguir representando su emblemático salto ni podía bailar siquiera en el escenario, así que al final se vio obligada a retirarse. Empieza a llorar, casi a lágrima viva, cuando relata cómo fueron esos días en que se vio forzada a aceptar que su legendaria carrera de bailarina tocaba a su fin. La habían operado dos veces de hernia discal. Después de tener que dejar de bailar, tal como me contó, cayó en una grave y larga depresión. «Me sentía muy triste. Estuve un año sin poder hacer nada. Me pasaba el día llorando.» No obstante, Santiago Alfonso —a quien Lupe se refiere como «un ser luminoso»— nunca la dejó en la estacada. Le dijo que aún podía retomar su carrera, pero como profesora; insistió en que sería una profesora de baile fantástica. «Pero yo no quería ser profesora. Yo quería ser bailarina», dijo Lupe. A pesar de eso, le está agradecida por haber insistido, por haberla alentado (Santiago sabía apoyar a una verdadera diva mejor que nadie) y haberla convencido de que podía llevar una vida magnífica como profesora de baile en su propia compañía de danza, donde no tardaría en llegar a *regisseur*. Y Lupe disfrutó con la labor. «Fue bien bonita la experiencia.» Hasta que tuvo en brazos por primera vez a Mimi, recién nacida, y pensó: «Aquí termina todo. De ahora en adelante iré adondequiera que vaya mi hija y seré una superabuela».

De todos modos, el Tropicana era su vida. «Si pudiera morir y volver a nacer —dijo Lupe—, querría volver a repetirlo todo. No cambiaría nada.» Era bailarina de la compañía de ballet de Camagüey cuando se enteró de que el Tropicana buscaba a una bailarina con formación en ballet clásico. El sueño de su vida siempre había sido bailar ahí, y consiguió entrar como bailarina principal en 1973. Hizo amigos para toda la vida, con los que vivió muchos momentos bonitos pero también algunos de tensión. «Éramos una gran familia, Siempre pasabas más tiempo en el Tropicana que en tu propia casa. Cuando salíamos, siempre lo hacíamos todos juntos, a ver los otros espectáculos.» Me habló de la vez en que un huracán y la destrucción que ocasionó obligaron a cerrar el Tropicana durante una semana, y de los momentos tan especiales que vivieron cuando la compañía al completo, incluidos los directores y el personal de cocina, iba a trabajar de todas formas para ayudar a reparar los daños, a apartar árboles arrancados y ramas caídas. Y me habló de la noche en que Fidel fue a ver un espectáculo y ella logró ponerse junto a él en el escenario; lo agarró de la barba, que dice que era tan suave como el pelo de la cabeza de un bebé, y le dio la mano, que era la mano más suave y fina que había tocado jamás. Me mostró una foto extraordinaria que aún guarda en el móvil, en la que se ve a las bailarinas del Tropicana con sus vestidos de lamé, con tocados brillantes que parecen gorros de baño en la cabeza, todas arracimadas alrededor de Fidel. Lupe es la que está más cerca y sus grandes ojos negros lo miran radiantes.

En un momento dado, Lupe me preguntó si iba a pagarle por la entrevista. Me quedé perplejo ante una petición tan sensata, y en parte me invadió la sorpresa de pensar por qué la gente no me lo pedía más a menudo. Cuando uno trata con una cultura que acaba de llegar al capitalismo, se da cuenta de que el tiempo también debería valorarse. Pero ¿qué sería del periodismo y de otras formas de investigación que se basan en las entrevistas si esa costumbre arraigara? Bueno, por lo menos le había llevado a Lupe una cajita de bombones.

Y, por supuesto, hablamos de su famoso salto, que denominaban «el vuelo del pájaro». «Siempre fui una bailarina arriesgada, me pasaba el día en el aire.» Sin embargo, no hubo ningún salto tan memorable como el que dio una vez en Italia, en la televisión. La compañía itinerante del Tropicana actuaba allí en una carpa de circo. Un alto mástil con una escalerilla en el lateral sujetaba la carpa en el punto más alto. Santiago sugirió que, durante el espectáculo, Lupe realizara el salto desde media altura. Pero un día la RAI, la televisión italiana, fue a ver la función junto con algunos de los mejores bailarines de Italia, y Lupe empezó a subir por la escalera del mástil para dar el salto y continuó trepando sin más por encima de la marca de los cuatro metros en la que se suponía que debía detenerse. Oyó que Santiago le gritaba desde abajo: «¡Lupe, para!», pero siguió subiendo. Ya estaba casi en lo más alto cuando se detuvo y miró hacia abajo. Todos parecían diminutos. «Dios mío, ¿qué he hecho?», se dijo. Había subido cerca de siete metros. Oyó los tambores y la música y se lanzó al vacío, y entonces oyó los aplausos.

La otra orilla

JON LEE ANDERSON

La escuela primaria en la que estudiaban mis hijas en La Habana se llamaba Eliseo Reyes, en honor de un guerrillero cubano que había muerto mientras luchaba junto con el Che Guevara en Bolivia. Sobre la puerta de entrada del colegio había un cartel que rezaba: «Muerte a los traidores». Todas las mañanas, al llegar a la escuela, los profesores reunían a los niños en el patio delantero, donde pronunciaban el juramento obligatorio: «Pioneros por el comunismo, seremos como el Che».

La situación contenía una paradoja ineludible. Mis hijas, Bella y Rosie, no eran comunistas, y además eran medio norteamericanas, pues yo era estadounidense, y las había llevado junto con su madre, Erica, de origen británico, y su hermano menor, Maximo, a vivir a La Habana con el fin de ampliar mi investigación para una biografía del Che.

Estábamos a principios de la década de los noventa y Cuba se hallaba al borde de un derrumbamiento que parecía inexorable. Hacía poco que la Unión Soviética se había desintegrado y, con ella, se habían desvanecido los generosos subsidios que habían mantenido viva la revolución de Fidel Castro durante las tres décadas anteriores. Fidel había creado otro nombre para la crisis de Cuba: Periodo Especial en Tiempos de Paz. Era una época de austeridad y penuria extraordinarias. Acostumbrados a unos niveles de bienestar material bastante considerables, los cubanos se enfrentaron de pronto con la escasez de prácticamente todo, desde los alimentos hasta las medicinas. No había suficiente combustible para generar electricidad, de modo que eran frecuentes los apagones, extendidos por toda la isla, que en ocasiones duraban doce horas al día o incluso más. Los bueyes habían sustituido a los tractores en el campo y las bicicletas chinas habían reemplazado a los coches en las ciudades. Las colas para montarse en los escasos autobuses urbanos disponibles se prolongaban durante horas. La gente optaba por caminar y hacer autoestop siempre que podía. Muchos no tenían ni qué comer.

Nosotros, por el contrario, éramos extranjeros con una moneda fuerte y acceso privilegiado al abanico de codiciados artículos que se ofrecían en el Diplomercado de estilo soviético, una especie de colmado con una irrisoria selección de productos alimentarios de importación a precios exorbitantes que, a pesar de todo, quedaban fuera del alcance de la mayoría de los cubanos. Junto al Diplomercado estaba el complejo diplomático vallado de la antigua Unión Soviética, con varios bloques de pisos para los diplomáticos y sus familias. En el centro del complejo se hallaba la propia embajada, un extraño edificio sin ventanas que se alzaba por lo menos quince plantas coronadas por una especie de caja rodeada de ventanas polarizadas. Se parecía a una torre de control aéreo, o a un robot al que hubieran amputado los brazos, y era el edificio más alto de La Habana. En realidad, los rusos eran casi invisibles; su legado más evidente, después de tantos años siendo la madre patria del socialismo mundial, eran los oxidados automóviles Lada y Moskvitch que avanzaban a trompicones por las calles, se estropeaban cada dos por tres y soltaban un humo negro por los exhaustos tubos de escape.

A pesar de que la mayoría de los cubanos se adherían a las esperadas muestras públicas de estoicismo y fidelidad revolucionaria (como la que tenía lugar todas las mañanas en el patio del colegio Eliseo Reyes), muchos de ellos se veían a la vez inmersos en una gesta personal para asegurarse el sustento con el que alimentarse a sí mismos y a sus familias, aunque eso implicase robar o trapichear. En gran medida eran dos propósitos excluyentes, que suponían un dramático dilema para los habitantes de toda la isla y los obligaban a vivir una existencia esquizofrénica que se dio en llamar «el doble cara».

Una vez que nos concedieron el permiso para vivir en Cuba, el organismo gubernamental pertinente encargado del trato con los diplomáticos y «técnicos extranjeros» nos asignó una casa de alquiler en un barrio residencial junto a la playa en la parte oeste de La Habana, conocido como El Náutico. La casa, construida en la década de 1950, tenía dos plantas y tres habitaciones, y estaba adosada a otras similares. Juntas formaban un bloque no muy extenso que terminaba en la playa. Las tres casas que quedaban entre la nuestra y el pequeño camino costero privado de El Náutico, que seguía la rocosa ribera, estaban ocupadas por familias cubanas. Se encontraban casi en ruinas. Gran parte de nuestros vecinos provenían de otras zonas de Cuba y habían recibido esas viviendas por parte del Gobierno después de que sus dueños originales hubieran huido al exilio años antes y las hubiesen dejado libres. Sin embargo, pocos contaban con medios suficientes para mantener en condiciones las casas, que se caían a pedazos. Los edificios de El Náutico estaban hechos de hormigón y, debido a su proximidad al mar, el salitre se había comido las fachadas de algunas de ellas, hasta dejar a la vista las vigas de hierro medio corroídas.

La casa que nos habían asignado también se caía a pedazos. Llevaba un par de años desocupada, desde que sus últimos inquilinos (búlgaros, al parecer) se habían marchado de Cuba con el fin de la Guerra Fría. El Gobierno cubano prometió que reformaría y pintaría la casa para que pudiésemos instalarnos en ella. Mientras tanto, vivíamos a unos kilómetros de allí, dentro del barrio residencial de Miramar, en un edificio de apartamentos con vistas a otro pedazo de la rocosa costa (la formación conocida como «diente de perro») que rodea buena parte de La Habana. La playa que quedaba delante de nuestro apartamento era un lugar de encuentro ideal para los amantes, que hacían sus asuntos en alguno de los bancos de cemento del paseo, y para los ocasionales iniciados en la santería, con sus túnicas blancas, que llegaban al amanecer para lanzar flores y otras ofrendas al mar en su rito de purificación.

La brigada de empleados estatales encargados de volver a dejar como nueva nuestra casa de El Náutico constaba de tres hombres de edad avanzada que trabajaban muy, pero que muy despacio. No tardé en enterarme de que uno de los motivos de su lentitud era el hambre. Viajaban todos los días hasta El Náutico desde sus hogares, en una de las periferias más alejadas de La Habana. A causa de la escasez de combustible y de los pocos autobuses urbanos, el trayecto, que debería haberles llevado treinta minutos como mucho, acababa durando nada menos que tres horas. Una vez que llegaban a El Náutico, lo primero que hacían era ir al comedor popular, reservado para los funcionarios del Estado, que en teoría debía proporcionarles alimento, para ver si había algo para comer ese día. Si no había nada, se daban la vuelta y regresaban a casa. Eso ocurría una media de dos veces por semana. Y cuando sí había comida, solía ser poco más que chícharos (guisantes aplastados) o en ocasiones arroz con frijoles, nunca carne, algo que, desde luego, no era apropiado para el trabajo físico.

Cuando descubrí los motivos de los lentos avances en las obras de nuestra casa, empecé a ir al Diplomercado todas las mañanas entre semana para comprar víveres y llevárselos a los trabajadores antes de que dieran por perdido el día. Por norma general les compraba bocadillos de carne de cerdo y latas de una bebida de malta que les encanta a los cubanos (en especial a los hombres) porque creen que potencia el vigor sexual. Los operarios, muy agradecidos, comenzaron a trabajar con más constancia que antes. A menudo me quedaba un rato por allí a charlar con ellos. Uno de los tres, Mederos, me deleitaba con las historias de su época de soldado en Angola, hacía por lo menos un decenio. La expedición militar de Cuba a Angola era uno de los momentos de mayor orgullo para el país. En ella, Fidel Castro mandó miles de soldados cubanos para ayudar en la batalla al régimen marxista angoleño, que había ascendido al poder tras la caída del Gobierno colonial portugués, pero que había sido tomado por los ejércitos guerrilleros armados y financiados por la CIA estadounidense y por el régimen del apartheid blanco de Sudáfrica. Los cubanos habían ayudado a los angoleños a conservar el poder al ganar una batalla crucial contra los sudafricanos, que había debilitado al régimen del apartheid y había permitido el inicio de las negociaciones que llevaron a la excarcelación de Nelson Mandela y al regreso del país a la democracia y al gobierno de la mayoría negra. Pensaran lo que pensasen acerca de su propio Gobierno y de algunos de sus errores, la mayoría de los cubanos estaban muy orgullosos de los logros obtenidos en la aventura de Angola en nombre de la solidaridad revolucionaria.

Mederos era un fidelista inquebrantable y, a pesar de las penurias de su propia vida, analizaba sus actos siempre en el contexto de su compromiso revolucionario. Su ocupación en ese momento —pintar la casa de un yanqui desconocido que escribía sobre el Che, algo que le había mandado hacer el Partido— no era algo que cuestionase. Yo admiraba a Mederos por su sentido de la obligación y por su incesante gesta diaria, yendo y viniendo de mi casa. Por eso, aunque era consciente de que proporcionarles a diario comida a él y a sus camaradas era un arma de doble filo, me divertía la buena relación que habíamos entablado. Mientras que muchos cubanos se mostraban recelosos con los extranjeros y limitaban las conversaciones a un mero intercambio breve de información, la locuacidad patriótica de Mederos era una refrescante fuente de charla desenfadada, además de ofrecerme una ventana al mundo que habitaban los cubanos.

Por fin, terminaron las obras. Pintar la casa con el método de la vieja escuela, como había hecho el grupo de Mederos (dando un lento brochazo tras otro), había requerido nada menos que siete meses. Mientras tanto, siendo como eran las cosas en Cuba, también habíamos acabado dando empleo a muchas más personas que nos ayudaban a gestionar la vida diaria. Entre ellas había dos mujeres de cincuenta y tantos años, Marta y Carmen, nuestras vecinas del bloque de apartamentos en el que habíamos vivido durante la reforma, a quienes había contratado para transcribir y pasar a máquina las entrevistas grabadas que yo iba haciendo. Carmen era poeta, mientras que Marta era una agente de contraespionaje jubilada que una vez se había infiltrado en la CIA, pero que se había visto obligada a regresar a Cuba después de que volaran su escondite. Además, Lisette, una mujer de unos treinta años, nos ayudaba a cuidar de Maximo, que tenía apenas unos meses cuando nos mudamos a Cuba. Lisette solo había viajado al extranjero una vez en su vida, a Ucrania, como recompensa por haber rendido más que sus compañeros en una fábrica cubana en la que había trabajado.

Una vez en El Náutico, la flota de nuestros empleados domésticos se amplió aún más. Contratamos a un jardinero que se encargaba del diminuto jardín, donde plantamos plátanos e hibiscos; a un manitas que arreglaba cualquier cosa que se estropease en la casa, algo que ocurría muy a menudo; a un mecánico llamado Gilberto, a quien llamábamos «el hombre de los brazos fuertes» porque era muy musculoso, y al que teníamos fijo porque el Lada de segunda mano que le había comprado al segundo secretario de la embajada de la India cuando se marchó era un vehículo inservible que no paraba de estropearse. También contratamos a una empleada del hogar, Sofía, que había sido la niñera de los hijos del Che Guevara y que pasó a ser la nuestra, así como a otra mujer, Aleidita, una secretaria del Gobierno jubilada que echaba una mano a Sofía con el cuidado de los niños. Y todavía había más. (Un día calculé que, en total, por lo menos había cuarenta y dos cubanos, incluidos los ayudantes de nuestros empleados y los trabajadores externos, que dependían de nuestra holgura económica.)

Pese a todo el personal de apoyo que teníamos, en Cuba había cosas que nunca eran del todo normales. Nuestra casa de El Náutico quedó como nueva, sí: habían pintado las paredes por dentro y por fuera y habían pulido los suelos de terrazo, pero en cuanto nos instalamos descubrimos que no había agua corriente. La Habana sufría graves restricciones de agua, y era cierto que la mayor parte de nuestros vecinos solo recibían agua una o dos horas al día, pero nuestra casa no contaba ni siquiera con eso. Era una casa seca. Eso nos planteó un dilema. Jamás se me había pasado por la cabeza que pudiéramos tener una casa sin agua corriente.

Les pregunté a nuestros vecinos, Rodolfo y Annie, que acababan de mudarse, por el tema del agua, y me enteré de que ellos tampoco tenían. Se las apañaban pidiéndosela prestada a otros vecinos más afortunados. Una o dos veces por semana, Rodolfo y Annie entraban en casa de esos vecinos en cuestión cargados con cubos y llenaban un viejo barril de petróleo que se habían agenciado; lo justo para poder cubrir las necesidades básicas, como cocinar, limpiar y asearse. Dado que yo tenía acceso a los dólares, sugirió Rodolfo, ¿por qué no pagaba para que una pipa (un camión cisterna del Estado) nos proporcionara el agua? No tardé en apalabrar el servicio y, al poco tiempo, a cambio de un único billete de dólares estadounidenses, pero de los grandes, recibíamos las visitas semanales de Néstor, un hombre muy afable que aparecía religiosamente delante de nuestra casa todos los viernes y desenroscaba la manguera de su camión, en cuya cisterna se veía el logotipo y el nombre de quien lo contrataba, la Comisión de Energía Atómica Cubana. Néstor extendía una larga manguera negra que iba goteando desde el camión por toda nuestra casa hasta la cocina, donde había un depósito en el suelo, y lo llenaba de agua. Durante ese ruidoso proceso, nuestros hijos saltaban sin cesar, encantados, y cantaban «¡la pipa, la pipa!» una y otra vez.

Como gesto de amistad, le pedía a Néstor que rellenara también la cisterna de Rodolfo y Annie. Ellos se desvivían por devolvernos el favor y nos chivaban, mediante susurros a través del muro compartido del jardín trasero, cuándo podíamos comprar pescado o cerdo del mercado negro en el barrio. En esa época, los cubanos solo podían obtener de forma legal los alimentos mediante el sistema de racionamiento del Estado. Cada cabeza de familia tenía una cartilla de racionamiento que les permitía acceder a cierta cantidad de productos básicos por semana (no solo alimentos, sino también aceite para cocinar, jabón, detergente y demás). En los días felices en que los rusos lo financiaban todo, eso implicaba que había comida a espuertas, así que la mayor parte de los cubanos se habían acostumbrado a comer bien y con frecuencia. Sin embargo, en el Periodo Especial, el sistema de racionamiento sencillamente no proporcionaba comida suficiente. Los cubanos que sabían pescar lo hacían de manera furtiva, se adentraban en el mar en neumáticos de camión con un remo y una caña, con la esperanza de pescar algo que luego pudieran vender en la bolsa negra, que es como llamaban allí al mercado negro, para así obtener dinero con el que comprar el resto de las cosas que necesitaran en la misma bolsa negra.

En El Náutico, la principal comerciante del mercado negro era una atractiva mujer rusa con el pelo teñido de violeta, que a menudo se apoyaba con pose sensual en el vano de la puerta de su casa. En realidad, la bolsa negra había empezado a funcionar durante la época en que Cuba era un Estado dependiente de Rusia, pues los rusos afincados en la isla se ganaban un dinero extra vendiendo productos de contrabando a los cubanos. Como resultado, la mayor parte de los cubanos que conocí miraban con recelo a los rusos y solían referirse a ellos como los bolos, porque acostumbraban a ir borrachos.

Los cubanos también despreciaban a los rusos por su intenso olor corporal, una desafortunada consecuencia de su costumbre de seguir la grasa dieta rusa a pesar del clima tropical cubano, que provocaba una gran sudoración. En cambio, los cubanos estaban obsesionados con la higiene corporal y, por muy pobres que fuesen, siempre se esforzaban por ir escrupulosamente limpios. (Hasta el punto de que la triste verdad era que muchas jóvenes cubanas se prostituían con extranjeros a cambio de unas cuantas pastillas de jabón o de un bote de champú.)

Casi todos los demás estadounidenses que vivían en La Habana eran fugitivos políticos de un tipo u otro. Entre ellos había unos cuantos antiguos Panteras Negras que, años atrás, habían secuestrado aviones para llegar a la isla y que se habían quedado bajo la protección del Gobierno de Cuba. Conocí a uno de esos hombres, William Lee Brent, que vivía cerca de nosotros, en Miramar. En tiempos había sido el guardaespaldas de Eldridge Cleaver, pero por entonces era maestro en una escuela primaria. Robert Vesco, el empresario estadounidense fugado, era otro de los residentes en La Habana. Su esposa y él, acompañados de sus dos hijos, que iban al colegio internacional de La Habana junto con los hijos de los diplomáticos expatriados, se hacían llamar allí la familia Adams, pero todo el mundo sabía quiénes eran. También había un par de antiguos agentes de la CIA renegados, Frank Terpil y Philip Agee, que habían ofrecido sus respectivos servicios a la Revolución cubana a cambio de asilo.

Y luego estaba Ron. Ron era un estadounidense delgado de cincuenta y tantos años, un típico radical de California de la década de los sesenta que se había establecido en Cuba porque la consideraba «el lugar ideal» para alguien como él. Había ido con la intención de trabajar en favor de la Revolución y vivir como un cubano, y eso era lo que llevaba haciendo desde su llegada, unos cuantos años antes. Había trabajado de cortador de caña en varias zafras (cosechas de azúcar de caña) a pesar de su edad, y cada cierto tiempo viajaba a Estados Unidos para dar charlas en las que alababa la Revolución. En señal de gratitud hacia Ron, el Gobierno cubano le había dado asilo en Cuba, le había adscrito al sistema de racionamiento para que pudiera tener comida, le había dado una bicicleta china, «Paloma voladora», para que se desplazara, y también lo había alojado en una casita en la que podía vivir por un alquiler casi simbólico. Ron se había esforzado al máximo para demostrar su coraje revolucionario. Un par de años antes, en un acto de protesta contra la invasión estadounidense de Irak en 1991 durante la Primera Guerra del Golfo, había llegado hasta el punto de quemar su pasaporte estadounidense delante de la Sección de Intereses de Estados Unidos para que lo grabaran las cámaras de la CNN.

Al cabo de un año más o menos, los encargados cubanos de Ron se habían reunido con él y le habían aconsejado sutilmente que regresase a la Sección de Intereses y suplicase que le expidieran otro pasaporte. Le recordaron que lo que más valía de él en Cuba era su capacidad de viajar y propagar las virtudes de la Revolución socialista. Le dijeron: «Ron, nos sirves de poco si no puedes salir de la isla». Con resignación, Ron había aceptado. Recordaba con remordimientos como, cuando se presentó en la Sección de Intereses, el funcionario estadounidense que lo había recibido se había mostrado distante pero educado. Al recibir por fin el nuevo pasaporte (aunque solo válido para un año, que conste), el funcionario le había pedido a

Ron de forma lacónica: «Por favor, intente evitar quemarlo». Una vez con el pasaporte en la mano, Ron empezó a viajar de nuevo.

Para entonces, Fidel había adoptado nuevas medidas de emergencia para mejorar las condiciones económicas de Cuba, cada vez más precarias. Con el fin de combatir la influencia creciente de los traficantes del mercado negro y el surgimiento de una clase marginal contrarrevolucionaria, legalizó el dólar como moneda preferente de facto en la bolsa negra, instauró una política de promoción del turismo extranjero en la isla y autorizó algunas iniciativas empresariales privadas a pequeña escala, como los restaurantes familiares, llamados paladares, y los salones de belleza. Asimismo, permitió que ciertos organismos estatales cubanos montaran empresas conjuntas con socios capitalistas extranjeros y dio el visto bueno a la creación de una red nacional de tiendas en las que se vendía en dólares, para que los cubanos que recibían giros de Estados Unidos, o que trabajaban en el turismo y obtenían pequeñas cantidades mensuales en dólares a modo de estímulos, pudieran comprar productos importados en alguna de las tiendas nuevas. Bastaba con permitirles comprar unas pastillas de jabón, un bote de champú, un litro de aceite vegetal, tal vez, o pequeñas cosas similares. No era demasiado, pero era el primer capricho real que muchos cubanos podían permitirse desde el derrumbe soviético en 1991.

La calidad de vida de los cubanos mejoró y, conforme un número creciente de turistas empezaron a llegar a Cuba (en su mayoría latinoamericanos o europeos), Ron se encontró con que la vida en la isla le resultaba cada vez más frustrante. Se consideraba un «internacionalista revolucionario» que había ido allí para compartir la realidad socialista de los cubanos viviendo y trabajando con ellos. Pero cuando vio que los cubanos a los que pretendía ayudar se volcaban en la empresa privada como la clave para solucionar sus desgracias, se desencantó. Habíamos entablado amistad, y Ron había adquirido la costumbre de pasarse por nuestra casa en El Náutico en bicicleta para cenar o para tomar una copa de ron una o dos veces por semana. A menudo echaba pestes de las contradicciones cada vez más palmarias de la isla, y una vez llegó a nuestra casa hecho una furia porque ese mismo día se le habían acercado unas cubanas que pensaban que era turista y que habían intentado engatusarlo para que les diera dólares.

El jineterismo, el acoso que todos los extranjeros en La Habana tenían que sufrir por parte de algunos cubanos buscavidas, que o bien intentaban venderles puros o ron de contrabando, o bien querían ofrecerles chicas, era algo a lo que yo ya estaba acostumbrado, pero Ron no. Se lo tomó como una afrenta personal contra la imagen revolucionaria que tenía de sí mismo, y no tardó mucho en marcharse de Cuba e ir a vivir a una cooperativa agrícola socialista en la parte rural de Dinamarca, donde la existencia diaria le parecía más acorde con sus principios tan arraigados.

La marcha de Ron no fue más que una de muchas. En el verano de 1994, nada menos que treinta y cinco mil cubanos huyeron de la isla en balsas y barcas improvisadas. La crisis de los balseros, como se dio en conocer ese drama tan extendido, acaparó meses de tensiones crecientes en los barrios más pobres de La Habana. Se produjeron una serie de secuestros e intentos de secuestro de barcos por parte de cubanos que buscaban escapar a Estados Unidos a través del estrecho de La Florida. Además, el ánimo general se había ensombrecido de manera considerable tras un incidente en el que un barco remolcador de la Guardia Costera de Cuba había embestido un barco que intentaba adentrarse en el mar y había provocado su hundimiento y la muerte de docenas de personas. Al final, el 5 de agosto se produjo un levantamiento popular en el paseo marítimo de La Habana, el Malecón. En el maleconazo, como se denominó la revuelta, se congregaron miles de hombres y muchachos furiosos que arrojaban piedras y ladrillos mientras proferían insultos contra el Gobierno.

Era una situación sin precedentes y las autoridades temían que se descontrolara, así que Fidel lidió con el asunto con aplomo y se presentó en persona en el lugar de la revuelta. Avanzó entre la muchedumbre y pidió a los protestantes que parasen de una vez. Por increíble que parezca, hicieron lo que les pedía y, una vez que la calma hubo regresado a las calles de La Habana, Fidel salió en la televisión estatal y se dirigió a la nación para decir que, si alguien quería abandonar la isla, era libre de hacerlo.

Durante las tres semanas siguientes, miles de cubanos le tomaron la palabra a Fidel y zarparon de las costas de Cuba en balsas y barcos improvisados. Se marcharon familias enteras que, en algunos casos, acabaron ahogándose o siendo devoradas por los tiburones cuando sus precarias embarcaciones se partieron con las embestidas de las olas. La Guardia Costera de Estados Unidos y diversos yates y otros barcos privados rescataron a muchos de los refugiados, pero hubo centenares de muertos anónimos. Nuestro vecino, Rodolfo, estaba entre los que se marcharon.

Una tarde, estábamos en casa cuando se produjo una gran conmoción en la costa de El Náutico. Me apresuré a ir a ver qué ocurría. La mayor parte de nuestros vecinos ya estaban allí. Sofía llevaba a Maximo en brazos. Rosie y Bella, por su parte, se agarraron a mí con fuerza mientras observábamos el drama que acontecía ante nosotros. Un camión con dos familias de campesinos había llegado hasta la orilla y los hombres habían descargado una desvencijada balsa que habían construido. Mientras el cielo vespertino descendía sobre el mar y unos relámpagos distantes anunciaban una tormenta inminente, echaron la balsa al agua y, uno por uno, ayudaron a sus mujeres y niños a subir a bordo de la embarcación. Algunos de los vecinos empezaron a llorar y a suplicarles que no se fueran, que podían correr peligro. Los balseros no contestaron, no dijeron ni una palabra, y en silencio empezaron a remar para alejarse de la costa. En el último momento, una de las mujeres de la balsa con un niño pequeño, de unos cuatro años, lo arrojó hacia una mujer que había en la costa, quien extendió los brazos para cogerlo. El niño cayó al agua, pero un hombre lo rescató y lo entregó, temblando a causa del frío y la emoción, a la mujer que había en tierra. Después de más gritos y caos, la madre pidió que la devolvieran a la orilla, así que la balsa regresó y la dejó bajarse. Enseguida recuperó a su hijo entre sollozos. Luego la balsa, con el resto de los pasajeros, casi veinte personas, entre ellas muchos niños, se alejó de nuevo para adentrarse en el mar cada vez más oscuro.

La multitud congregada en la playa de El Náutico siguió mirando el mar en un silencio sobrecogido hasta que el cielo nocturno envolvió la balsa.

Unos días más tarde, miré por encima del hombro de Rosie mientras mi hija dibujaba con unos lápices de colores. En esa época debía de tener unos cuatro años, más o menos la misma edad que el niño que habían sacado de la embarcación. Normalmente Rosie dibujaba princesas y otros personajes de los cuentos de hadas, pero esta vez me fijé en que el dibujo consistía en un cuadrado con tres criaturas alargadas reunidas alrededor, una al lado de la otra. «¿Qué es eso?», le pregunté a Rosie con verdadera curiosidad. «Balseros», contestó como si tal cosa, y continuó dibujando.

Después de pasar tres años en Cuba, nos marchamos a España para empezar una nueva vida. La niñera de nuestros hijos, Aleidita, también emigró poco después de que nos fuésemos. Sofía, que era hija de una cortadora de caña cubana y una auténtica hija de la Revolución (una fidelista de tomo y lomo), también expresó su deseo de ir con nosotros a España. Empezamos a realizar el papeleo necesario, pero por desgracia Sofía murió de un repentino ataque al corazón al cabo de unos meses de nuestra salida de Cuba.

Nuestro antiguo vecino, Rodolfo, sobrevivió a la odisea en el mar y también empezó una nueva vida en Miami. Su esposa, Annie, que había decidido no unirse a él en su aventura marítima, se quedó en El Náutico con su hijo pequeño, Rodolfito, y no tardó en echarse novio, un hombre que acabó por vivir con ellos. Rodolfo le enviaba dinero a Annie con regularidad, pero, en su ausencia, su hijo empezó a llamar «papá» al nuevo hombre de la casa.

A lo largo de los años, he vuelto muchas veces a Cuba y he presenciado los dramas que genera su vida revolucionaria. Observé con atención, aunque desde lejos, el recibimiento de Fidel al papa Juan Pablo II; también observé cómo jugaba al béisbol con su nuevo mejor amigo, Hugo Chávez, y lanzaba una «batalla de ideas» para inculcar el fervor socialista a una nueva generación de jóvenes cubanos. Se mostró infatigable hasta que cayó gravemente enfermo. A pesar de que se recuperó de la enfermedad, a partir de entonces tuvo una salud bastante delicada. Después de que su hermano menor, Raúl, lo sustituyera, Fidel pasó la última década de su vida en segunda fila, a ratos quejoso y a ratos reflexionando acerca de cómo avanzaban las cosas, tal como quedó patente en una serie de cartas que había publicado en el periódico oficial del Partido Comunista, *Granma*, y en las intervenciones públicas que hacía muy de vez en cuando.

La camarilla de leales a Fidel fue disminuyendo con la muerte de algunos y la pérdida de favores de otros. También hubo quien perdió la fe en el sistema. Muchos permanecieron en silencio, pero algunos de ellos huyeron a Florida (igual que habían hecho ya dos generaciones de exiliados) y escribieron extensos libros sobre la situación en Cuba. Entre ellos estaba una de las propias hijas de Fidel y un antiguo guardaespaldas de confianza. Otros cubanos regresaron a la isla. El hijo de un amigo, que había huido en una tabla de windsurf durante la crisis de los balseros, regresó años más tarde transformado en un médico de clase media con su consulta privada en Estados Unidos. Un día fuimos a comer con sus padres, ya ancianos, a un restaurante privado recién abierto en el Malecón. En una mesa cercana teníamos a un famoso cantante de rap cubano con su grupito de amigos y chicas guapas. Todos iban ataviados con vistosa y colorida ropa de deporte y joyas de oro, comían langosta y bebían vino. Con el incipiente florecimiento de la empresa privada, después de que Raúl Castro la autorizara unos años antes, Cuba había empezado a cambiar.

El día en que la embajada de Estados Unidos fue reabierta después de un cierre que había durado más de quince años y el entonces secretario de Estado John Kerry fue a presenciar la izada de la bandera, los residentes cubanos de los bloques de pisos adyacentes vitorearon y aplaudieron. Uno de ellos, un hombre de casi sesenta años, me contó con nostalgia que, de niños, sus amigos y él se zambullían en el agua desde el Malecón por dinero, a cambio de las monedas que les lanzaban los guardias marítimos de la embajada. Había transcurrido casi una vida, pero ahora los estadounidenses habían vuelto.

El restablecimiento de las relaciones entre Estados Unidos y Cuba en 2014 y el histórico viaje de Barack Obama a La Habana dos años más tarde fueron hitos extraordinarios de una épica que no ha terminado. Mi llegada a Cuba para estudiar al Che y la Revolución había sido en otro momento motivo de diversión y sorpresa para muchos cubanos. Veinte años después, el presidente de Estados Unidos en persona había ido a la plaza de la Revolución a presentar sus respetos, y por toda La Habana se veían banderas de Estados Unidos y de Cuba ondeando una junto a la otra. Por increíble que sonara, daba la impresión de que había llegado el fin de un largo distanciamiento.

Por supuesto, la historia de Cuba no tiene un final cerrado, pero con la muerte de Fidel a los noventa años en noviembre de 2016, apenas unos meses después de la visita de Obama, parecía que la Revolución que había sustentado durante medio siglo con una mezcla de obstinación, astucia y carisma a partes iguales hubiese muerto con él. En la Cuba posterior a Fidel, ya no se hablaba de la revolución sino de los acuerdos empresariales.

Después de varios años de dejadez tras nuestra partida, han repintado por fin la casa de El Náutico en la que vivíamos y vuelve a estar habitada, pero las casas que la rodean están tan destartaladas como siempre. En una visita que hicimos hace poco con mi hija Rosie, quien ahora es una joven de veintitantos años, la llevé a ver nuestro antiguo barrio. Pasamos por delante de nuestra casa y paseamos por la playa hasta el lugar desde el que habían huido los balseros cuando ella era pequeña. Rosie señaló el suelo. Estaba lleno de condones usados. El punto de partida de los cubanos desesperados por empezar una nueva vida en el exilio era ahora el punto de encuentro para una nueva generación de amantes cubanos.

La librería de Sodoma

RUBÉN GALLO

Eliezer fue una de las primeras personas que conocí en Cuba; fue en 2002, cuando un profesor de Princeton llamado Peter Johnston —un ejemplar perfecto de WASP: muy blanco, alto, delgado, serio y con unos ojos azules que miraban fijamente, sin expresión— me invitó a acompañar a un grupo de estudiantes a la isla. Peter llevaba años viajando a La Habana y conocía a muchos escritores. Con él fui a casa de Antón Arrufat; a la azotea de Reina María Rodríguez; a visitar a un novelista joven que acababa de ganar un premio con una novela que llevaba por título *El paseante cándido*. «Ese Peter conoce a todo el mundo; las malas lenguas dicen que es de la CIA», me confesaría después un amigo.

—Tienes que conocer a Eliezer; es el mejor librero de La Habana —dijo un día Peter Johnston.

Tomamos un taxi a El Vedado, bajamos frente a la heladería Coppelia y de allí caminamos hasta llegar a un portal con cuatro columnas escuetas que daba a la calle L. Tocamos y una voz, desde el interior, gritó:

—¡Está abierto!

Al pasar la puerta nos encontramos en la sala de una casa familiar; había cortinas de encaje, polvorientas e iluminadas por una luz de neón, adornos de porcelana —angelitos y pastores— y, al centro, una pareja de viejos sentados en dos sillones, mirando un antiquísimo televisor empotrado en un mueble. Tendrían unos sesenta años:

ella llevaba puesta una bata; él, calzones y una camiseta blanca que le quedaba corta y que dejaba entrever su panza velluda.

—¿Eliezer? —preguntó Peter, que iba siempre al grano y no perdía su tiempo con cortesías inútiles.

Seguramente nos habíamos equivocado de lugar, pensé. ¿Que no veníamos a ver a un librero? Esta era la casa de unos viejos y olía a viejo.

El viejo no se dio por aludido y no despegó la mirada del televisor, pero su mujer, sin mirarnos, dijo: «Allá atrás, por allí, mira», señalando una puerta al fondo de la sala. En la pantalla se dibujaba la imagen borrosa, en blanco y negro, de un presentador de noticias.

Cruzamos la sala, pasamos entre los viejos y el televisor, llegamos a la puerta y entramos en una de las habitaciones. Allí, sentado en una silla, rodeado de alteros de libros dispuestos sobre el piso —algunos llegaban hasta el techo—, estaba Eliezer, que era joven y muy guapo: treinta años, delgado, ojos negros y cara de árabe. «Descendiente de libaneses, como tantos cubanos», pensé. Tenía una mirada intensa y una sonrisa traviesa.

—Peter —dijo Eliezer, que parecía estar esperando nuestra visita—. Te conseguí una edición original de *Paradiso*.

—Ya tenemos —respondió Peter, en un tono seco.

—También te conseguí una joya —prosiguió Eliezer, mientras hurgaba en uno de los alteros de libros—. Deja que tú veas esto.

Extrajo un libro que parecía seleccionado al azar y se lo pasó a Peter. Me impresionó que la columna de libros no se viniera abajo después de esa operación.

—Mira esta joya. Es el único ejemplar que vas a encontrar en Cuba y muy probablemente en el mundo. Es el álbum de la visita de Sadam Husein a La Habana en 1979. Deja que tú veas esta foto. Mira esto: Sadam con Fidel y Raúl. ¿Tú te imaginas? Llévatelo…

Eliezer era asmático y cuando hablaba se quedaba sin aliento a media frase; tenía que hacer una pausa para coger aire y esas interrupciones constantes le daban a su conversación un ritmo jadeante y misterioso. «Mira esto… iiigh… ¿tú te imaginas… iiigh… a ese dictador… iiigh… aquí en La Habana?»

—¿Cuánto? —preguntó Peter.

—Para ti… cincuenta dólares. Es un regalo.

—Muy bien —dijo Peter—. ¿Y hay material sobre iglesias? Me interesan documentos sobre las iglesias protestantes en Cuba: panfletos, hojas sueltas, para la colección de lo efímero en Princeton.

—Ahora no tengo nada pero te lo consigo. Lo que sí tengo es esto. Mira, *Siete contra Tebas*, la obra censurada de Antón Arrufat. Un ejemplar autografiado por el autor.

—Ya tenemos —dijo Peter.

—Este es el ensayo que ganó el Premio Casa de las Américas este año. Está agotado, pero si tú vieras…

—Hoy solo busco panfletos de iglesias protestantes.

Yo escuchaba la conversación y el regateo mientras contemplaba, maravillado, las pilas de libros a mi alrededor. No había un solo librero ni un solo mueble en todo el cuarto, solo torres de novelas, poemarios y ensayos. ¿Cuántos eran? ¿Mil? ¿Dos mil? En todo caso eran muchísimos. Y Eliezer parecía saberse de memoria el inventario de ese fondo desquiciado; podía localizar un volumen y extraerlo de una de las columnas en cuestión de segundos.

—Regreso pasado mañana para buscar los panfletos protestantes —dijo Peter.

—Pasa cuando quieras… iiigh… ya sabes que yo siempre estoy aquí.

Cruzamos de nuevo la sala de los viejos, que no habían cambiado de posición ni despegado la mirada del televisor. «Revolución es construir», decía una voz en *off* al tiempo que pasaban imágenes de obreros trabajando el concreto.

Ya en la calle, mientras caminábamos de regreso al Habana Libre, Peter me contó la historia de Eliezer. Había sido estudiante de historia en la Universidad de La Habana, pero tuvo que interrumpir sus estudios durante el Periodo Especial, cuando además la universidad se quedó sin electricidad y los comedores estudiantiles, sin comida. Fue en esa época de desesperación, en que todos inventaban de todo para sobrevivir, cuando comenzó a vender libros, primero en una acera de El Vedado y luego en la plaza de Armas. Le fue tan bien que, en pocos meses, les pudo rentar un cuarto a los viejos para recibir a sus clientes en un lugar más discreto, porque en esa época el comercio era ilegal.

¡Una librería clandestina! Recordé que Eliezer hablaba en voz baja y miraba de reojo la puerta mientras nos mostraba sus tesoros. Recordé también que al llegar al aeropuerto los aduaneros habían revisado cada uno de mis libros y escribieron «DOCS» en la etiqueta de mi equipaje; buscaban a traficantes de libros, así como las aduanas de otros países persiguen a los contrabandistas de drogas. Libros en vez de drogas; una de las tantas peculiaridades de esta isla, paraíso de bibliómanos.

Al día siguiente, en el bufet del desayuno, un empleado del Habana Libre me entregó un papel con un recado de Peter. Había escrito, como era su costumbre, en la papelería membretada de Princeton: «Olvidé decirte que por cuestiones legales queda TERMINANTEMENTE PROHIBIDO subir a bordo de vehículos de tres ruedas. Son extremadamente PELIGROSOS y el seguro de la universidad no cubre accidentes ocurridos en ellos».

¿Vehículos de tres ruedas? Me tomó un minuto entender que Peter se refería a los cocotaxis, esas motos amarillas, con cabinas en forma de Pac-Man, que eran la manera más divertida y eficaz de circular por toda La Habana; pasaban por el Malecón a ochenta por hora, transportando a turistas rubios con largas cabelleras que ondeaban en el aire. «¡Ay Peter!», pensé.

Salí del hotel, paré un cocotaxi y le pedí que me llevara a recorrer las calles de Centro Habana. El chofer era un chico precioso de veinticinco años, con unos brazos morenos, musculosos, bien trabajados en el gimnasio de la vida. Transpiraba, como tantos cubanos, energía sexual. Me contó que tres días a la semana manejaba el cocotaxi y los tres días siguientes una máquina.

—¿Y qué prefieres? ¿El cocotaxi o la máquina?

—Bueno, yo prefiero la máquina.

—¿Y por qué?

—Porque con la máquina... si sube un turista yo puedo llevarlo a donde él me indique, a cualquier lado.

—¿A cualquier lado?

—Yo estoy aquí para darle gusto al turista. ¿Usté me entiende?

Mientras él hablaba me fijaba en los rizos negros que se asomaban de su casco y miraba sus bíceps respingones, que se endurecían cada vez que torcía la dirección para dar una vuelta.

—¿Y si te digo que me lleves hasta Camagüey? —le pregunté.

—¿Hasta Camagüey? Bueno, eso está lejos, lejos cantidá. Tendríamos que ponernos de acuerdo... Mira, apunta mi teléfono...

Apunté el teléfono del chico —se llamaba William— mientras conducía su cocotaxi a toda velocidad por el paseo del Prado. En dos minutos ya estábamos frente a Trocadero 162, una de esas direcciones míticas en la historia de la literatura, como el 102 del boulevard Haussmann, o la esquina de Río Guadalquivir y Reforma en Ciudad de México.

Trocadero: siempre imaginé la calle Trocadero en una zona elegante de La Habana, como su homónimo parisino, que tiene vista al Sena y está flanqueado por las mansiones donde vivieron tantos amigos de Proust. Pero el Trocadero cubano era una calle polvorienta de Centro Habana, llena de edificios en ruinas, con montañas de basura en las aceras y niños sin camisa sentados en los umbrales de las casas. Parecía más África que París.

La casa de José Lezama Lima era ahora un museo diminuto: tres salas que albergaban los muebles del escritor, pinturas, fotografías y una parte de su biblioteca, encerrada en libreros con sellos de plomo.

—¿Podría consultar los libros? Estoy escribiendo uno sobre Lezama y Proust —le dije a un empleado vestido de uniforme estatal.

—Bueno, consultarlos no. Lo que sí puede hacer es verlos a través del cristal del librero. Los muebles están sellados con plomo y no pueden abrirse.

—¿Sabe si Lezama tenía la novela de Proust en esta biblioteca?

—Bueno, lo que tenemos son novelas de Lezama… y los libros que él leía, aunque no todos, porque una parte se fue a la Biblioteca Nacional…

¡Qué pobre era el Museo Lezama! Sobre todo en comparación con el Louvre o el Metropolitan, esas transnacionales de la cultura primermundista con sus lujosísimas instalaciones, ejércitos de empleados y presupuestos millonarios. Pero este museo diminuto y solo, con sus tres empleados de uniforme caqui y gatos contoneándose por el patio, era más auténtico. Aquí se sentía el espíritu de Lezama.

Los empleados me miraban con curiosidad mientras revisaba los títulos encerrados en los muebles. Nada de Proust. Al final de mi visita, la chica que vendía las entradas —llevaba el mismo uniforme caqui— me preguntó:

—¿De qué país es usté?

Saliendo del Museo Lezama pasé horas paseando por las calles de Centro Habana, esquivando escombros, motos y máquinas. «Oieee, oieeee», se oía por todas partes, y —como me sucede siempre que camino por ese barrio— sentí una gran felicidad al verme rodeado de mulatas y de negros, de viejas sentadas en la acera y de jineteros ofreciendo chicas, chicos, habanos, discos piratas y casi cualquier otra cosa.

Volví caminando al hotel y recorrí todo el Malecón, pasando por el parque Maceo y el hotel Nacional. Al llegar a La Rampa decidí hacerle otra visita a Eliezer y repetí el mismo ritual que había aprendido con Peter: toqué la puerta, saludé a los viejos, recorrí la sala y pasé junto al televisor hasta llegar a la puerta del fondo. Eliezer se acercó a mí con una sonrisa —tenía los dientes muy blancos— y al tiempo que me daba la mano dijo:

—Mira lo que te tengo. La primera edición de los cuentos de Virgilio Piñera, publicada en Buenos Aires. Es el único ejemplar que hay en toda La Habana. Y no solo eso, mira esta dedicatoria: «Al amigo Gombrowicz, con la admiración de su discípulo cubano,

Buenos Aires, mayo de 1954». Es peligroso tener este tesoro aquí; me lo pueden robar. Llévatelo tú.

El precio del libro —doscientos dólares— era más de lo que me quedaba para el resto del viaje, pero Eliezer no se dio por vencido. Abrió dos sillas plegables que estaban en una esquina, nos sentamos y siguió proponiéndome tesoros.

—Mira aquí —me dijo—, es el poemario de un origenista perdido. ¿Tú has leído a María Zambrano? De ella no se consigue nada en Cuba, pero acá tengo una novela que salió en México. Y mira esto: el discurso que Carpentier pronunció en el primer congreso de los pioneros de la Revolución, en el año 63. ¿Tú te imaginas? Ni la Fundación Carpentier tiene este panfleto, me lo trajo un amigo, un viejo que lo conoció y lo acompañó a ese acto y se quedó con un ejemplar. El gran novelista del neobarroco hablándoles a niños de doce años. ¿Tú crees que esos niños entendieron algo?

El cuartito de Eliezer era una biblioteca de Babel que parecía contener toda la literatura cubana. Bastaba mencionar un autor de la isla —Julián del Casal, Gertrudis Gómez de Avellaneda, Lydia Cabrera— para que él produjera, como por arte de magia, un ejemplar que además encerraba toda una historia: una primera edición, un autógrafo del autor, un ex libris de una colección famosa, una obra prohibida, una revista de vanguardia publicada en una provincia remota…

Entre esos miles de volúmenes, había algunos que Eliezer atesoraba como las joyas de su colección: los libros de Guillermo Cabrera Infante, Reinaldo Arenas, Severo Sarduy y otros escritores del exilio.

—Este no se lo muestro a nadie —decía mientras sacaba un libro disimulado bajo un mueble o detrás de una cortina—, mira este tesoro: *Pájaros de la playa*, la novela póstuma de Sarduy, que cuenta su enfermedad. ¿Tú sabes que murió de sida? Me la trajo un amigo de España. No sé cómo hizo para pasarla por la aduana. Si lo cogen lo meten preso. ¿Tú te imaginas? Es la historia de una isla de pájaros enfermos, de jóvenes avejentados por la enfermedad…, una bomba. Eso es lo que es, es una crítica en contra de los campos de la UMAP* y de lo que hizo el gobierno con los enfermos de sida en los años ochenta: meterlos presos. Si un día me encuentran con esto yo también voy preso.

Además de babélica, la librería de Eliezer era monotemática: allí estaban todos los libros sobre Cuba, pero nada más. No había ningún autor extranjero, a menos que se tratara de un Hemingway o un Humboldt que hubieran escrito sobre la isla. ¿Carlos Fuentes? La expresión de Eliezer me hizo sospechar que nunca había oído hablar de él. ¿Borges? «No, de Borges nunca ha pasado un libro por aquí…» ¿Vargas Llosa? «Hace un año me trajeron un ejemplar de *Conversación en la catedral,* pero como estuvo prohibido me lo arrebataron de las manos. Se vendió carísimo. ¿Tú viste *Fresa y chocolate?* En los años sesenta los cubanos recitaban la primera página de *Conversación* de memoria; era una forma de protesta.»

En eso estábamos cuando oí una puerta que se cerraba a mi espalda. Eliezer se puso de pie.

—Mira esto. Y yo que pensé que no vendrías más por acá —le dijo al visitante.

Al darme la vuelta para ver quién había entrado me di de bruces con un rubio de dos metros, con cuerpo de gimnasta y unos bíceps impresionantes, que parecía recién salido de una revista de moda, de *Vogue Italia* o de *International Male.* Piel bronceada, pelo largo, ojos azules y músculos por todas partes. ¿Sería sueco? ¿Noruego? ¿Danés? ¿Un atleta nórdico? ¿Un fisicoculturista escandinavo?

—¿Hablas español? —le pregunté.

—Sí —me contestó el vikingo—. Michael —dijo, ofreciéndome la mano.

—¿Y de dónde eres, Michael?

—Soy… de Granma.

¿Granma?

* Siglas de Unidades Militares de Apoyo a la Producción, el nombre eufemístico que se le dio en Cuba, entre 1965 y 1968, a los campos de trabajo que funcionaban en verdad como centros de detención de homosexuales y de todos aquellos que no se ajustaban a los «parámetros revolucionarios». *(N. del E.)*

En esa provincia de Oriente, a más de mil kilómetros de La Habana, está la playa donde desembarcó Fidel Castro antes de internarse en la Sierra Maestra; llegó allí a bordo de un yate llamado *Granma* que le había comprado a un americano en México y por eso, al triunfo de la Revolución, la provincia pasó a llamarse así, igual que el diario oficial y muchas otras cosas en Cuba. El americano había elegido ese nombre en honor a su abuela, su *grandma*. Así que el yate —que está expuesto en el Museo de la Revolución—, el periódico, la provincia y hasta el vikingo siguen honrando, hasta este día, a aquella anciana que se convirtió, sin saberlo, en la abuela de la Revolución cubana. Cuántas cosas buenas le ha dado esa abuela gringa a la isla.

—¿De Granma? Pero tú pareces sueco. ¿Eres de familia escandinava? —le pregunté, anticipando la historia de unos padres comunistas llegados a Cuba para apoyar la Revolución.

—¿Eh? ¿Sueco? No. De Granma. Mi familia es de Granma.

Maykel —luego supe que así se escribía su nombre— tenía un acento oriental muy marcado, y cuando hablaba el cuartito se llenaba de aire fresco del campo.

—… de Granma, pero ahora me mudé pa' La Habana, por mi trabajo.

—¿Y en qué trabajas?

—Soy… panadero —dijo Maykel.

Maykel llevaba una camiseta blanca sin mangas, muy ajustada, que delineaba todos los músculos de su espalda. El espectáculo de su cuerpo —sus hombros pecosos, los tríceps, sus brazos largos— me produjo un sentimiento de vértigo.

Eliezer había observado nuestra interacción en silencio, con una sonrisa llena de ironía. ¿Cómo conocía a Maykel? Ese panadero no tenía cara de lector.

—Cuéntame de Granma —le dije—. ¿Cómo es la vida allá?

—Bueno… allá yo vivo en el campo… allá no es como aquí en La Habana… allá es diferente.

Maykel me contó que se había ido de Granma porque su novia era muy celosa, tan celosa que un día lo encontró conversando con la vecina y se puso como loca y fue a la cocina por un cuchillo y lo amenazó y gritó que los iba a matar a los dos y luego que no, que la que se iba a matar era ella, y Maykel se le echó encima para arrebatarle el cuchillo y evitar que se cortara las venas, y se armó tal escándalo que llegó la policía y casi se los llevan presos a todos. La novia no tenía remedio, así que él decidió irse a vivir a La Habana.

—Yo no hice nada malo. Estaba compartiendo con la vecina. Pero ella no entiende. Muchacho, el problema es que allá en Granma todos me miran. Yo no tengo la culpa, así es eso. Salgo a la calle y la gente me mira y la chica se pone como fiera. Por eso vine a La Habana.

—¿Y acá la gente no te mira? —le pregunté.

—Bueno… sí. También acá la gente me mira. Pero por lo menos nadie me anda celando.

—¿Cómo es eso de que la gente te mira? —insistí.

—Así mismo. Si salimos ahora allá afuera, a la calle, tú vas a ver que la gente me mira.

—Vamos para que tú veas lo que es eso. Un guajiro de Granma paseando por El Vedado y la gente mirándolo —dijo Eliezer, con el mismo entusiasmo que demostraba cuando hablaba de libros—. Un panadero de Granma exhibiéndose por La Rampa. Vamos a ver eso.

Maykel sonreía, divertido, al escuchar las palabras de Eliezer.

Salimos del cuarto los tres —los viejos seguían inmóviles, pegados a su televisor— y llegamos a la calle. Estaba anocheciendo y el cielo se había nublado de pájaros que después se internarían en los árboles de El Vedado. Poco antes de llegar a La Rampa, cuando estábamos frente al cine Yara, Maykel dijo:

—Caminen atrás de mí, para que vean cómo la gente me mira.

Eliezer y yo nos quedamos unos pasos atrás y Maykel caminó adelante. Se movía como si fuera un modelo en una pasarela, contoneándose entre la gente: parejitas que iban al cine, oficinistas esperando la guagua, estudiantes camino al Coppelia. Meneaba caderas y espaldas pero —a pesar de su belleza y de sus músculos— había algo torpe en sus movimientos y era mucho más sexy si se quedaba quieto y sin hablar. Cuando se movía, parecía un robot, un mal actor deambulando torpemente por el escenario. Maykel desfiló hasta llegar a la esquina y allí se detuvo y dio media vuelta.

—¿Viste cómo la gente me mira? —me dijo, orgulloso.

Pero en realidad —¡pobre Maykel!— nadie lo había mirado. Las calles estaban repletas de cuerpos atléticos, sexis, seductores, y entre tantas bellezas había pasado desapercibido.

Al día siguiente —el último antes de mi regreso a Nueva York— volví a visitar a Eliezer.

—Te conseguí otro libro de Severo Sarduy —dijo al verme—. Mira esto, sonetos eróticos que disimulan escenas pornográficas. ¿Sabes cómo abre este? «Omítemela más, que lo omitido, cuando alcanza y define su aporía, enciende un planeta en la noche del sentido.» ¿Tú te imaginas? «Omítemela más.» Llévatelo… así me ayudas. ¿Tú te imaginas si la policía encuentra esto aquí?

—¿Y Maykel? —le pregunté.

—Ese panadero de Granma debe de andar jineteando por allí, cazando extranjeros —dijo con su sonrisa pícara—. De eso vive toda la provincia, del jineterismo.

Le conté que era mi última noche en La Habana y le dije:

—Te invito a cenar. Peter me recomendó un paladar aquí cerca.

Eliezer se puso muy serio y me respondió:

—Yo no voy a restaurantes con extranjeros.

—¿Piensas que te voy a violar? Si vamos a cenar, no a singar.

—Yo nunca he ido a un restaurante. Es por principio.

—¿Por principio? No sé qué te imaginas, pero yo te quiero invitar solo porque me caes bien y me divierto hablando contigo. Y de lo único de que se trata es de seguir la conversación, con una copa de vino y unas croquetas. El paladar está aquí cerca, en una azotea llena de plantas; nos sentamos en la terraza y me sigues contando de Maykel y de los libros.

—Yo nunca como en la noche —dijo Eliezer, sin cambiar de expresión—. Y no voy a ir a un restorán.

—Si no me acompañas tú voy a terminar cenando solo… y seguramente tú también.

No hubo manera de convencerlo.

Le di un abrazo y nos despedimos. Esa noche, mientras cenaba solo en el restorán del Habana Libre —un salón enorme con ambiente socialista, lleno de extranjeros pálidos y camareros uniformados de blanco y negro—, pensé que a pocas cuadras estaba Eliezer, cenando solo en su cuartito lleno de libros, mientras los viejos seguían pegados al televisor.

Después de ese viaje no supe nada de Eliezer durante varios años. En esa época aún no había teléfonos celulares ni correo electrónico, y al partir uno se desconectaba de los amigos hasta el próximo viaje. Cuando por fin regresé a La Habana —¿en 2005 o 2006?— me imaginé que se habría mudado o quizá, como tantos cubanos que había conocido en mi primer viaje, ya estaría viviendo en Miami.

Le pregunté por Eliezer a Antón Arrufat, el primer amigo al que había visto en ese viaje.

—¿Tú no te enteraste? —me preguntó, sorprendido—. Chico, casi lo meten en la cárcel.

—¿Qué hizo?

—Nada, él no hizo nada. Pero lo acusaron de lucro ilícito por vender libros; tú sabes que en este país está prohibido hacer negocios. Lo llevaron a juicio pero los escritores lo ayudamos; fuimos a declarar que no, que él no estaba haciendo ningún negocio, que él lo que hacía era ofrecer un servicio de biblioteca para ayudar a los novelistas, intercambiando libros y apoyando la cultura cubana. Fui con Reina, con Jorge Ángel y con otros y firmamos un papel para que lo soltaran.

—Y ahora ¿qué hace?

—¿Cómo que qué hace? Pues lo mismo de siempre: vender libros y contar cuentos. A mí me marea. No lo veo desde el juicio. El otro día pasé por la librería pero no entré; cada vez que lo veo me saca una pila de libros para que los firme porque autografiados se venden más caro. Me aterra verlo en las presentaciones porque se aparece con tres o cuatro de esos muchachitos de provincia que siempre andan con él y compran toda la edición; no dejan un solo ejemplar. Los paga en moneda nacional y luego los vende en divisa. El año pasado me quedé sin ejemplares de *Entre él y yo* y tuve que ir a comprarle uno y me costó un ojo de la cara.

—¿Conoces a un amigo suyo que se llama Maykel y que es de Granma?

—¿De Granma? No, chico, yo no lo conozco. ¿Por qué? ¿Debería conocerlo?

Esa misma noche fui a visitar a Eliezer. Todo seguía igual —la casa, los viejos mirando televisión, el cuartito del fondo lleno de libros— aunque en estos dos años parecía haber adquirido muchos más. Antes solo había alteros contra las paredes, pero ahora los había por todas partes: al centro del cuarto, entre las sillas, en los pasillos.

Eliezer me saludó como si nos hubiéramos visto la noche anterior.

—Mira esta bomba... *Fuera del juego* de Herberto Padilla. ¿Tú te sabes la historia? Lo metieron en la cárcel y tuvo que hacer una autocrítica y se armó un escándalo por todo el mundo. Esta es una edición que hicieron en Miami con los testimonios de mucha gente... Si me cogen con esto me meten preso.

Eliezer no parecía muy traumado por su desencuentro con la justicia cubana. Ahora hablaba, incluso, de ampliar su librería.

—Estoy buscando otro lugar más grande. Aquí ya no caben los libros. Les dije a los viejos que necesito otro cuarto, que me alquilen su recámara. Ellos están siempre en la sala... Que duerman allí y que me dejen su cuarto para los libros. Pero no quieren. Cuando encuentre algo más grande, me mudo. Allí sí voy a poner estantes y a tener todo bien ordenado.

—¿Y Maykel?

—Maykel tuvo un hijo, pero sigue jineteando en el Parque Central. La mujer se le puso brava y le dijo que era un maricón, que cómo era posible que se metiera con hombres. Y él decía que lo hacía por ella y por el niño y se armó tremenda gritería. ¿Tú te imaginas? Jineteando para pagar la leche del niño.

—¿Y ya no viene por acá?

—No ha venido. Pero tienes que conocer a otro que llegó hace poco de Holguín; es como Maykel, blanquito, rubiecito, parece actor de cine. Tiene un bicitaxi pero eso lo que es es una excusa para montar extranjeros. Viene por acá todos los días, por la noche. Date una vuelta mañana como a las siete y yo te lo presento.

—Tendrá que ser en otro viaje. Mañana salgo para Santiago.

Me di cuenta de que el mundo de Eliezer, como el inconsciente freudiano, estaba fuera del tiempo. Él no se inmutaba con los anuncios de salidas y llegadas, con noticias de vuelos internacionales o proyectos de viaje, porque vivía en un mundo estático que no cambiaba nunca. Lo único que marcaba el paso del tiempo eran los libros, que se iban acumulando y amontonando con las semanas y los meses: granos de arena en un gran reloj habanero. ¿Qué pasará cuando caiga el último de ellos?

Después de ese viaje pasé muchos años —casi una década— sin volver a La Habana, y en ese intervalo pasaron muchas cosas: la enfermedad de Fidel Castro y su retirada del escenario político, la llegada de Raúl, la legalización de la propiedad privada y de los cuentapropistas, las campañas a favor de la diversidad sexual promovidas por Mariela Castro.

Cuando volví a Cuba, en marzo de 2014, me percaté de los cambios desde el momento en que me subí a un taxi en el aeropuerto. Recordé que en mi primer viaje, antes de aprender los códigos, había cometido la imprudencia de preguntarle a la taxista —una mujer simpática y abierta que no llegaba a los cuarenta— qué opinaba de Fidel Castro.

—¡Shhhhh! —me había dicho, con una expresión de pánico en los ojos, que vislumbré por el espejo retrovisor—. No digas «Fidel». Mira, haz así —dijo mientras hacía un gesto con la mano derecha, como si se acariciara una barba larga e imaginaria, antes de cambiar de tema y preguntarme cómo era la vida en Nueva York.

Pero eso fue aquella vez. Esta vez mi taxista era un gordo simpático y hablador. Cuando dejamos atrás el aeropuerto le pregunté:

—Oiga, ¿cómo van las cosas con Raúl?

—¿Raúl? —preguntó, enfadado—. ¿Ese comemierda? Ese lo que ha hecho es joder al país, más de lo que estábamos —dijo, antes de lanzar una retahíla de quejas que era también un repaso de los últimos cincuenta años de historia cubana—. ¿Angola? —decía, indignado—. Mira que nos fuimos a fajar a Angola y ahora que tienen dólares, ¿tú crees que se acuerdan de Cuba esos negros malagradecidos? Ni las gracias nos dieron. ¿Tú sabes cuántos fuimos allá? Allá, a pasar trabajos y a fajarnos por esos negros que ahora están millonarios con el petróleo y ni se acuerdan del socialismo. ¡Angola! Y luego tuvimos que tragarnos el Periodo Especial ¿Y los rusos, que se suponía que eran nuestros mejores amigos? ¿Tú crees que los rusos mandaron un peso? ¡Nada! Casi nos morimos de hambre y ellos como si no existiéramos, después de que casi nos meten en una guerra mundial con sus cohetes. ¿Y tú crees que se acuerdan de eso?

No había manera de parar ese monólogo que parecía abarcarlo todo —desde Sierra Maestra hasta la alianza con Venezuela— y que siguió hasta que llegamos al hotel.

—Bueno —dijo el chofer, poniéndole punto final a su diatriba, mientras recibía los veinticinco CUC que le entregué al bajarme.

También en el entorno del Habana Libre los cambios eran perceptibles. Las calles aledañas se habían llenado de pequeños comercios: cafeterías, tiendas de discos y de souvenirs y restaurantes que ofrecían todas las cocinas del mundo, desde la italiana hasta la iraní. La acera frente al hotel parecía un pequeño bazar poblado por clientes de todas las nacionalidades: alemanes y brasileños, franceses y mexicanos, italianos y argentinos negociaban con taxistas y subían y bajaban de las guaguas de Transtur.

El único que no había cambiado en todos esos años era Antón Arrufat: seguía viviendo en el mismo piso de Trocadero y seguía tan agudo y tan pícaro como siempre. Salimos a uno de los tantos restaurantes nuevos que habían abierto en Centro Habana y durante la cena me contó los últimos chismes.

—¿Te enteraste de lo de Eliezer? —me preguntó.

—No. ¿Qué le pasó?

—Nada. Que con las nuevas leyes sacó una licencia de cuenta-propista y ya no tiene que esconder su librería.

—Debe de estar muy contento.

—¿Contento? Si dice que ahora ya no vende nada porque lo que les gusta a los turistas es lo clandestino. Ahora que su librería es legal ya nadie le compra. Al menos eso dice él.

—Mañana paso a verlo. Yo sí seguiré comprándole libros.

—Verás que la casa está muy cambiada.

—¿Todavía hay que pasar por la sala de los viejos?

—¿Los viejos? Chico, pero si esos se murieron hace años. Las malas lenguas dicen que él los mató para quedarse con la casa.

—¿Tú crees? ¿Cómo pudo con ellos, si eran tan gordos y él tan flaquito?

—Los mató así, mira.

Antón puso cara de niño travieso y acercó las manos a mi cara, dando palmas como si golpeara un objeto imaginario.

—Los asfixió… con el polvo de los libros.

Al día siguiente fui a ver a Eliezer. Ahora en el portal de la casa había libreros y mesas que exhibían, bien acomodados, los best sellers de la Revolución cubana: biografías del Che, discursos de Fidel, obras de Eduardo Galeano, historias del movimiento 26 de Julio. La puerta que daba a la sala estaba abierta y me acerqué para comprobar que los viejos habían desaparecido. El interior de la casa estaba irreconocible: ya no había muebles, ni televisor, ni adornos, ni cortinas de encaje. Los libros lo habían invadido todo: había montañas de ellos por todas partes y apenas quedaba espacio para circular; una metástasis bibliográfica que se había propagado por toda la casa.

Traté de recordar el lugar en donde se sentaban los viejos a ver televisión, pero parecía imposible que esa bodega insalubre hubiera sido alguna vez una casa. Había polvo —y churre, como le llaman los cubanos a la mugre— por todas partes, y se veía que nadie había limpiado en años. Los libros yacían abiertos sobre el piso, descuadernados o doblegados bajo el peso de tantos otros, y despedían un olor acre y penetrante.

—Pero mira quién llegó —dijo Eliezer, que había salido de entre esos montes librescos, balanceándose con los brazos para no perder el equilibrio, como si bajara la loma de una montaña.

Él seguía igual... o casi. Ya no era el niño guapo de treinta años, pero continuaba delgado, bien parecido, y con la misma mirada traviesa que le conocí.

—Te tengo un libro nuevo sobre lo que está pasando en este país. Se llama *El otro lado del espejo* y ha sido un escándalo; cuenta todo: los jineteros, la prostitución, los guajiros que vienen a La Habana a cazar extranjeros —me dijo, como si retomara una conversación que habíamos tenido el día anterior.

—Qué gusto verte —le dije—. Estás igualito. Lo que sí ha cambiado mucho es la casa. ¿Y los viejos?

—Se murieron, pobrecitos —explicó, y yo creí percibir un destello de ironía en sus ojos.

Ahora, además, la librería estaba llena de perros. Al entrar había visto tres o cuatro echados en el portal. Pensé que se trataba de perros callejeros hasta que vi otro, color caramelo, que salió de entre los libros siguiendo a Eliezer, y luego a tres más, durmiendo entre las pilas. Eran feos y enclenques y apestosos, y habían impregnado todo de su peste canina. Hasta Eliezer olía a perro. La perra color caramelo comenzó a ladrar, con unos ladridos agudos que no paraban, hasta que Eliezer le gritó: «¡Nachi! ¡Ya! ¡Cállate!», al tiempo que la levantaba del piso para cargarla en brazos.

—Compañero, ¿no tendrá libros de medicina? —preguntó un estudiante jovencito que había llegado a curiosear entre los estantes.

—No, aquí no vendemos eso —dijo Eliezer, cortante.

—Y ese radio, ¿cuánto cuesta?

Porque ahora, además de libros, Eliezer vendía radios antiguos, modelos de los años cuarenta y cincuenta, dispuestos en una mesa junto a los discursos de Fidel.

—Los radios se venden en divisa. Cuestan treinta dólares.

—¡Treinta dólares! —repitió el estudiante, con incredulidad.

—Tienen más de cincuenta años —dijo Eliezer, pero el estudiante ya iba en la acera y no alcanzó a oírlo.

—¡Naachi! —dijo Eliezer, usando esa voz que mucha gente usa para hablar con los bebés, en un timbre infantil y agudo, mientras mecía a la perra en los brazos como si fuera un bebé—. Yo sé que tú eres celosa, pero yo tengo que hablar con los clientes. —Y luego, dirigiéndose a mí—: ¿Tú sabes por qué se llama Nachi? Eran dos cachorras y yo las recogí porque las habían abandonado. Esta se llama Nachi, que es «China» al revés. ¿Sabes por qué? China es el apodo de Raúl Castro. Su hermana se llama Elfid, que es «Fidel» al revés. ¿Viste? Dos perras que se llaman como los dos hermanos. ¿Tú sabes cómo llegaron aquí? Antes de morir los viejos le rentaron un cuarto a una jinetera. Cuando se enfermaron yo la saqué porque no quería problemas con la policía. ¿Tú te imaginas? Me acusan de proxeneta y me llevan preso. Y cuando se fue la jinetera dejó dos cachorritos en un armario. Los había metido a escondidas para que no se enteraran los viejos y allí mismo los iba a dejar para que se murieran. ¿Tú viste la maldad de la gente? Yo los recogí y pensé: «Para que no hagan con ellas lo que han hecho con nosotros los Castro».

A mis pies estalló una pelea de perros: uno negro mordía, saltando, el lomo de una perra blanca, mientras uno gris trató, sin éxito, de incorporarse al juego. Los tres acabaron sacudiéndose a mordidas.

—Ahora te voy a mostrar algo —me dijo Eliezer mientras levantaba en alto a Nachi, hablándole con una voz tan aguda que parecía la de un niño haciendo berrinche. «¿Verdá, Nachi? —decía Eliezer, con la boca casi pegada al hocico de la perra, como si estuviera a punto de besarla—. ¿Verdá, Nachi, que tú nunca me vas a denunciar?»

Nachi —que seguía elevada sobre la cabeza de Eliezer— levantó el hocico hacia el cielo y, mientras Eliezer seguía diciendo «¿verdá, Nachi?», soltó un aullido largo y profundo, como si respondiera a las exhortaciones de su amo con ese quejido agudo e interminable, con ese grito desesperado que llenó toda la librería.

«¿Verdad, Nachi, que no me vas a denunciar?», repetía Eliezer mientras la perra aullaba cada vez más fuerte. Los otros perros se habían despertado de su sopor y acompañaban con ladridos el grito melancólico de la perra. «Au aaauuuu au aaauuu. Au aaauuuu au aaauuu», y todo era una cacofonía de perros que aullaban y ladraban alrededor de Eliezer, que seguía diciendo «¿verdá, Nachi?» mientras contemplaba, divertido, ese circo canino, que duró varios minutos y terminó cuando él bajó los brazos y depositó a Nachi en el piso.

—¿Viste eso? —me dijo—. Para mí recoger perros es una forma de resistencia. ¿Tú te imaginas si se entera la Seguridad del Estado de que mis perras se llaman Nachi y Elfid? Yo lo que hago es demostrar que el pueblo está tan mal que todos vivimos como perros. Aquí yo vivo como mis perros: duermo sobre los libros como ellos (allí, mira, sobre esa mesa que está a la entrada), y como lo mismo que ellos comen. El dinero que gano lo gasto en comida para ellos y en pagarles a los guajiros que me ayudan. Yo lo que hago es demostrar lo jodido que está este país, mientras ellos tratan de ocultarlo. Mira, ven, te voy a enseñar algo. Ven.

Eliezer se internó en las montañas de libros que llenaban lo que antes había sido la sala de los viejos. Lo seguí y los dos trepamos por los cerros de papel, avanzando lentamente mientras pisábamos ejemplares de *La historia me absolverá*, de los discursos de Raúl, de *El socialismo y el hombre nuevo*, que parecían colocados estratégicamente bajo nuestros pies. Por fin llegamos a la puerta que daba al cuarto del fondo, donde había visitado a Eliezer por primera vez. Abrió la puerta y la habitación estaba irreconocible; ahora era un cuarto sin techo —arriba se veía el cielo azul del Caribe— y junto a mis pies, iluminada por los rayos de sol, yacía una pila de escombros: ladrillos, yeso y cemento.

—¿Qué pasó? —le pregunté.

—¿Que qué pasó? —me respondió Eliezer, con su sonrisa pícara—. Pues que zozobró el techo.

En esos meses vi mucho a Eliezer. Me detenía a saludarlo cada vez que pasaba por el Habana Libre o por el Coppelia. Bueno, no siempre. Solo cuando tenía la tarde libre, porque en la librería imperaba otro tiempo y las horas se pasaban volando en ese mundo de libros y perros y guajiros. A veces, por curiosidad, miraba el reloj después de despedirme y descubría que llevaba cuatro horas perdido en ese mundo.

En cada visita notaba ligerísimos cambios, apenas perceptibles: un día aparecía un perro más y el concierto desafinado de ladridos se volvía más cacofónico; otro día me recibía un ayudante que no había visto antes, un nuevo chico recién llegado de Holguín o de Camagüey, de Santiago o de Guantánamo; a veces constataba que la altura de las montañas de libros se había incrementado; en otras percibía nuevas grietas y rajaduras como arañazos en los muros de la librería. Un día, agobiado por el calor del verano y el ruido de La Rampa, le pedí a Eliezer que me llevara al cuarto del fondo, al cuarto sin techo, para escapar un minuto de los montones de libros y las manadas de perros. Cuando entramos noté algo distinto: ya no había escombros en el piso; todo parecía más ordenado, y el cielo se apreciaba mejor.

—¿Tú viste eso? —me dijo—. Unos negros se robaron el techo.

—Pero si el techo ya se había caído. Tú me dijiste que había zozobrado —le respondí.

—Pero quedaban las vigas, las vigas de madera. Y un día vinieron unos negros y me dijeron que ellos podían venderlas y comprar material para echar placa y levantar un techo nuevo. Les dije que sí. En una mañana sacaron todas las vigas; las bajaban y las cargaban como si fueran alfileres, se las echaban al hombro como si no pesaran nada. Nunca volvieron y yo me quedé sin techo y sin vigas. En este país tú no puedes confiar en la gente, y menos en los negros.

Mientras hablábamos se había acercado a nosotros su nuevo ayudante. Era un chico de veinticinco años, bajito, atlético y con cara de malandro. Tenía la piel dorada por el sol y llevaba puesto el uniforme de todos los ayudantes de la librería: una camiseta blanca, sin mangas, que dejaba al descubierto hombros y brazos.

—Desde que los negros se robaron el techo lo tengo a él de guardaespaldas —dijo Eliezer, señalándome al chico que nos miraba con los brazos cruzados—. Es un policía, pero como le pagan una miseria viene aquí todas las tardes y le pago por que me cuide.

—¿Policía? Pero si tiene cara de buena gente.

—¿De buena gente? —preguntó Eliezer, divertido. Y luego, dirigiéndose al chico, dijo—: Reinier, muéstrale.

Reinier miró hacia el pasillo, cerciorándose de que no había nadie, y con un gesto de prestidigitador se levantó un extremo de la camiseta, dejando entrever su vientre musculoso y, también, una pistola que llevaba fajada en la cintura. Apenas percibí el destello; de inmediato se bajó la camiseta y nos miró con cara de niño travieso.

Era la primera vez que veía una pistola en Cuba.

—Con un policía de Sancti Spíritus estamos bien protegidos en la librería. Y si tú vieras —me dijo Eliezer al oído, pero hablando lo suficientemente fuerte para que oyera Reinier— el éxito que tiene con los extranjeros. Ayer se lo llevó un italiano que se puso a gritar cuando se sacó la pistola en su casa; «*pericoloso, pericoloso*», decía, pensando que lo iban a matar. Luego quedó encantado y decía «*il fucile, il fucile*». ¿No es así?

—Ey —dijo Reinier, que nos miraba, divertido.

—Hablando de extranjeros —dijo Eliezer—, te tengo una joya: la primera exposición gay en Cuba. Tuvieron que imprimir el catálogo afuera. Y la cerraron después de dos semanas. Deja que tú veas eso. Oye —dijo, dirigiéndose a Reinier—, tráeme uno.

—¿El de la galleta? —preguntó Reinier.

El catálogo de la exposición «Sex and the City», curada por Píter Ortega, es un folleto delgado y blanco, impreso a colores y en papel brillante, que incluye las típicas pinturas *kitsch* y fotos homoeróticas que aparecen en las muestras de arte gay de todas partes del mundo. Después de muchas páginas de desnudos inofensivos, aparece, casi al final del libro, la obra que desató la ira de los censores: una serie fotográfica que lleva por título «La galleta» y que muestra a un grupo de muchachos morenos y musculosos, completamente desnudos, agrupados en círculo, como en un partido de fútbol americano. La primera de las fotos retrata a los chicos acariciándose los bíceps y tríceps; la segunda los retrata besándose; en la tercera, uno de ellos sostiene una galleta María —un bizcocho común y corriente, redondo y finito— en la mano; la cuarta muestra cómo uno de los chicos aproxima la galleta a su sexo y la quinta captura el instante en que un chorro blancuzco empapa el bizcocho. En la última imagen, uno de los chicos del grupo —ojos verdes y nariz respingona— devora con gusto la galleta rebosada.

—¡Qué galleta! —dijo Eliezer—. No hubo manera de imprimir esas fotos en Cuba; ningún impresor quería arriesgarse a que lo metieran preso por hacer pornografía. En eso se apareció el embajador de Noruega, que mandó imprimir las fotos allá afuera, en su país. Y cuando montaron la muestra, ¡tremendo escándalo! Ya te imaginas, todos los pájaros de La Habana querían ir a ver la famosa galleta y la galería quedó convertida en una gran pajarera. Pero la fiesta no duró, porque a los pocos días la policía mandó cerrar la muestra. Los catálogos se agotaron y este es el único que queda en Cuba. Llévatelo, es peligroso tenerlo aquí. Y más ahora, que estuvo acá la Seguridad.

—¿Vino a verte la Seguridad del Estado? ¿Por qué? Si ya tienes tu licencia de cuentapropista.

—Vinieron por lo del español que mataron. Como él venía por acá...

—¿Mataron a un español?

—¿Tú no te enteraste? Si aquello fue un escándalo. A mí por poco me llevan preso, porque él había estado aquí el día antes de que lo mataran.

—Pero cuéntame, ¿qué pasó?

—Era un español millonario, dueño de muchas empresas en su país, y le encantaba Cuba. Llevaba muchos años viniendo de vacaciones y se pasaba meses por acá, y hace como dos años se jubiló y se compró una casa, tremenda mansión, en El Vedado. Venía aquí en coche y se quedaba horas conversando sobre libros y mirando a los guajiros, mientras el chofer esperaba fuera. Pero así como tú lo veías, que parecía todo un señorito, lo que le gustaba eran los criminales, lo más bajo, y por las noches se iba a los parques, en la playa del Chivo, a los peores lugares. Y, bueno, un día lo encontraron apuñalado en las oscuridades de Centro Habana. Por eso tú nunca te metas en las oscuridades. Mejor anda en las claridades.

—¿Las oscuridades?

—Y cuando investigaron vieron que el español venía mucho aquí y que había estado el día antes de que lo mataran, así que vinieron a interrogarme y pensaban que yo era su amante o que yo salía con él por las noches y no me creían que él aquí solo venía a comprar libros y que yo con él nunca me metí ni lo acompañé a las oscuridades. No me creían y tuve que ir al juicio a declarar. Lo bueno es que sí encontraron al que lo mató y desde entonces ya no han venido por acá. Pero a mí me tienen fichado y en cualquier momento se vuelven a aparecer. Lo bueno es que tengo un policía que me cuida. ¿No es así, Reinier?

—Ey —dijo Reinier con su sonrisita.

—Imagínate si viene la policía y se encuentra con un policía. Yo les diría: «¿Para qué vienen a verme si yo ya tengo aquí un policía?».

Reinier se cruzó de brazos, como posando.

—Ándate con cuidado —me dijo Eliezer— porque ahora están matando gays. Hace unos meses encontraron a Tony Díaz, un director de teatro muy famoso, acuchillado en su casa. Dicen que fue para robarlo pero yo no lo creo. Tú tienes que cuidarte porque eres extranjero…

—Bueno, Eliezer, ya se hizo tarde. Además, es hora de darme una vuelta por las oscuridades —le dije, antes de darle un abrazo y salir a caminar por La Rampa.

Unos días después, mientras preparaba mi clase —un seminario sobre la cultura urbana de Cuba organizado por Princeton— en un café de El Vedado, se me ocurrió una idea. ¿Y si llevaba a los estudiantes a la librería y le pedía a Eliezer que les diera una charla? A Eliezer le encantaba hablar y con él los chicos podrían experimentar de primera mano ese barroco cubano que tanto habíamos discutido en clase.

Llegué a la librería un día de febrero, con un grupo de quince americanos que rondaban los veinte años. La noche anterior le había pedido a Eliezer que abriera un camino entre las montañas de libros, para que los estudiantes pudieran pasar hasta el cuarto del fondo que se había quedado sin techo. Los estudiantes bajaron de la camioneta —casi todos iban vestidos de *shorts*, camisetas y tenis— y, siguiendo las indicaciones de Eliezer, atravesaron la sala, en fila india, pasando entre las pilas de libros, hasta llegar al pasillo.

—¡Cuidado, no pisen a la perra preñada! —gritó Eliezer.

Entre dos montones de libros alcancé a distinguir una perra que se confundía con el color del piso, y que dormía profundamente, sin inquietarse por los zapatos que pasaban, amenazantes, a centímetros de su cabeza. Los quince estudiantes zigzaguearon entre las montañas de libros, pisoteando los ejemplares que Eliezer había dispuesto estratégicamente por la única vereda abierta en esa manigua bibliográfica: *La agricultura en Cuba*, de Fidel Castro; los *Diarios de guerra*, de Raúl Castro; el *Discurso del Comandante Ernesto Guevara en el acto conmemorativo del II aniversario de las Organizaciones Juveniles 20 de Octubre*. Con el paso de cada estudiante, esos libros recibían un puntapié más que fracturaba los lomos, desprendía las portadas, rompía las costuras, deshilachaba los cuadernos y desperdigaba las páginas por toda la casa. La caravana universitaria dejó tras de sí un campo de batalla sembrado de cadáveres impresos y volúmenes moribundos que atrajeron la atención de los perros. Nachi se acercó a un cuaderno herido, lo husmeó, levantó una pata y descargó su vejiga sobre el amasijo de papeles.

En el cuarto sin techo los estudiantes se agruparon en torno a Eliezer. Nachi lo había seguido y se echó a sus pies. Reinier se recargó contra la puerta, como si cuidara la entrada, y adoptó su pose habitual de brazos cruzados.

—Yo hice un voto de pobreza —dijo Eliezer—, y vivo aquí con los libros; duermo sobre esa mesa que vieron a la entrada y no tengo baño ni cocina. Es una protesta contra los líderes (ellos viven en sus mansiones con jardín y con piscina y hacen cenas obscenas), para demostrar lo que ha pasado con el pueblo. También es una manera de protegerme: cuando ha venido la Seguridad, cuando ha venido la policía, ellos entran y ven este desorden y piensan que en este basurero no puede hacerse ninguna actividad política. Luego me ven a mí y piensan que estoy loco y me dejan en paz. Aunque también eso es peligroso: podrían llamar al manicomio, internarme a la fuerza. Solo necesitan que los vecinos firmen un papel diciendo que estoy loco, y como ellos me odian seguro lo harían. Pero hasta ahora no ha sucedido. Todo lo que ven aquí tiene una razón de ser. ¿Por qué no hay libreros? Ustedes han de pensar que es por falta de organización, pero no es eso. Si tuviera libreros, y los libros estuvieran ordenados por autor o por título y un día llega la Seguridad, me llevan preso por tener libros prohibidos. Así, en cambio, pueden venir y nunca van a saber lo que tengo ni a encontrar todo lo que tengo del exilio o de los disidentes. Y como todo huele a perro, no van a querer ensuciarse las manos escarbando entre estos alteros. Este país ha querido controlarlo todo, y lo que nunca van a poder controlar es este lugar. El caos ha sido mi protector.

—¿Quey sisteyma de claysificación tieney para sus librous? —preguntó una chica baja y gordita.

Eliezer la miró con su sonrisa pícara. Se llevó un dedo a las sienes y dio varios golpecitos sobre su frente.

—Todo el sistema de clasificación lo tengo aquí, en la cabeza. No hay nada escrito. Yo no uso computadora, ni teléfono, ni celular, ni nada de tecnología. La única manera de hablar conmigo, y de saber si tengo un libro, es viniendo aquí. Eso también es una forma de protesta. ¿Ustedes han visto a la Yoani Sánchez, la disidente, con sus blogs y sus cuentas de internet y todos esos aparatos? Un día vino aquí y quería escribir sobre la librería en su blog y presentarme como disidente. Yo le dije que estaba equivocada, que yo trabajaba para la Seguridad, porque es ella la que trabaja para la Seguridad, y se fue enojada. ¿Ustedes se imaginan? Me pone en su blog como disidente y al otro día llega la Seguridad a cerrarme la librería.

—¿Me puedey deycir —preguntó una flaquita muy pálida con unas piernas muy largas— por quéy no hay mujeyres en su libreyría? Usteyd es hombrey, su asistentey es hombrey, y los clienteys que hey vistou son hombreys. Parecey un mundou exclusivaymentey masculinou.

—Claro que es un mundo masculino. Yo no puedo contratar mujeres, por muchas razones. Primero: si ven una mujer trabajando aquí van a decir que es prostituta y a mí me llevan preso por proxenetismo. Segundo: no se puede confiar en las mujeres. Tercero: ¿vieron el tamaño de las pilas de libros? Yo necesito gente que me ayude a levantar una pila, a cambiarla de lugar, a cargarla de un cuarto a otro, y una mujer no puede con eso. Por eso los chicos que trabajan aquí tienen que estar fuertes, como el policía que nos está cuidando —dijo, mirando a Reinier.

Reinier seguía con su sonrisita.

—You queríay preguntayr por quéy la comuneydad afroucoubanae no estey representaday en su libreyría —dijo la más rubia de todas las estudiantes.

—¿Que por qué no hay negros? Imagínate que un día llegan los de la Seguridad y me encuentran a mí con la casa llena de negros. ¿Tú te imaginas? Por eso no contrato negros, para protegerme. Mejor tener a este policía rubiecito.

—¿Cómo piensa usted —preguntó un chico puertorriqueño, que era el más despierto del grupo— que el restablecimiento de relaciones diplomáticas entre Cuba y Estados Unidos que anunciaron los presidentes Castro y Obama afectará al funcionamiento de su librería?

—Tengo que prepararme para recibir a la cantidad de gente que va a llegar a la librería. Ahora que salga la película —un chico de la Escuela de Cine vino a filmar un documental— va a ser un problema porque no tengo dónde meter a todos los que vendrán. Tengo que traer a una brigada para que arreglen la casa. Aquí, en este cuarto, quiero hacer una galería para tener exhibiciones y también para proyectar el documental, pero eso va a costar mucho dinero porque hay que rehacer el techo y reparar los otros cuartos. Ya no será solo librería, será un centro cultural.

—Cuéntanos más de ese documental —le pedí a Eliezer.

—Nada, que un día se apareció por aquí ese chico y me dijo

que quería filmarme con los libros y con los perros. Vino con su cámara y anduvo por aquí, y yo tenía miedo que fuera de la Seguridad, pero luego vi que sí sabía de cine y lo dejé que me filmara y él quiso que yo saliera con Nachi y ella hizo su debut como actriz. Así, mira.

Eliezer levantó a Nachi en alto y la perra volvió a aullar, con el hocico apuntando hacia el techo, mientras Eliezer repetía la escena y le decía «¿verdá, Nachi, que no me vas a denunciar?», y Nachi aullaba como si se imaginara el escenario de denuncia y persecución que evocaban las palabras de su amo.

«Auuuu auuuu auuuu», chillaba Nachi.

—¿Puedou haceyr fotos? —preguntó un pelirrojo pecoso, mostrándome su iPhone.

—Cuando vio esto —continuó Eliezer—, me dijo que eso que hago yo con Nachi es un *performance*. ¿Tú te imaginas? ¿Un *performance*? Yo le contesté que no, que no era *performance*, que era un *perroformance*. Él se entusiasmó y dijo que así iba a ponerle a su documental. Y yo pensé que ese es un buen nombre. Mira, mandé a imprimir estos papeles. ¡Oye! —le dijo a Reinier—, búscame uno de los anuncios que imprimimos.

Reinier penetró entre las montañas de libros y volvió con unas hojas sueltas en la mano. Eliezer repartió las hojas entre los estudiantes; cada hoja tenía una foto suya cargando a Nachi, seguida de la leyenda «Librería Perroformance» y la dirección.

—Cuando se estrene el documental —prosiguió Eliezer— vendrá gente de todo el mundo, y los de la Seguridad no podrán hacer nada. Con tantos extranjeros en la galería yo voy a estar bien protegido.

—¿Cuayleys son los librous prohibidous? —preguntó la gorda bajita.

—Raúl Castro declaró hace poco que en Cuba no hay libros prohibidos. «En este país nunca se ha prohibido un solo libro» —dijo Eliezer, con una voz chillona, remedando el acento de Raúl—. ¿Tú te imaginas? Antes te metían preso por poner un disco de los Rolling Stones, ya no se diga por leer a disidentes y contrarrevolucionarios. Yo me cuido y por eso los libros de Reinaldo Arenas los tengo bien escondidos. Solo yo sé en dónde están. Ni siquiera el policía sabe. Desde que me robaron ya no confío en nadie.

—¿Te robaron? —pregunté.

—Un guajiro que tenía trabajando aquí, un holguinero. Yo lo ayudé y le di trabajo y el muy malagradecido, un día que salí a llevar a la perra preñada al veterinario, el muy desgraciado, se desapareció con cinco novelas de Reinaldo Arenas. Ya no se puede confiar en nadie, ni en los guajiros. ¿Tú te imaginas? Esos libros me los trajeron de España y cuestan una fortuna, y él lo sabía y pensó que podía venderlos en la plaza de Armas. ¿Y tú sabes qué? Ese muchacho se llama Alejandro, y cuando descubrí el robo me acordé que Alejandro era el nombre que usaba Fidel cuando estaba escondido en la Sierra Maestra y pensé: «¡Coño! Es como si Fidel regresara a joderme en 2015». Y él pensó que no lo iba a denunciar, se imaginó que como eran libros prohibidos yo no iba a avisarle a la policía, pero el que se equivocó fue él; lo que tuve que hacer es pensar con mucho cuidado cómo iba a presentar la denuncia para no meterme en problemas, y también para que a él no lo metieran preso, porque si lo meten en la cárcel él seguramente me perjudica a mí. Y así lo hice, y lo encontraron, y me devolvieron los libros y ahora solo yo sé en dónde están.

—Pero si son libros prohibidos, ¿por qué los devolvió la policía? —preguntó el estudiante puertorriqueño.

—Porque ese es su *modus operandi* —respondió Eliezer.

En cada visita a la librería, parecía que cambiaran los chicos: a veces estaba allí el policía; otras veces me atendía un guajiro alto, con la piel muy tostada por el sol, que casi no hablaba y parecía emocionarse con cualquier bobería («¡Es de México! —dijo una vez—. ¡Coño! ¡De México! ¡De México!»), y otras me topaba con chicos mal vestidos y malolientes, de aspecto marginal, que se quedaban sentados en una de las bardas de la casa y no hablaban con los clientes.

—Te tengo algo que te va a encantar —me dijo Eliezer, con una sonrisa más pícara que de costumbre, un día en que iba paseando por las calles de El Vedado con Antón Arrufat y nos detuvimos a curiosear en la librería.

Pero ese día no se internó entre las montañas librescas ni extrajo una novela prohibida ni un catálogo de una exposición censurada; entró en la sala y volvió acompañado de un chico muy bonito, delgado y con cara de niño —se parecía a Tintín—, que no pasaba de los veinticinco años. En vez de presentarnos, dijo:

—Este Leonardo DiCaprio es de Bayamo y está recién llegado a La Habana. Tiene novia e hijo, pero hay que ver el éxito que tiene con los extranjeros. Desde que trabaja aquí, esto se ha llenado de españoles y de italianos. Lo único malo es que no siempre compran libros; lo que quieren es comprarlo a él, pero yo no lo vendo.

—Alberto —me dijo el chico, con una voz muy firme, mientras me extendía una mano.

Antón se había quedado observándonos. Hacía como que miraba la calle o los libros, pero en realidad estaba mirando a Alberto de reojo.

—Si este chico viniera todas las tardes a mi casa y se sentara dos horas frente a mí, ¡cómo escribiría yo! En dos meses termino mi novela —dijo Antón, mientras seguía mirando la calle.

Eliezer respondió con una chispa en los ojos, como siempre que algo lo divertía. Alberto, en cambio, no se dio por aludido y comenzó a ordenar los libros sobre la mesa.

—Si tú vieras cómo lo cela la novia —dijo Eliezer—. Lo llama a cada rato a su teléfono, y si no responde porque está atendiendo a un cliente o cargando libros, se pone brava y cuando llega a la casa le arma un escándalo. «¿Qué son esos números que tienes guardados allí?», le pregunta. Y la culpa la tengo yo, porque como aquí no hay teléfono yo le pido a él que guarde los números de los clientes, y cuando ella le revisa el teléfono se imagina horrores y se pone brava. Oye —dijo, hablándole a Alberto—, ven acá y muéstrales el video de tu hijo.

Alberto dejó los libros sobre la mesa y se acercó a nosotros. Sacó su teléfono, deslizó un dedo sobre la pantalla, luego dos, y abrió un video que mostraba a un niño de año o año y medio, casi un bebé, vestido de playera y *short*, bailando —aunque apenas lograba mantenerse de pie— y meneando las caderas entre los árboles de un jardín.

Una voz en *off* —seguramente la de la madre— le decía: «Rey, un pasito, un pasito pa'cá, un pasito pa'llá, Rey, mueve la caderita, Rey».

—Tú tienes que ver eso —dijo Eliezer.

Y siguió el video con el niño que se veía que había gateado toda su vida y que había aprendido hacía poco a ponerse de pie.

«Rey —continuaba la voz en *off*, que ahora acompañaba los movimientos del niño con aplausos rítmicos—. Rey, a ver, uno, dos. Pero Rey, mi vida, muestra la barriguita, anda», y Rey, tambaleándose, se levantaba la playerita con una mano mientras meneaba la cadera y mostraba el ombligo y la pancita. «Más arriba, más arriba», decía la voz de la madre, y Rey seguía subiendo la camisita hasta dejar sus tetillas al descubierto.

—¿Tú viste eso? —exclamaba Eliezer, divertido—. Las madres cubanas enseñando a los niños a jinetear, a hacer *striptease* desde que tienen un año.

Alberto parecía más interesado en el video que en los comentarios de Eliezer y no despegaba del teléfono su mirada de padre orgulloso.

—¿Tú viste lo que es el jineterismo en este país? Desde que aprenden a andar ya andan exhibiéndose en los parques.

La llegada de un cliente interrumpió la proyección. Eliezer se separó de nosotros para atenderlo y se internó entre los montes de libros de la sala.

—¿Cómo llegaste de Bayamo a La Habana? —le pregunté a Alberto.

—Eso —me respondió, mientras volvía a su tarea de acomodar libros sobre la mesa— es una historia muy larga, una novela que te contaré otro día.

Al verlo tan concentrado, ordenando libros en una cuadrícula, Antón le dijo:

—Óigame, ¿y usté lee?

—No —dijo Alberto—. No tengo tiempo. Aquí siempre hay mucho trabajo: hay que guardar todo lo que está allá afuera antes de cerrar, meterlo en cajas y volverlo a colocar al otro día, cuando se abre la librería. Y durante el día tengo que ayudar a Eliezer a entregar pedidos o a recoger libros.

LA LIBRERÍA DE SODOMA

—¿Y por qué no lees poemas? Leer un poema no toma más que unos minutos y puedes hacerlo cada vez que quieras tomarte un descanso —le propuse.

—Sobre todo si es un poema como *La Ilíada* o *La Odisea* —dijo Antón.

Alberto me miraba intrigado, como si le hablara de un mundo remoto y misterioso.

—Mira —dije, acercándome a uno de los estantes que estaban en el portal de la casa, dándole una ojeada rápida a los títulos hasta llegar a la *Obra poética* de Dulce María Loynaz, que tomé entre mis manos. Lo abrí y seleccioné una página al azar—. Aquí hay un poema de Dulce María Loynaz —le dije—. ¿Ves qué cortito es? Podemos leerlo ahora mismo, mientras esperamos que vuelva Eliezer. Este se llama «Si me quieres, quiéreme entera» y es un poema de amor.

Alberto miraba la página con curiosidad.

—Eso no es un poema de amor; es un poema de horror, y más aquí, en medio de tantos perros —dijo Antón.

Me acerqué a Alberto hasta que quedamos hombro con hombro y leí en voz alta:

> Si me quieres, quiéreme entera
> no por zonas de luz o sombra...
> Si me quieres, quiéreme negra
> y blanca. Y gris, y verde, y rubia,
> y morena...

—¿Gris y verde? —intercaló Antón—. ¿Cómo habrá hecho la Loynaz para ponerse de esos colores? ¿Tú has visto alguna vez una mujer gris y verde por la calle?

> «Quiéreme día, quiéreme noche...
> ¡Y madrugada en la ventana abierta!
> Si me quieres, no me recortes:
> ¡quiéreme toda... o no me quieras!

—Dios mío, pero qué exigente. A esa mujer no se le puede querer por trocitos —dijo Antón.

Alberto tomó el libro entre sus manos y releyó el poema, en silencio, muy concentrado, moviendo los labios y formando las sílabas y las palabras de cada verso, pero sin hablar. Yo lo miraba y recordé ese pasaje en que san Agustín cuenta cómo un día se encontró a Ambrosio, obispo de Milán, leyendo en silencio, y le pareció tan raro ver a ese señor inclinado sobre un libro, absorto en su lectura, sin hablar ni hacer ruido, porque en esa época lo normal era leer en voz alta. Al ver a Ambrosio notó que sus ojos recorrían las páginas y su espíritu captaba el sentido pero su lengua permanecía inmóvil y su voz, muda. Y así estaba Alberto, inmóvil y mudo como Ambrosio; parecía un niño que aprendía a leer, titubeando y formando sílabas, palabras y frases entrecortadas que parecían más hechas de sonidos que de sentido hasta que, de golpe, entre esos balbuceos aparecía una frase reconocible, que repetía, de manera fluida y clara. Así pasamos un buen rato, Alberto leyendo y yo mirándolo mientras pronunciaba en silencio las sílabas de «quié… re… me».

—Ese libro tiene muchos poemas más. Puedes empezar leyendo uno al día, luego dos, y así —le dije.

—Chico, pero con un poema al día no va a acabar nunca —dijo Antón.

Alberto volvió a leer, inclinándose sobre el libro y moviendo la cabeza. Parecía un rabino ante su Torá; se mecía adelante y atrás, adelante y atrás.

—¡Pinga! —exclamó Eliezer, que había salido de golpe de entre los montones de libros—. Nachi se meó en el catálogo de la galleta. Y tú, trae algo para limpiar. ¡Coño! —le dijo a Alberto.

—¿Y eso también es un poema de Dulce María Loynaz? —preguntó Antón.

Al día siguiente volví a la librería y me encontré a Alberto en el portal, trepado en una escalera y con la cabeza metida en una esquina del techo.

—Estoy reparando una gotera —me dijo—. Si no, se va haciendo más grande y se viene abajo este techo también. Es muy fácil, le echo un poco de cemento y ya. Pero hay que saber. Lo malo es que Eliezer no sabe de construcción —añadió, mientras resanaba una esquina con su espátula.

—¿Tú viste eso? —preguntó Eliezer, que había salido del interior de la casa—. Leonardo DiCaprio convertido en albañil.

Junto a la puerta, una perra amamantaba a sus cachorros.

—Parió Lucy —dijo Eliezer—. Hay que comprar más comida.

—Así se va todo el dinero que entra —señaló Alberto, que había bajado de su escalera pero seguía con la espátula en la mano—. La tercera parte en darles de comer a los perros, la tercera parte en libros, y lo que queda, en ayudar a los pingueros.

—¿Y Reinier? —pregunté.

—¡Muchacho! —dijo Alberto.

—El policía está preso. Lleva tres días encerrado —dijo Eliezer.

—¿Qué hizo? —pregunté.

—Boberías —soltó Eliezer—. El domingo fue al juego de pelota y allá se fajó con unos tipos en la calle y le cayeron a piñazos. Él rompió una botella y se les echó encima y acabaron todos arañados.

—Tiene el brazo arañado por acá —explicó Alberto, señalando su hombro.

—Y nada, que llegó la policía y se lo llevó a la estación. ¡Tú te imaginas! Al policía se lo llevó la policía.

Eliezer se sacó un fajo de billetes del bolsillo y le pasó mil pesos a Alberto.

—Hoy se presenta el libro de Reina María Rodríguez en el Pabellón Cuba. Ve rápido y compra diez o quince, pero mira bien que sean de esta colección —dijo, señalando un libro en un estante—. Mira bien que sea como esta, portada negra y el sello dorado.

—Ta bien. Ahora vuelvo —dijo Alberto.

—Yo lo acompaño —dije.

Salimos de la librería, subimos por L y doblamos en 21, y mientras caminábamos le dije:

—Ahora sí cuéntame esa novela de cómo llegaste a La Habana.

—¡Muchacho! —dijo.

Me contó, mientras caminábamos, que había vivido en Bayamo hasta los dieciocho años, cuando lo mandaron a La Habana para su servicio militar. Dejó a su novia en Oriente y se fue a vivir a un campo miliar cerca de La Víbora. Un día fue a pelarse con el barbero de los reclutas y él le presentó a un puertorriqueño cincuentón que lo invitó a salir. Así pasaron varios días juntos, y el otro se quedó fascinado con él. Luego Alberto terminó su servicio y volvió a su hogar, pero el puertorriqueño seguía llamándolo y le mandaba dinero y le compró una moto y una casa en Bayamo e iba a verlo cada dos meses.

—Quedó prendado de mí —dijo.

—¿Y qué pasó con el barbero? —le pregunté.

—Yo no lo vi más. Un socio me dijo que lo metieron en la cárcel.

Me siguió contando: lo del puertorriqueño duró varios años, pero se volvió insoportable porque lo llamaba a cada rato y lo celaba, hasta que un día Alberto se cansó y terminó con él por teléfono.

—Yo prefiero mi libertad que el dinero —me dijo—. A mí el dinero no me importa, yo lo que quiero es vivir tranquilo y no tener atrás a un tipo que me esté vigilando. Un día se apareció en Bayamo, sin avisarme, y yo me puse bravo porque no me gusta que me espíen.

Allá, en Bayamo, se hizo de otra novia y con ella se había ido a vivir a La Habana hacía apenas unos meses. A los dos días de estar allí, había conocido a Eliezer.

—¿Y cómo lo conociste? —le pregunté.

—En el juicio del español que mataron. Yo fui a acompañar a mi hermano porque él era amigo del asesino y la policía se lo llevó a declarar. Y a Eliezer también lo llamaron porque el español iba a su librería. Y allí nos conocimos, en el tribunal; estábamos los dos sentados, oyendo el juicio, y Eliezer sacó un libro de Pedro de Jesús y tomaba notas de todas las declaraciones en las páginas en blanco. Yo me quedé mirándolo porque me daba curiosidad que alguien escribiera tan rápido. Me preguntó qué hacía yo en La Habana y yo le dije que era carpintero pero que recién llegado y que estaba buscando trabajo. «Tú eres carpintero y yo necesito a alguien que me ayude a hacer estanterías en mi librería», me explicó, y yo lo acompañé a su casa y cuando entramos y yo vi aquello le dije: «Compadre, tú no necesitas un carpintero, tú lo que necesitas es una brigada entera que ponga orden aquí», pero seguimos hablando y me contó que pagaba veinte dólares diarios y así empecé a trabajar con él. Yo quisiera ayudarlo porque él es noble, y con lo que él me da mantengo a Daykelín y al niño, y guardo un poco para un día comprar madera y hacerle los estantes. Eliezer no tiene a nadie. Bueno, me tiene a mí y a Daykelín, que también lo quiere, y por eso le da de comer casi todos los días. Después de cerrar, él viene conmigo a la casa y comemos todos juntos y ella se ríe mucho con los cuentos que él nos hace. Y bueno, también tiene al policía, que es su pareja, aunque no quiere que se sepa, pero bueno, ahora ya no lo tiene porque lo metieron en la cárcel.

Cuando llegamos al Pabellón Cuba estaban cerrando.

—Vuelvan mañana a las diez —nos dijo un guardia.

—Vamos a tomar algo y así me sigues contando —le dije a Alberto.

—¿Adónde? —me preguntó, desconfiado.

—Aquí al lado, en La Rampa.

—Bueno, pero que no sea muy lejos, porque tengo que volver a la librería.

Bajamos las escaleras del Pabellón Cuba y caminamos por La Rampa hacia el Malecón.

Alberto me contó que ahora tiene un español que viene cada seis meses y le manda dinero, y se le ha complicado todo porque pasa los días en la librería y las noches con el español, y llega a su casa de madrugada y hace poco Daykelín le revisó el teléfono y se puso brava porque le encontró los mensajes del español.

—¿Y qué te decía en esos mensajes? —le pregunté.

—Qué sé yo, boberías. Me decía «papi», me decía cosas, y ella se puso como loca y se echó a llorar y me dijo que yo me iba a enamorar de él y yo le dije: «Tú estás loca, chica, ¿cómo crees que me voy a enamorar de un hombre? Eso no, eso no es posible». —Alberto se quedó callado un segundo y luego dijo—: ¡Qué vergüenza tener que contarle a tu mujer que estás con un hombre para sacar de qué vivir!

—La vergüenza sería robar o matar, pero no estar con otra persona, hombre o mujer. Por lo que me cuentas, hay cariño.

—Yo les tengo cariño a los dos. Al español, porque lo conozco desde hace tiempo y me ayuda. Y a ella porque es la madre de mi hijo.

—¿Y se conocen ellos dos? —pregunté.

—¡No! Ni se pueden conocer.

—Pero ahora los dos saben que la otra persona existe.

—Sí, pero nunca se han visto ni quiero que se vean. ¿Falta mucho?

—No, mira. Podemos sentarnos aquí, en esa terraza, así conversamos un rato más y luego te acompaño a la librería.

Entramos en la terraza de la cafetería de 23 y O y nos sentamos a una mesa junto a la calle. Alberto pidió una cerveza y yo, un mojito.

—Sí, mi vida, enseguida —dijo la mesera, una mulata vestida con el uniforme de las cafeterías estatales: camisa blanca y chaleco negro.

—Eliezer sí lo conoce al español, porque un día me acompañó a la librería, pero no lo quiere. Dice que se ve ridículo así de gordo y viejo y con esos pelos teñidos de rubio, porque es peluquero y así anda, pero él sí quiere a Eliezer y dice que es muy guapo y sabe que me ha ayudado mucho.

—Que lo disfruten —dijo la mulata, poniendo los tragos sobre la mesa.

Frente a nosotros se desplegaba el espectáculo cotidiano de los atardeceres en La Rampa: estudiantes, jineteros, travestis, empleados estatales, turistas, choferes de máquina, niños vestidos de pioneros. Todo ese mundo subía y bajaba por la calle y pasaba a pocos centímetros de nuestra mesa.

—Me gusta mucho hablar contigo —le dije.

—Apunta mi número —respondió Alberto.

—Me gustaría verte antes de irme.

—Mañana trabajo en la librería. El sábado voy con el español a la playa.

—El domingo entonces. Te invito a cenar. Podemos ir al Cocinero.

—Mejor en tu casa —me dijo—. Hazme un espagueti.

—¿Por qué un espagueti?

—No sé. Digo un espagueti pero puede ser otra cosa.

Seguimos conversando un rato, con acompañamiento musical; había llegado un grupo de músicos a tocar en la cafetería y su ritmo de bongós y clarinete se mezclaba con los acordes de reguetón que emitían los taxis de La Rampa. Volvimos caminando a la librería y encontramos a Eliezer preparándose para cerrar.

—Alberto, los radios —dijo, indicando unas cajas de cartón vacías. Alberto se apresuró a recoger los aparatos que estaban sobre una de las mesas para luego acomodarlos en una de las cajas—. Así no, así —explicó Eliezer, reacomodando dos radios—. Es increíble: más de un año recogiendo todas las noches y todavía no ha aprendido a acomodar.

Me despedí y los dejé metiendo libros en cajas de cerveza («Todas las cajas que hay aquí son de cerveza y ron», me había contado un día Eliezer). Esa noche había quedado de cenar con Wendy Guerra en el Siákara y me fui caminando hacia el Malecón. Cuando iba llegando al Habana Libre vibró mi teléfono y vi que había entrado un mensaje de Alberto: «Me pareses una exelente persona y me da gusto conoserte nos vemos».

«Ese también podría ser un poema», pensé recordando a Antón.

La última vez que vi a Eliezer fue un martes por la tarde. Me iba al día siguiente y esta vez no tenía planes de volver a La Habana. Llegué a su librería y lo encontré sentado en el portal, rodeado de sus chicos: Alberto, Reinier el policía, un guajiro autista y otros dos recién llegados del campo; tenían la piel curtida por el sol y miraban como miran los guajiros, con una mezcla de curiosidad e incomprensión.

—Vine a despedirme —le dije a Eliezer—. Mañana regreso a Nueva York.

—Te tengo un tesoro —me dijo—. Tú tienes que ver esto. Alberto, trae acá el expediente del juicio.

Alberto entró en la casa y volvió con un gruesísimo volumen de hojas fotocopiadas, que colocó en mis manos sin mirarme a los ojos.

—Es el expediente del juicio a los disidentes —comentó Eliezer—. Allí está todo: todas las acusaciones, las preguntas del fiscal y hasta la marca de las cámaras y el equipo que les confiscaron. Esto es una bomba.

—¿Cuánto? —le pregunté, mientras hojeaba el volumen, pensando que el lenguaje burocrático y oficial de esos documentos podía servirme para mis cuentos cubanos.

—Imagínate. Eso no tiene precio. Es el único ejemplar que hay en Cuba —respondió, tomando el volumen de mis manos para colocarlo sobre una mesa.

Un cachorrito —aún no abría los ojos— apareció en el umbral de la puerta, arrastrándose por el piso y emitiendo unos ruidos extraños. Reinier lo recogió para depositarlo con los otros, que dormían sobre el vientre de la perra, en la sala.

—Me contó Eliezer que tuviste un problema —le dije al policía.

—Ey —me dijo, con esa sonrisa suya.

—Tienes que ver al policía que lo acompañó hasta aquí —dijo Eliezer—. Un mulato de más de dos metros con unas manos que te rompen los huesos cuando te saluda. Casado y con dos hijos, y ¿tú sabes qué me dijo? Me preguntó si podía darle trabajo. ¿Tú te imaginas? Ahora resulta que toda la estación de policía quiere trabajar conmigo.

—Es que tiene necesidad —explicó Reinier.

—Ese lo que quiere es venir a levantar extranjeros. ¿Tú te imaginas? El jineterismo penetró hasta en la policía. En este país los hombres se dividen en dos grupos: por un lado, está el macho cubano, tan preocupado por cuidar el honor de su mujer que le dice: «Yo nunca permitiré que te prostituyas, prefiero sacrificarme yo y salir a jinetear». Luego está el macho holgazán y perezoso que se pasa el día echado, rascándose la barriga, y le dice a su mujer: «Oye, necesitamos unos dólares, vete pa'l Malecón». La única diferencia es quién se prostituye, si el hombre o la mujer.

Alberto y el policía jugaban con Nachi, que había salido de la sala, mientras Eliezer hablaba.

—El jineterismo ya no es tabú en Cuba. Hasta la policía anda en eso. En Cuba quedan solo tres tabúes, tres cosas por las que uno puede ir preso: primero, la pedofilia, meterse con menores; segundo, actividades contrarrevolucionarias, los disidentes; tercero, las drogas. Son los tres pecados mortales en Cuba. Pero el jineterismo no, eso ahora es como ser cuentapropista. ¿Tú te imaginas? Jinetero por cuenta propia.

—Nachi se orinó en el expediente de los disidentes —dijo Reinier, sosteniendo el volumen mojado entre las manos.

—Ponlo al sol —dijo Eliezer, sin hacer mucho caso—. Ahora viene un periodo difícil, como un Periodo Especial en la librería, porque tengo que prepararme para recibir a toda la gente que va a llegar cuando salga el documental. Tenemos que trabajar mucho, tenemos que construir estantes y reparar el techo y renovar el cuarto del fondo para hacer la galería, porque ahora tendré que mostrar pinturas y fotografías y hacer exposiciones y organizar proyecciones, porque eso es lo que espera la gente ahora. Será todo un centro cultural. Y asilo de perros como siempre, y también burdel de hombres, porque ya se corrió la voz y los extranjeros que vienen ahora no vienen por los libros ni por la cultura, vienen por los guajiros, y yo tengo que adaptarme y hacer arreglos en toda esa parte de atrás, para tener unos cuartos y que los chicos no tengan que andar vagando por La Habana buscando en dónde alquilarse, y también sería bueno montar un bar, para que los clientes se sienten a hablar, a conversar con los chicos y a tomar una cerveza, pero para eso necesito sacar una licencia de bar y no sé si me la darán.

Eran casi las ocho y tenía que volver a casa a empacar. Interrumpí el monólogo de Eliezer y le di un abrazo.

—No sé cuándo pueda volver a La Habana —le dije.

—Acuérdate —me dijo—. No vayas a las oscuridades. Vete siempre por las claridades.

Sobre los autores

CARLOS MANUEL ÁLVAREZ (Cuba, 1989) es escritor y periodista. En 2013, recibió el Premio Calendario por su antología de relatos *La tarde de los sucesos definitivos* (2014), y en 2015 recibió el premio al periodismo iberoamericano Nuevas Plumas, otorgado por la Escuela de Periodismo Portátil y la Universidad de Guadalajara (México). En 2016, cofundó la revista online cubana *El Estornudo*. Es colaborador habitual de *The New York Times*, Al Jazeera, *Internacionale*, BBC World News, *El Malpensante* y *Gatopardo*. En diciembre de 2016 fue seleccionado como uno de los veinte mejores escritores latinoamericanos de la década de 1980 en la Feria del Libro de Guadalajara, en México. Además, quedó seleccionado en la lista de Bogotá39 de los mejores escritores latinoamericanos menores de cuarenta años. Su primera recopilación de artículos periodísticos, *La tribu*, se publicó en 2017 en Sexto Piso.

JON LEE ANDERSON (Estados Unidos, 1957) es biógrafo, escritor, periodista de investigación, corresponsal de guerra y articulista para *The New Yorker*. Este autor estadounidense ha sido corresponsal en zonas bélicas como Afganistán, Iraq, Uganda, Israel, El Salvador, Irlanda, Líbano, Irán y por todo Oriente Próximo. Asimismo, Anderson ha escrito para *The New York Times*, *Harper's*, *Life* y *The Nation*. Anderson ha sido biógrafo de líderes políticos como Hugo Chávez, Fidel Castro y Augusto Pinochet. Empezó a trabajar de periodista en 1979 para el *Lima Times* de Perú, y durante la década de 1980 cubrió la zona de

América Central, primero para el columnista sindicado Jack Anderson y después para el *Time*. Ha publicado los siguientes libros: *Inside the League. The Shocking Exposé of How Terrorists, Nazis, and Latin American Death Squads Have Infiltrated the World Anti-Communist League* (Dodd, Mead and Company, 1986, en colaboración con su hermano Scott Anderson); *War Zones* (Dodd, Mead and company, 1986, en colaboración con Scott Anderson); *Guerrillas. Journeys in the Insurgent World* (Times Books, 1992); *The Lion's Grave. Dispatches from Afghanistan* (Grove Press, 2002); y *La caída de Bagdad* (Anagrama, 2005). También es autor de la biografía *Che Guevara. Una vida revolucionaria* (Salamandra, 1997, y Anagrama, 2006 y 2015). Mientras se documentaba para el libro del Che Guevara en Bolivia, descubrió el escondite en el que estaba enterrado el Che, del que fueron exhumados sus restos en 1997 y devueltos a Cuba. En la actualidad prepara una biografía de Fidel Castro.

VLADIMIR CRUZ (Cuba, 1965) es actor y ha aparecido en varios largometrajes, series de televisión, obras de teatro y cortos. También ha dirigido películas y obras de teatro. Cruz estudió arte dramático en el Instituto Superior de Arte de La Habana, donde se graduó en 1988. Es famoso sobre todo por su papel en la película *Fresa y chocolate*, nominada al Óscar de 1993. Ganó varios premios por su retrato del joven David, entre ellos el Premio ACE (Asociación Latina de Críticos de Entretenimiento de Nueva York). Desde 2005 también ha trabajado como guionista y en la producción de proyectos audiovisuales, y desde 2010 dirige su propia compañía de teatro. La última obra que dirigió fue *Miguel Will*, en 2016, acerca de la vida de Shakespeare y Cervantes. Vive a caballo entre La Habana y Madrid.

IVÁN DE LA NUEZ (Cuba, 1964) es ensayista, crítico de arte y curador. Fue el primer director de La Virreina Centro de la Imagen de Barcelona, y se encargó de definir el proyecto de dicho centro artístico. También ha sido director del Centro de Cultura Contemporánea de Barcelona (CCCB). En 1995 recibió la beca Rockefeller para las Humanidades. Ha sido galardonado con el Premio Ciutat de Barcelona por el libro *Fantasía roja* y el Premio Espais d'Art por la mejor crítica de arte publicada en España en 2006. Entre sus libros se encuentran *La balsa perpetua* (1998), *Paisajes después del Muro* (1999), *El mapa de sal* (2001), *Fantasía roja* (2006), *Crítica del futuro* (2006), *Inundaciones* (2010) y *El comunista manifiesto* (2013). Algunas se han traducido al alemán y al italiano. Su trabajo como curador de arte incluye las exposiciones *La isla posible* (1995), *Inundaciones* (1999), *Parque humano* (2002), *Banquete* (2003), *Postcapital* (2006), *De Facto. Retrospectiva de Joan Fontcuberta* (2008), *Dentro y fuera de nosotros. Retrospectiva de Javier Codesal* (2009), *La Crisis es Crítica* (2009), *Atopía. El arte y la ciudad en el siglo XXI* (2010) e *Iconocracia* (2015). Ha escrito artículos para las exposiciones retrospectivas de Stan Douglas, Los Carpinteros, Manuel Álvarez Bravo, Vik Muniz, Joan Fontcuberta, Carlos Garaicoa y Javier Codesal.

PATRICIA ENGEL (Estados Unidos, 1977) es autora de tres libros. Su novela más reciente, *The Veins of the Ocean*, fue considerada «Elección de los Editores» por parte de *The New York Times* y uno de los mejores libros del año para el *San Francisco Chronicle*, para el que Engel era «una voz única y necesaria para las Américas». Es autora de *Vida*, considerada libro notable del año para *The New York Times*, ganadora del Premio Biblioteca de Narrativa Colombiana y finalista del Premio de Novela PEN/Hemingway y del Premio de Novela Young Lions. También ha escrito la novela *It's Not Love, It's Just Paris*, ganadora del Premio Internacional al Libro Latino. Las obras de Patricia Engel se han traducido a distintos idiomas y sus relatos han aparecido en numerosas antologías, por ejemplo, en *The Best American Short Stories* y en *The Best American Mystery Stories*, entre otras, así como en publicaciones de la talla de *The Atlantic, A Public Space, Boston Review, Harvard Review, ZZYZZYVA* y *Chicago Quarterly Review*. Ha recibido varios premios, como el Premio de Ficción de la *Boston Review*, becas y estancias de la Bread Loaf Writers' Conference, el Key West Literary Seminar, Hedgebrook, Ucross, la División de Asuntos Culturales de Florida, y una beca en Literatura en 2014 de la Fundación Nacional para las Artes de Estados Unidos. Hija de padres colombianos y criada en New Jersey, en la actualidad Patricia Engel vive en Miami y es la editora literaria de *The Miami Rail*.

PATRICIO FERNÁNDEZ (Chile, 1969) estudió literatura y filosofía en Chile e historia del arte renacentista en la Università degli Studi de Florencia (Italia). En 1998 fundó *The Clinic*, la célebre revista satírica dedicada a la política y la cultura, que nació con ocasión del arresto de Pinochet en Londres y se ha convertido en la revista semanal más leída de Chile. Ha publicado las novelas *Ferrantes* (2001); *Los nenes* (2008); *Escritos plebeyos* (2003), un libro que recopila sus mejores columnas editoriales como director de *The Clinic*; y el diario *La calle me distrajo* (Literatura Random House, 2012). Actualmente Fernández es editor de *The Clinic* y de theclinic.com, además de trabajar en la radio y escribir sobre literatura, letras y actualidad en diversos medios de comunicación. Desde el 17 de diciembre de 2014, cuando Obama y Raúl Castro anunciaron la normalización de las relaciones diplomáticas entre Estados Unidos y Cuba, ha viajado con frecuencia a la isla para informar acerca de los cambios que empezaron ese día.

RUBÉN GALLO (México, 1969) es profesor Walter S. Carpenter Jr. de lengua, literatura y civilización española en la Princeton University. Hace poco publicó *Proust's Latin Americans* (2014), un ensayo sobre el círculo de amigos latinoamericanos de Proust a finales del siglo XIX y principios del XX en París. Entre las demás obras de Gallo está *Freud en México. Historia de un delirio* (Fondo de Cultura Económica, 2013), una historia cultural del psicoanálisis y su recepción en México; *Máquinas de vanguardia* (Sexto Piso, 2014), un ensayo sobre la fascinación de las vanguardias mexicanas por las máquinas; y dos libros sobre la cultura visual de Ciudad de México: *New Tendencies in Mexican Art* (2004) y *The Mexico City Reader* (2004). Ha recibido el Premio Gradiva al mejor libro sobre el psicoanálisis y el Premio Katherine Singer Kovacs de la Asociación de Lenguas Modernas por el mejor libro sobre un tema latinoamericano.

FRANCISCO GOLDMAN (Estados Unidos, 1954) ha publicado cuatro novelas y dos libros de ensayo. Su novela más reciente es *Di su nombre* (Sexto Piso, 2012), ganadora del Premio Femina Étranger de 2011. *La larga noche de los pollos blancos* (Anagrama, 1994) recibió el Premio a la

Primera Novela Sue Kaufman, de la Academia de Estados Unidos. Sus novelas han quedado finalistas de varios galardones, entre ellos el Premio PEN/Faulkner y el Premio Literario de *Los Angeles Times*. Su obra *Marinero raso* (Anagrama, 1998) fue finalista del Premio Literario Internacional IMPAC de Dublín, mientras que *El esposo divino* (Anagrama, 2008) fue finalista del Premio Literario Believer. *El arte del asesinato político* (Anagrama, 2009) ganó el Premio a la Libertad de Expresión Index on Censorship T. R. Fyvel y el Premio Literario a los Derechos Humanos WOLA/Duke. Sus libros se han traducido por lo menos a catorce idiomas. Su obra más reciente, publicada en 2014, es *El circuito interior* (Turner, 2015). Goldman ha recibido una beca Guggenheim, una beca del Cullman Center en la Biblioteca Pública de Nueva York y una beca Berlín de la Academia de Estados Unidos. Ha escrito para *The New Yorker*, *The New York Times Magazine*, *Harper's*, *The Believer* y muchas otras publicaciones. Además, dirige el Premio Aura Estrada. Cada año Goldman imparte un trimestre de clases en el Trinity College de Connecticut y después regresa a toda prisa a Ciudad de México.

Wendy Guerra (Cuba, 1970) es una poeta y novelista cubana. Guerra ha colaborado con muchas revistas y periódicos, entre ellos el diario *El Mundo* (donde escribió el blog *Habaname* durante cinco años), *El País* y el *Miami Herald*, donde escribe sobre cultura y literatura en la actualidad. La primera antología poética de Wendy Guerra, *Platea a oscuras*, ganó el Premio de la Universidad de La Habana cuando la poeta solo tenía diecisiete años. Ha estudiado rodaje en el Instituto Superior de Arte de La Habana, donde fue alumna de Gabriel García Márquez en un taller de escritura de guion. La primera novela de Guerra, *Todos se van* (2006), está basada en gran parte en sus propios diarios, y sigue la infancia y adolescencia de la joven protagonista en Cuba. Dicha novela fue adaptada al cine por el director colombiano Sergio Cabrera en 2014. En 2006, tras su regreso a Cuba procedente de España, adonde había ido a recibir el Premio Bruguera, le pidieron a Wendy Guerra que dejase de presentar su programa de televisión, y aunque sus novelas se han traducido a varios idiomas, nunca se han publicado en Cuba. Guerra ha sido profesora invitada de la Princeton University y del

Dartmouth College. En 2010 recibió el título de Chevalier de l'Ordre des Arts et des Lettres de Francia, y en 2016 fue ascendida al grado de Officier. Siempre ha vivido en La Habana.

LEILA GUERRIERO (Argentina, 1967) empezó su carrera periodística en 1991, con la revista *Página/30*. Desde entonces sus artículos han aparecido en la edición argentina de *La Nación* y de *Rolling Stone*; en las publicaciones españolas de *El País* y *Vanity Fair*, en *El Malpensante* y *SoHo* de Colombia; en *Gatopardo* y *El Universal* de México; en la publicación peruana *Etiqueta Negra*; en *Paula* y *El Mercurio* de Chile; en la edición británica de *Granta*; en *Lettre Internationale* de Alemania y Rumanía; y en *L'Internazionale* de Italia, entre muchas otras. Es la editora de la revista mexicana *Gatopardo* para Argentina, Chile y Uruguay. En 2005 publicó el libro *Los suicidas del fin del mundo. Crónica de un pueblo patagónico* (Tusquets, 2005) que se ha traducido al portugués y al italiano. En 2009 publicó una recopilación de artículos titulada *Frutos extraños*. En 2010, su crónica «El rastro en los huesos», publicada en *El País Semanal* y en *Gatopardo*, recibió el Premio CEMEX-FNPI. Su libro *Una historia sencilla* (Anagrama, 2013) se tradujo al italiano, el francés y el portugués; además, fue publicado en inglés por la editorial Pushkin Press en Gran Bretaña y por New Directions en Estados Unidos. En 2013 publicó *Plano americano*, una recopilación de veintiuna semblanzas de artistas e intelectuales españoles y latinoamericanos, y en 2015, una selección de sus artículos se recopiló en el libro *Zona de obras*. Asimismo, ha sido editora de varias antologías periodísticas, entre ellas *Los malditos* y *Los malos,* publicada por UDP en Chile.

ABRAHAM JIMÉNEZ ENOA (Cuba, 1988) es periodista. Se graduó en periodismo en la Universidad de La Habana. En 2016, cofundó la primera revista online cubana dedicada al periodismo narrativo, *El Estornudo*, que dirige en la actualidad. Ha colaborado con BBC World News, Al Jazeera, Courier International y Univision.

LEONARDO PADURA (Cuba, 1955) es un novelista y periodista cubano, y uno de los escritores cubanos más famosos. Ha escrito guiones de cine, dos libros de relatos y una serie de novelas de detectives que se han traducido a más de diez idiomas. En 2012, Padura recibió el Premio Nacional de Literatura de Cuba, el galardón más importante de este tipo. En 2015 fue galardonado con el Premio Princesa de Asturias de las Letras, el premio literario más importante del mundo hispanohablante, que algunos consideran el Premio Nobel Iberoamericano. Padura se graduó en literatura latinoamericana en la Universidad de La Habana. Se dio a conocer en 1980 como periodista de investigación para la revista literaria *Caimán Barbudo*. En el mundo anglosajón se le conoce sobre todo por su serie *Cuatro estaciones (The Four Seasons)*, una serie de detectives en la que aparece el agente Mario Conde, un policía que preferiría ser escritor y que admite sentir «solidaridad hacia los escritores, los locos y los borrachos». Las novelas de la serie son: *Havana Red* (2005), *Havana Black* (2006), *Havana Blue* (2007) y *Havana Gold* (2008). *Havana Black* ganó el Premio Hammett de la Asociación Internacional de Escritores de Novela Negra. Su última novela, *El hombre que amaba a los perros* (Tusquets, 2011), trata sobre el asesinato de León Trotski y sobre el hombre que lo mató, Ramón Mercader, y es el fruto de cinco años de meticulosa investigación histórica. Vive en La Habana.

MAURICIO VICENT (España, 1963) estudió psicología y derecho. Entre 1991 y 2011 fue el corresponsal en Cuba para el diario *El País*. También ha sido corresponsal en Cuba para la Cadena SER y ha colaborado para Radio France International, así como para otros medios de comunicación europeos. En 1998 ganó el Premio a la Mejor Labor Periodística del Club Internacional de Prensa de España. Quedó finalista del Premio de Periodismo Cirilio Rodríguez en 1999. Es autor de un libro de entrevistas titulado *Los compañeros del Che*, con fotografías de Francis Giacobetti. Escribió el guion del documental *Música para vivir*, filmado en 2009 por Manuel Gutiérrez Aragón. En 2011 dirigió *Baracoa 500 años después* y en 2014 publicó, junto con Norman Foster, el libro *Havana. Autos and Architecture* (Ivorypress).